Gestión de productos y promociones en el punto de venta

Paraninfo

COMERCIO Y MARKETING

Gestión de productos y promociones en el punto de venta

Soledad Carrasco Fernández y Enrique García Prado

Paraninfo

Gestión de productos y promociones en el punto de venta

Gerente Editorial
María José López Raso

Equipo Técnico Editorial
Alicia Cerviño González
Paola Paz Otero

Editora de Adquisiciones
Carmen Lara Carmona

Producción
Nacho Cabal Ramos

Preimpresión
Montytexto

Diseño de cubierta
Ediciones Nobel

1.ª edición, 2018

C/ Velázquez 31, 3.° Dcha. / 28001 Madrid, ESPAÑA
Teléfono: 914 463 350 / Fax: 914 456 218
clientes@paraninfo.es / www.paraninfo.es

ISBN: 978-84-283-3875-2
Depósito legal: M-12674-2018

(16872)

Impreso en España / *Printed in Spain*

Gráficas Summa (Llanera, Asturias)

A mis profesores, compañeros y alumnos
por elegir la senda de la Formación Profesional
y acompañarme en su recorrido.

Soledad Carrasco Fernández

A Lucía, por su apoyo incondicional en todo momento.

Enrique García Prado

Índice

Agradecimientos

A David García y Pelayo García,
así como al resto del equipo editorial de Paraninfo,
por su confianza en nosotros como autores de libros de texto.

Presentación

Esta obra desarrolla los contenidos del módulo profesional de Gestión de Productos y Promociones en el Punto de Venta, del Ciclo Formativo de grado superior de Gestión de Ventas y Espacios Comerciales, perteneciente a la familia profesional de Comercio y Marketing.

Los contenidos se organizan en ocho unidades didácticas, en las que se analiza la actividad comercial en el punto de venta. Cada unidad se fundamenta en lo estudiado en las anteriores, pues la obra presenta una estructura basada en el aprendizaje progresivo. Los temas tratados en cada unidad didáctica son los siguientes:

- **Unidad 1: Identificación del producto.** La elección de los productos que serán comercializados en el punto de venta es el primer paso que debe dar un vendedor en el inicio de su actividad. Del mismo modo, el estudio de esta unidad es también el primer paso para el conocimiento de todas las características que conforman esos productos.
- **Unidad 2: El surtido en el punto de venta.** Cada establecimiento se distingue y se conoce por la variedad de los productos que vende. Por ello, en esta unidad se analizan con detalle las características del conjunto de dichos productos.
- **Unidad 3: Organización del lineal.** Permite conocer los condicionantes para la implantación de los productos en los muebles expositores. El espacio, la situación, la cantidad o la decisión de eliminar un producto del lineal serán cuestiones objeto de un minucioso análisis en esta unidad.
- **Unidad 4: La gestión del surtido.** En ella se estudian los distintos métodos cualitativos y cuantitativos para realizar una adecuada gestión de los productos que forman el surtido.
- **Unidad 5: Medios de comunicación comercial.** En esta unidad se muestra que la comunicación comercial de una empresa requiere el conocimiento preciso de las características de cada medio de comunicación para adecuarlo a sus clientes objetivos.
- **Unidad 6: Promociones en el punto de venta.** En ella se analizan las diversas acciones que se pueden llevar a cabo en los establecimientos comerciales y que pretenden aumentar la cifra de ventas.
- **Unidad 7: Control de las acciones promocionales.** Su estudio permite conocer la importancia de verificar el resultado de las acciones promocionales que la empresa desarrolle para valorar su mantenimiento o su modificación.
- **Unidad 8: El personal y las promociones comerciales.** En esta unidad se analiza la importancia de que el personal que realice promociones comerciales esté adecuadamente seleccionado y formado para poder prestar una atención excelente a los distintos tipos de clientes.

Cada unidad cuenta con las explicaciones teóricas necesarias para su posterior aplicación práctica. Además, ofrece una serie de recursos prácticos que representan la parte fundamental del contenido, como corresponde a las enseñanzas de Formación Profesional.

Dichos recursos están basados en situaciones reales de venta en establecimientos comerciales y en la gestión de surtidos compuestos de productos de índole muy variada, y serán de gran ayuda al futuro profesional, dado que un Técnico en Gestión de Ventas y Espacios Comerciales podría encontrarse con cualquiera de estas situaciones en el desarrollo de su labor profesional.

La parte práctica se desarrolla a través de los siguientes recursos:

- **Actividades propuestas,** que consisten en un repaso de contenidos teóricos o en sencillos supuestos prácticos de aplicación de dichos contenidos.
- **Actividades resueltas,** adaptadas a la normativa vigente y a las clases de productos y establecimientos de venta actuales. Incluidas a lo largo de las explicaciones, en ellas se presta especial atención a la recreación de supuestos que podrían darse en pequeñas y medianas empresas, ya que estas son las más comunes en nuestra realidad económica.

- **Actividades de comprobación** finales de los contenidos teóricos de cada unidad. Se trata de cuestionarios que fomentan la asimilación de los conceptos teóricos básicos.
- **Actividades de aplicación** finales de los contenidos de cada unidad. La resolución de estas actividades requiere la aplicación de los conocimientos teóricos adquiridos a casos prácticos y cuestiones que precisan de una argumentación más elaborada.

Además, los contenidos teóricos se complementan con gran número de tablas, gráficos, esquemas e imágenes explicativas, así como recuadros específicos de ampliación teórica o de ampliación de terminología específica denominados «Sabías que», «Recuerda que» y «Vocabulario».

También, y como apoyo para el aprendizaje, se ofrece, una vez finalizado el desarrollo de los contenidos de cada unidad, una síntesis a modo de mapa conceptual con sus contenidos más significativos.

Por todo ello, este libro prepara al alumnado para la capacitación en actividades de gestión de ventas, como la elaboración de informes comerciales, estudios de rentabilidad de surtido, control de acciones promocionales e, incluso, selección y formación de personal de ventas.

En definitiva, los contenidos de esta obra contribuyen a la sólida preparación profesional del alumnado y a la obtención de las capacidades y competencias para su incorporación a la empresa actual con el respaldo de una formación de calidad.

La editorial recomienda que el alumno realice las actividades sobre su cuaderno y no sobre el libro.

1

Identificación del producto

CONTENIDOS

1.1. El producto y sus atributos
1.2. Características técnicas, comerciales y psicológicas
1.3. Clasificación de los productos
1.4. La marca
1.5. Ciclo de vida del producto
1.6. Posicionamiento, acondicionamiento y codificación

OBJETIVOS

- Identificar las características de los productos.
- Conocer los tipos de productos que forman un surtido de venta.
- Clasificar según distintos criterios los productos comerciales.
- Descubrir las características de los ciclos de vida del producto.
- Determinar las acciones de ordenación de los productos.

INTRODUCCIÓN

La toma de decisiones en cuanto a la gestión del surtido y la correspondiente gestión en el punto de venta comienza por conocer los diferentes tipos de productos. Las decisiones estratégicas serán distintas según cada uno de ellos. La selección de los productos que conformarán el surtido es una decisión fundamental para la buena marcha del negocio, es decir, los productos son los elementos que condicionan, en gran medida, el éxito o el fracaso de la actividad comercial.

1.1. El producto y sus atributos

Podemos definir el proceso de venta como la sucesión de pasos que se producen desde que el vendedor conoce las necesidades de un cliente y capta su atención, hasta que se produce la venta efectiva, es decir, el intercambio del producto por un precio.

En este proceso, por tanto, intervienen tres elementos fundamentales: el vendedor, el comprador y el producto. Si la transacción se produce en un establecimiento de venta presencial, el proceso se desarrolla en un punto de venta.

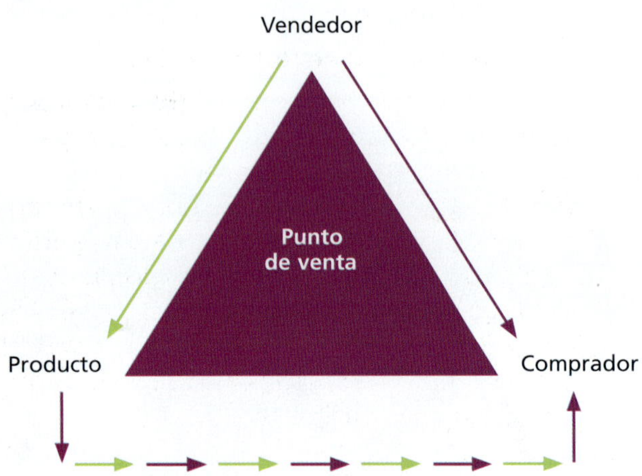

Figura 1.1. Elementos fundamentales en el proceso de venta.

De este modo comprobamos que el producto es uno de los vértices del triángulo del proceso de venta. El vendedor hace llegar los productos al comprador y es la figura que relaciona estos elementos.

Los productos son la materialización de los deseos de los consumidores y el contenido de la oferta de los vendedores. Representan, a su vez, el fundamento de la actividad de intercambio comercial que es la base de toda compraventa.

1.1.1. Definiciones de producto

El producto es el punto de partida del proceso comercial, es decir, es lo que ofrece el mercado con objeto de satisfacer las necesidades y los deseos de los clientes. Las empresas ofrecen al mercado tanto bienes tangibles como intangibles, es decir, productos y servicios. Podemos observar las diferencias en la Tabla 1.1

Tabla 1.1. Diferencias entre productos y servicios

Diferencias entre productos y servicios	
Productos	**Servicios**
1. El producto es tangible.	1. El servicio es intangible.
2. La propiedad se transfiere con la compra.	2. El servicio no transfiere la propiedad, sino que proporciona un derecho de uso.
3. El producto puede ser revendido.	3. La experiencia del servicio es intransferible.
4. El producto se puede almacenar.	4. El servicio no realizado se pierde.
5. El producto puede probarse.	5. El servicio no se puede probar.
6. El consumo del producto es posterior a su producción.	6. La producción y el consumo son simultáneos.
7. Producción, venta y consumo pueden producirse en distintos espacios.	7. Producción, venta y consumo se producen siempre en el mismo espacio.
8. Los productos se pueden transportar.	8. El cliente acude al lugar donde se presta el servicio.
9. El cliente no participa en la producción.	9. La presencia del cliente es indispensable para que se produzca el servicio.
10. El contacto entre el cliente y el fabricante es indirecto.	10. El contacto entre el cliente y el fabricante es, por lo general, directo.

Recuerda que

Decimos que un producto es **tangible** cuando se puede tocar o ser percibido por los sentidos.

Es decir, para una empresa un **producto es aquello que ofrece a sus clientes y por lo que percibe una cantidad de dinero,** independientemente de si se trata de un bien tangible o intangible. Por tanto, de aquí en adelante nos referiremos al término producto desde la doble óptica de producto tangible (producto) o intangible (servicio).

También podemos analizar el producto desde el punto de vista económico y desde el punto de vista comercial:

- **Económico:** un producto es todo bien o servicio que reúne una serie de características y atributos que permiten su venta en el mercado.
- **Comercial:** un producto es todo bien o servicio capaz de satisfacer o cubrir algún tipo de necesidad de los consumidores o clientes.

¿Sabías que

Los **productos** son la materialización de los deseos de los consumidores y el contenido de la oferta de los vendedores. Representan, a su vez, el fundamento de la actividad de intercambio comercial que es la base de toda compraventa.

Ejemplo 1.1

Un teléfono móvil puede ser analizado desde los puntos de vista económico y comercial. Desde el aspecto económico, el teléfono es un bien tangible que la empresa vende a un precio determinado y por el que obtiene un beneficio. Desde el aspecto comercial, el cliente adquiere el teléfono para satisfacer sus necesidades de comunicación y le proporciona una serie de funcionalidades como la realización de fotografías o la conexión a internet.

Figura 1.2. El teléfono móvil proporciona al mismo tiempo las características de producto (el aparato en sí mismo) como de servicio (la línea telefónica).

1.1.2. Atributos del producto

Los atributos son todas las características que forman parte del producto, aportan utilidad al consumidor y se perciben por él como satisfactores de sus necesidades. Es decir, **los atributos son las características del producto que satisfacen diversas necesidades y les hacen distintos de otros productos.**

Podemos establecer tres criterios para clasificar los atributos:

- **Según la naturaleza del producto:**
  - **Tangibles:** son los atributos físicamente apreciables. Se pueden tocar y ocupan un espacio. Por ejemplo, forma, color o tamaño.
  - **Intangibles:** No poseen materialidad, pero suponen un valor añadido para el producto. Por ejemplo, servicios complementarios del producto, como el servicio posventa, la garantía o el mantenimiento.
    Entre los atributos intangibles de un producto se encuentran los denominados atributos subjetivos. Son aquellos que hacen referencia a características como el prestigio, la calidad o la belleza. Este tipo de características son percibidas de manera personal por cada consumidor y, por tanto, se refieren a las **características psicológicas** del producto.
- **Según la utilidad que reportan al cliente:**
  - **Atributos funcionales:** son las características que facilitan el uso, aumentan la duración o garantizan la seguridad del producto.
  - **Atributos identificativos:** son los que permiten diferenciar a un producto del resto de competidores. El elemento identificativo principal es la marca.
  - **Atributos estéticos:** hacen referencia al diseño, a la novedad o al prestigio. El consumidor adquiere el producto por la satisfacción que le concede disfrutar de esos atributos.

Ejemplo 1.2

En la adquisición de un automóvil, habrá consumidores que lo compren por la marca (atributo identificativo), otros por la potencia del motor o la facilidad de manejo (atributo funcional), y otros por el diseño o por ser el último modelo que ha salido al mercado (atributo estético).

En cambio, en productos básicos de consumo en general, los atributos estéticos apenas tienen relevancia en comparación con los atributos funcionales, como el sistema de abrefácil o los tapones de un cartón de leche.

- **Según su carácter diferenciador:**
  - **Atributos genéricos:** son los atributos comunes que otorgan a un producto la pertenencia a una categoría.
  - **Atributos esperados:** son características no necesarias para el producto, pero que el consumidor espera encontrar. En caso de no tenerlas, el consumidor se sentirá insatisfecho.
  - **Atributos complementarios:** son características extras del producto y otorgan una gran diferenciación del resto.

Actividad resuelta 1.1

Determina cuáles son los atributos de un automóvil según su carácter diferenciador.

Solución:

En el caso de los automóviles, los **atributos genéricos** son aquellos que le confieren su pertenencia a esa categoría, es decir, carrocería con asientos, cuatro ruedas y motor que permiten desplazarse de manera autónoma.

Atributos esperados son los que el usuario espera encontrar, aunque el automóvil lo sea sin tenerlos: elevalunas, aire acondicionado, etcétera.

Atributos complementarios podrían ser el navegador, el ordenador de a bordo o los sensores automáticos para lluvia y luces.

Actividad propuesta 1.1

Clasifica los siguientes elementos de venta como productos o servicios en atención a su tangibilidad:

- Suministro de agua corriente.
- Corte de pelo.
- Botella de agua.
- Lata de refresco.
- Seguro de hogar.
- Estancia en un hotel.
- Libro de texto.
- Representación teatral.
- Reloj de pulsera.
- Reparación de un pinchazo de una rueda.
- Maleta de viaje.
- Rueda de automóvil.

Actividad propuesta 1.2

Identifica los atributos de un ordenador portátil según la utilidad que reportan al cliente.

1.2. Características técnicas, comerciales y psicológicas

Las características de los productos y servicios son el conjunto de atributos percibidos por los clientes y que representan la base de la diferenciación con otros productos similares. Este conjunto de atributos se encuentra tanto en los productos como en los servicios.

1.2.1. Características técnicas

Las características técnicas de los productos son aquellas propiedades materiales por las que pueden ser identificados, bien sea por su composición física o química, bien por la técnica de su fabricación o producción y por la gama o línea de producto a la que pertenecen.

Vocabulario

Características técnicas: son los aspectos materiales que identifican a un producto.

Las características y especificaciones técnicas de un producto se recogen en un documento denominado **ficha técnica,** que es un documento interno que recoge información básica del mismo. En ella se recogen datos claves de forma clara y concisa, y de las características técnicas del producto en concreto.

Las fichas técnicas son en principio un documento interno de la empresa, aunque pueden ser muy útiles para los clientes. Los datos que figuran en la ficha técnica variarán según la clase de producto de que se trate, aunque siempre aparecerán aquellos que sean relevantes para definir el producto y también aquellos necesarios para las indicaciones de uso y conservación, sobre todo en el caso de los alimentos.

Ejemplo 1.3

Los datos que aparecen en una ficha técnica de un alimento son los siguientes:

- **Nombre:** nombre del producto o nombre comercial, por ejemplo «galletas integrales».
- **Lote:** código interno que lleva el producto para poder seguir su trazabilidad.

- **Formato/peso bruto y peso neto:** pueden existir varios formatos para un mismo producto y hay que especificarlos (por ejemplo: «caja de 500 g»).
- **Ingredientes:** listado de los ingredientes y componentes de los productos.
- **Uso esperado y grupos vulnerables:** breve descripción al modo de consumo y al grupo de población destinado. En este apartado debería mencionarse si es apto para determinados grupos de riesgo como enfermos, ancianos, niños, etcétera.
- **Características organolépticas:** descripción de las características físicas del producto que se pueden percibir por los sentidos (por ejemplo: sabor, olor, color y textura).
- **Características nutricionales:** según la legislación actualizada que se aplique a cada producto.
- **Condiciones de almacenamiento/distribución:** condiciones básicas para que el producto no se dañe o no pierda cualidades.

Actividad propuesta 1.3

Identifica las características técnicas según la ficha de un automóvil marca Skoda, modelo Spaceback.

1.2.2. Características comerciales

Las características comerciales son aquellos atributos del producto que le otorgan un carácter diferenciador con respecto a otros productos similares. Las características físicas, como olor, sabor, color, tamaño, etcétera, junto a las de presentación, embalaje o diseño, son distintas según sean comercializadas por una empresa u otra y generan las diferencias para que un consumidor elija entre distintos productos.

Al estar directamente relacionadas con la diferenciación de los productos, las características comerciales se corresponden en buena parte con los atributos esperados y los atributos complementarios.

Ejemplo 1.4

Las características del perfume Chanel N.° 5 son su olor, el color del líquido, el tamaño y la forma del envase y la presentación en su caja. Estas características le hacen diferenciarse de cualquier otro perfume comercializado por su misma empresa o por otras distintas.

Figura 1.3. El diseño de los envases es una de las principales características comerciales.

Las características comerciales más destacadas son las siguientes:

- Color, sabor y olor.
- Tamaño y cantidad.
- Envase.
- Diseño.
- Etiquetado y embalaje.

1.2.3. Características psicológicas

Las características psicológicas son aquellas que son percibidas de manera personal por los consumidores. Se corresponden con los atributos **subjetivos** estudiados en el apartado anterior.

Entre las principales características psicológicas destacan el prestigio, la calidad o la belleza, que, lógicamente, serán percibidos de manera distinta por cada consumidor en función de sus expectativas, de su edad, de su posición social o de sus gustos específicos.

1.3. Clasificación de los productos

En general, los productos se dividen en tres grandes grupos:

- **Productos de negocios o industriales:** son los destinados a las empresas para su posterior reventa o utilización en los procesos de fabricación de otros productos.
  Ejemplo: una furgoneta o un camión en una empresa de transportes.
- **Productos de consumo:** son los destinados a las unidades familiares para su consumo final.
  Ejemplo: la ropa y el calzado para la temporada de invierno en una familia.

- **Servicios:** son actividades destinadas a satisfacer necesidades de los clientes, que no pueden ser almacenadas, ni transportadas, ni se pueden poseer físicamente, pero que son objeto de intercambio. **Ejemplo:** el alojamiento en un hotel, un corte de pelo o un plan de pensiones.

1.3.1. Clasificación de los productos de consumo

Los productos que se pueden tipificar en los establecimientos o puntos de venta son los del segundo grupo, es decir, los **productos de consumo.** Estos, a su vez, pueden clasificarse según dos criterios:

- **Según su duración:**
  - **Productos de consumo duradero:** son productos que pueden ser usados varias veces y de forma continuada en el tiempo sin perder sus características. Por ejemplo: prendas de vestir, muebles, ordenadores, etcétera.
  - **Productos no duraderos:** son aquellos productos que se consumen o destruyen con su uso. El ejemplo característico de este tipo de productos son los alimentos, aunque también podemos incluir otros como los productos de cosmética, el material fungible de oficina, los medicamentos, etcétera.

Recuerda que

Los **productos fungibles** son aquellos que se consumen con el uso, es decir, que una vez utilizados ya han cumplido su misión y no pueden volver a utilizarse.

- **Según la frecuencia de compra:**
  - **Productos de conveniencia, o de compra no planificada:** son aquellos que se adquieren con frecuencia y sin mayor esfuerzo de decisión por parte del consumidor. Pueden dividirse a su vez en los que se muestran en la Tabla 1.2.
  - **Productos de compra esporádica o compra por comparación:** se trata de productos en los que la compra es más meditada por parte del cliente, cuando las características comerciales y el precio determinan la decisión del cliente. La adquisición de prendas de vestir, de electrodomésticos o de un automóvil se corresponde con este tipo de productos.
  - **Productos de especialidad:** se corresponden con las características psicológicas de los productos. El consumidor busca un producto concreto y no realiza comparaciones porque sabe de antemano qué producto es el único que satisface sus gustos y necesidades. Por ejemplo, la compra de un teléfono móvil de una determinada marca.

Actividad propuesta 1.4

Pon tres ejemplos de productos de conveniencia, de compra esporádica y de especialidad que pueden encontrarse en un hipermercado.

1.3.2. Clasificación de productos según la AECOC

Cada empresa agrupa los productos según sus propios criterios. No obstante, en España se ha incorporado por parte de la mayoría de empresas de estudios de mercado y paneles de consumo la estructura de clasificación estandarizada de productos que propone la AECOC (Asociación de fabricantes y distribuidores).

La clasificación estandarizada de productos de AECOC es una forma de clasificar todos los **productos de gran consumo,** tanto de alimentación como de no alimentación, utilizable en todos los circuitos

Tabla 1.2. Subdivisión de los productos según la frecuencia de compra

Denominación	Definición	Ejemplo
Corrientes o de uso general.	Son aquellos que se adquieren de forma regular.	Alimentos, bebidas.
De compra por impulso.	Son aquellos cuya compra no está planificada de antemano y atienden por lo general a motivaciones de tipo psicológico.	Pasteles, golosinas.
De compra de emergencia.	Son aquellos que atienden a una necesidad urgente o inesperada.	Paraguas, medicamentos.

comerciales: hipermercados, supermercados, multiespecialistas, especialistas y mayoristas. Es la clasificación que más se acerca a la realidad de consumo en España.

Con esta clasificación, adoptada con las variantes propias para cada empresa según su criterio, se tipifica a los productos según unos criterios de clasificación que sirven de base para la posterior ubicación de cada producto en las distintas familias. Por orden de importancia, estos criterios son los siguientes:

1. Percepción del consumidor.
2. Tamaño de mercado de las diferentes familias.
3. Necesidad de agrupación en la comercialización de los productos.
4. Naturaleza del producto.

Según estos criterios, en primer lugar se determinan los grandes sectores, después las secciones y, por último, las familias, según el esquema de la Figura 1.4.

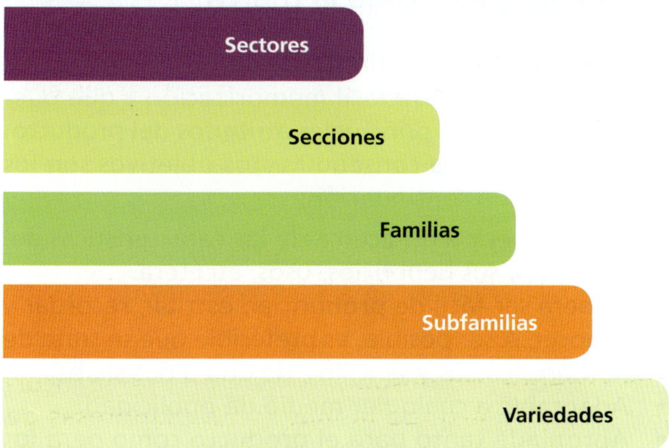

Figura 1.4. División de productos de gran consumo según la AECOC.

La **clasificación de productos por sectores** es la siguiente:

- Alimentación y bebidas.
- Productos frescos.
- Droguería y perfumería.
- Bebé.
- Textil.
- Deporte.
- Ferretería y bricolaje.
- Electrodomésticos.
- Bazar.

Los tres primeros sectores son comunes, tanto en supermercados como hipermercados, y para comerciantes mayoristas y minoristas. Las secciones correspondientes a estos sectores son las expresadas en la Tabla 1.3.

Actividad propuesta 1.5

¿En qué nivel de la clasificación de los productos según la AECOC se encuentran los siguientes productos?

- Botas de montaña del número 38.
- Aceite de oliva virgen extra.
- Champú anticaspa.

1.4. La marca

La marca es un nombre, término o símbolo, o diseño o combinación de ellos, que identifica a los bienes o servicios de una empresa y los distingue de los competidores.

Como hemos estudiado en apartados anteriores, la marca es el principal atributo diferenciador de un producto, es decir, su elemento identificativo principal.

Tabla 1.3. Clasificación por sectores según la AECOC

Sectores	Secciones	
Alimentación y bebidas	Alimentación seca	Conservas
	Leche y batidos	Bebidas
Productos frescos	Carnes	Platos cocinados
	Charcutería	Congelados
	Derivados lácteos	Frutas y hortalizas
	Panadería y pastelería	Pescados y mariscos
	Quesos	
Droguería y perfumería	Droguería y limpieza	Perfumería e higiene

Figura 1.5. La marca es un instrumento identificativo de las características de los productos y servicios de una empresa.

1.4.1. Elementos formales de la marca

El lugar que ocupa una marca en la mente del consumidor viene determinado por una serie de elementos visuales que la caracterizan y diferencian del resto de marcas de los competidores y que conforman su posicionamiento. Son los siguientes:

- **Nombre:** es la parte de la marca que se puede pronunciar.
  Ejemplo: Mercadona, Movistar, Avon.
- **Símbolo:** es el grafismo que distingue una marca o producto o cualquier organización.

Figura 1.6. Los símbolos marcados con la flecha en rojo son los distintivos de las marcas Mundi-Prensa, Ediciones Nobel y Alfa centauro, respectivamente.

- **Logotipo:** se compone de logo (palabra) y tipo (letra). Por tanto, se refiere a un grupo de letras, cifras, abreviaturas, etcétera, que facilitan la composición tipográfica.
  Ejemplo: según la Figura 1.6, la tipografía de las palabras Paraninfo, Mundi-Prensa, Ediciones Nobel y Alfa centauro, son los logotipos correspondientes a esas cuatro marcas.
- **Colores:** en algunos casos, los colores son plenamente identificativos de las marcas.
- **Ejemplo:** el color rojo de Vodafone, Banco Santander, Coca Cola, Ferrari.
- **Eslogan o lema:** es una fórmula breve o frase indicativa asociada a una marca.
  Ejemplo: «*Connecting People*» en el caso de Nokia o «*Just do it*» en el de Nike.

Sabías que

De manera coloquial y generalizada se utiliza el término **logotipo** para denominar al «símbolo», lo que es incorrecto.

1.4.2. Requisitos de la marca

Uno de los objetivos principales de las marcas es que sean reconocibles, de fácil memorización y que puedan asociarse a los principales atributos del producto. Los requisitos para conseguir estos objetivos son los desarrollados a continuación:

- Debe sugerir algo acerca de las características del producto, sus beneficios, usos, etcétera.
- Deberá ser fácil de pronunciar, escribir, recordar y conocer. A ser posible, es preferible que se trate de nombres cortos y sencillos, de una o dos sílabas.
- Adaptable a cualquier medio de publicidad.
- Apropiada tanto para el producto como para los consumidores a los que vaya dirigido el producto.

Figura 1.7. En algunos casos exitosos de creación de marca, el color es plenamente identificativo del producto y claramente asociado a una marca concreta.

1.4.3. Tipos de marca

Los productos comercializados atienden a distintas estrategias de marca. Estas estrategias vienen determinadas por el propio fabricante y también por los distribuidores. La legislación actual solo obliga a que el producto esté identificado, con lo que pueden darse las siguientes clases de marcas:

- **Marca blanca:** es la marca que identifica únicamente la categoría de un producto o su nombre genérico. En ocasiones incluye el nombre del distribuidor.
- **Marca colectiva:** es la marca que ampara a un conjunto de productos homogéneos por su categoría, tipo de producción o incluso procedencia.
- **Marca de distribuidor:** es una marca, propiedad de las empresas distribuidoras, que se utiliza para comercializar los productos que le fabrican en exclusiva otros fabricantes. Esta marca es un paso más en la marca blanca, ya que se utiliza un nombre específico para el producto, diferente de su denominación genérica.
  Esta marca puede coincidir con el nombre del distribuidor, en cuyo caso se denomina también marca enseña (Hipercor, Alcampo, Carrefour) o puede ser diferente (Aliada para algunos productos del distribuidor Hipercor; Hacendado, Bosque Verde y Deliplus para los productos de distribuidor de Mercadona).

Figura 1.8. Mercadona comercializa la marca Deliplus para sus productos de cosmética y perfumería.
Fuente: https://www.mercadona.es/es/deliplus-0.

- **Marca de fabricante:** también se denomina marca privada. Es la marca propiedad de los fabricantes del producto o servicio y que utilizan para la comercialización.
  Ejemplo: Coca-Cola, Seat, Bimbo, Samsung, etcétera.
- **Marca genérica:** son las marcas usadas para identificar una categoría de producto y que, por lo general, vienen acompañadas del nombre del distribuidor o fabricante. Se utilizan, sobre todo, en alimentación y productos farmacéuticos.
  Ejemplo: Ibuprofeno (marca genérica) de Kern Pharma (nombre del fabricante).
- **Marca única:** no es una marca en sí, sino una estrategia que consiste en utilizar la misma marca para todos los productos de la empresa, incluso cuando existan grandes diferencias entre ellos.
  Ejemplo: tanto en la línea de cosmética para mujer, como para hombre, línea solar, etcétera, la empresa Nivea utiliza siempre la misma marca.
- **Marca múltiple:** es la contraposición a la marca anterior. Consiste en la utilización de una marca distinta para cada tipo de producto.
  Ejemplo: Vitalínea, Actimel, Danacol, Danio o Activia son marcas de Danone.
- **Marca vertical:** se utiliza tanto para los establecimientos como para los productos que se comercializan en ellos. Es el tipo de marca más empleado en las franquicias que se caracterizan por vender sus productos en exclusiva.
  Ejemplo: Naturhouse, Mayoral.

Actividad resuelta 1.2

Identifica a qué clase de marca se corresponde este producto:

Solución:

Se trata de una marca de distribuidor. En este caso, es la marca Hacendado, comercializada por Mercadona para productos de alimentación.

Actividad propuesta 1.6

Pon dos ejemplos de cada una de las clases de marcas referidas a productos de belleza e higiene corporal.

Actividad propuesta 1.7

¿En qué clase de marca incluirías una lata de Pepsi Max?

1.5. Ciclo de vida del producto

El ciclo de vida del producto (CVP) consiste en un conjunto de etapas por las que atraviesa todo producto desde que se lanza al mercado hasta que se deja de comercializar por su debilitamiento.

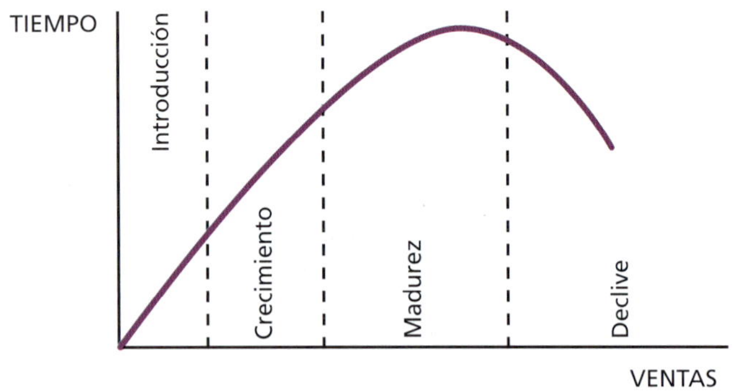

Figura 1.9. El ciclo de vida de un producto.

- **Etapa de introducción:** es el momento en el que el producto se introduce en el mercado. Se caracteriza por el bajo número de competidores, gran esfuerzo de la empresa para atraer clientes y pequeño número de distribuidores. El volumen de ventas es bajo, dado que aún no es conocido en el mercado. Los costes son muy altos y los beneficios inapreciables. En esta etapa es muy importante invertir en promocionar el producto.
- **Etapa de crecimiento:** en esta fase se incrementan los competidores y se produce un crecimiento rápido de las ventas y del número de distribuidores. Además, se reducen los costes por el aprovechamiento de economías de escala. Los productos toman estrategias de diferenciación o de reducción de precios. En esta etapa se comienzan a obtener beneficios.
- **Etapa de madurez:** esta etapa se caracteriza por un descenso en la velocidad de crecimiento de las ventas. El producto está asentado en el mercado y los beneficios son altos. También aumentan los esfuerzos por la diferenciación del producto, se consolidan los clientes, se reducen los costes y se alcanzan los niveles máximos de rentabilidad.
- **Etapa de declive:** en la etapa de declive, después de que las ventas alcanzan un punto de saturación, empiezan a descender. En el mercado aparecen nuevos sustitutos y se da una fuerte reducción de la demanda, por lo que caen los beneficios. Las causas más comunes de la aparición de esta etapa son la saturación del mercado y la obsolescencia del producto.

Actividad propuesta 1.8

¿En qué etapa del ciclo de vida del producto consideras que se encuentra el teléfono móvil Samsung Note 8?

Actividad propuesta 1.9

Pon un ejemplo de un producto que haya pasado por las distintas etapas del ciclo de vida.

1.6. Posicionamiento, acondicionamiento y codificación

Con independencia del nivel de la clasificación en el que se encuentre el producto (sector, sección, familia, etcétera), los productos se pueden ordenar con un triple propósito:

- Facilitar al cliente la localización de los productos que busca.
- Facilitar la gestión comercial y administrativa mediante el control de las ventas de cada producto.
- Facilitar la localización en el almacén y la reposición de los artículos en el lineal de venta.

Para ello, los comercios realizan las actividades de posicionamiento, acondicionamiento y codificación.

1.6.1. Posicionamiento del producto

Con el posicionamiento idóneo de cada producto, las empresas pretenden que los consumidores se decanten por la elección de un determinado producto también en un momento determinado. Esta labor se consigue a través de la gestión de los lineales, que será tratada en la Unidad 3.

La colocación de los productos a la altura de los ojos del cliente, cerca de las cajas o al final de un pasillo, se corresponde con estrategias de posicionamiento que responden a las necesidades comerciales del vendedor en determinadas circunstancias, como lanzamiento de un nuevo producto, ofertas, promociones temporales, etcétera.

Hemos hecho referencia al posicionamiento de los productos desde el punto de vista de la ordenación, es decir *posicionamiento* como sinónimo de *colocación* de los productos en el punto de venta.

No obstante, el término posicionamiento tiene otro significado desde el punto de vista del *marketing*.

El posicionamiento es el lugar que ocupa un producto o una marca en la mente del consumidor. Las estrategias de posicionamiento van dirigidas a conseguir una óptima percepción del producto por parte de los clientes en comparación con el resto de los productos de la competencia.

Figura 1.10. Las promociones por acontecimientos especiales como Halloween determinan el posicionamiento físico de sus productos específicos.

1.6.2. Acondicionamiento

El acondicionamiento de los productos hace referencia al modo de presentación a los clientes para su consumo o uso. Los productos han de presentarse al consumidor de modo tal que conserven todas sus características intactas. Para ello, y también como medio de comunicación del producto, se procede a las acciones de envasado y empaquetado.

Envasado

El envase es el recipiente que tiene contacto directo con el producto específico, con la función de preservarlo de los agentes exteriores, conservarlo y protegerlo.

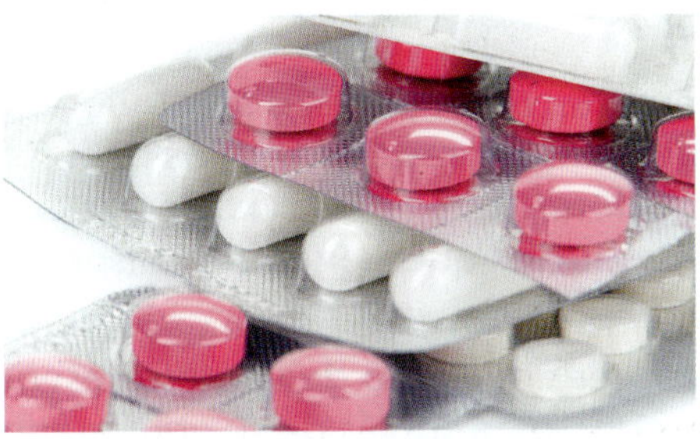

Figura 1.11. El envase está en contacto directo con el producto; en este caso, medicamentos.

Existen dos tipos de envase:

- **Envase primario:** es el primer recipiente que contiene o está en contacto con el producto.
- **Envase secundario o colectivo:** es el que contiene un conjunto de envases primarios. Su finalidad es ofrecer protección al primer envase y también sirve como medio de presentación del producto y para facilitar su manipulación.

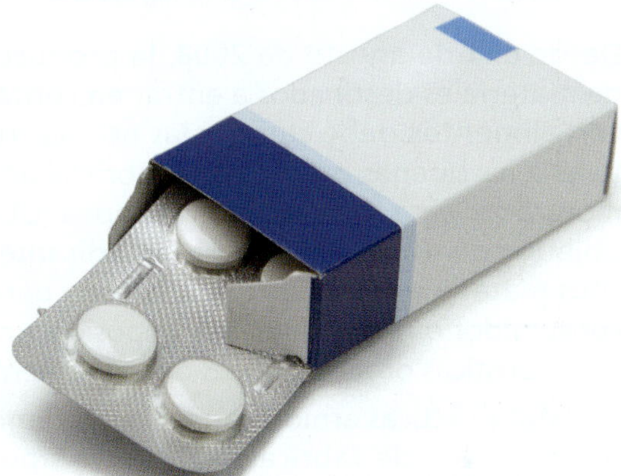

Figura 1.12. La caja de este medicamento es el envase secundario.

Empaquetado

El empaquetado o embalaje sirve para proteger el producto o conjunto de productos a los que se vaya a dar salida desde el almacén, durante todas las operaciones de traslado, transporte y manipulación. La función del empaquetado es que los productos lleguen al destinatario (distribuidor, mayorista o minorista) sin sufrir deterioro o menoscabo.

» Elección de la clase de empaquetado

Es posible elegir entre una gran variedad de embalajes, por lo que conviene tener en cuenta una serie de factores que determinarán qué clase de empaquetado conviene a los productos:

- La naturaleza y el valor de la carga.
- Las condiciones de manipulación y almacenaje.
- Los modos y medios de transporte que serán utilizados.
- Los costes del embalaje.
- La legislación vigente.

Respecto a este último apartado, es preciso señalar que los envases y los embalajes en **contacto directo con alimentos** deben cumplir con una normativa específica para todos los países miembros de la Unión Europea. Se trata del «Reglamento sobre buenas prácticas de fabricación de materiales y objetos destinados a entrar en contacto con alimentos».

En el cuadro siguiente detallamos algunos de los aspectos de esta norma por su relevancia a la hora de elegir el tipo de empaquetado y los embalajes en los productos destinados a la alimentación.

Buenas prácticas de fabricación de materiales y objetos destinados a entrar en contacto con alimentos

Desde el 1 de agosto de 2008, la producción de materiales destinados a entrar **en contacto con alimentos** debe cumplir las normas relativas a las buenas prácticas de fabricación armonizadas para toda la Unión Europea (UE). El objetivo de estas prácticas es impedir que dichos materiales representen un riesgo para el consumidor o modifiquen la composición o las características organolépticas de los alimentos.

Estas prácticas armonizan los procedimientos europeos de fabricación de este tipo de materiales en todas sus fases, desde la **producción hasta la distribución.**

Los **fabricantes** están obligados a implantar un sistema de aseguramiento de la calidad y un sistema de control de esta a través de normas de producción detalladas, como por ejemplo los procesos que implican la aplicación de **tintas de impresión.**

Los materiales a los que se aplica el Reglamento incluyen objetos como los **recipientes y los envases,** además de **cualquier otro material en contacto** con los productos alimenticios, como el papel y el cartón, o aquellos que previsiblemente transferirán sus constituyentes a los **alimentos,** como por ejemplo **las tintas y los adhesivos.**

» Funciones del empaquetado

Las funciones que cumple el empaquetado de los productos son las siguientes:

- **Unificación:** sirve para agrupar envases en una carga compacta de mayor tamaño, para ser manejada como una sola unidad. De este modo se reducen los espacios de almacenamiento, se facilitan las operaciones de manipulación de las mercancías y se favorecen las labores logísticas.
- **Protección física:** Con el empaquetado se consigue que los productos estén protegidos respecto a las condiciones del exterior como luz y temperatura. Por otro lado, el empaquetado es fundamental en aquellos productos que no llevan envase.
- **Facilitar el almacenamiento y el transporte:** Para la manipulación de los artículos se utilizan cajas o paquetes que contienen productos envasados o productos que no requieren envase. En cualquier caso, estas cajas se apilan en paletas para sus movimientos en almacén o para el transporte.

» Tipos de empaquetado

Los embalajes, y también los envases, se presentan en diferentes clases de materiales para adaptarse a las características de los productos que contienen.

Tabla 1.4. Materiales utilizados en envases y embalajes

Materiales	Productos empaquetados
Plástico	Alimentos, detergentes, aceites, champú, cajas para frutas y pescado, etcétera.
Papel	Productos industriales, primeros envoltorios.
Cartón	Productos manufacturados, aparatos electrodomésticos, equipos y maquinaria industrial, frutas y verduras frescas, etcétera. (El cartón es el material más empleado para empaquetar.)
Vidrio	Alimentos, bebidas, perfumes, cosméticos, productos farmacéuticos, etcétera.
Metal	Alimentos procesados o en conserva, pinturas, lacas y aceites lubricantes, etcétera.
Madera	Productos de la industria del metal, mecánica, maquinaria, etcétera.

» Condiciones de utilización

La información es un criterio determinante para que los consumidores puedan elegir, y afecta tanto a los intereses de los consumidores como a la confianza que estos depositan en los productos y servicios que adquieren.

Las empresas vendedoras, distribuidoras, fabricantes o comercializadoras de servicios deben facilitar a los consumidores toda la información relevante acerca de los productos que ponen a su disposición.

Además de la información que puedan facilitar los vendedores en el caso de ventas presenciales, los propios productos, a través de su etiquetado, proporcionan información acerca de la composición, las características y las condiciones de utilización.

La «Ley General para la Defensa de los Consumidores y Usuarios», en su artículo 18, establece lo siguiente:

«Todos los bienes y servicios puestos a disposición de los consumidores y usuarios deberán incorporar, acompañar o, en último caso, permitir de forma clara y comprensible, información veraz, eficaz y suficiente sobre sus características esenciales, en particular sobre las siguientes:

a) Nombre y dirección completa del productor.
b) Naturaleza, composición y finalidad.
c) Calidad, cantidad, categoría o denominación usual o comercial, si la tienen.
d) Fecha de producción o suministro y lote, cuando sea exigible reglamentariamente, plazo recomendado para el uso o consumo o fecha de caducidad.
e) Instrucciones o indicaciones para su correcto uso o consumo, advertencias y riesgos previsibles.»

Por tanto, comprobamos en este último apartado que en la etiqueta debe aparecer información sobre las condiciones de utilización, **modo de empleo** o formas de uso de los productos.

Por otra parte, el término **condiciones de utilización** también se aplica a los términos y las condiciones que rigen el acceso a una página web. El consumidor, usuario en este caso, que accede a los servicios de una página web, debe aceptar las condiciones de utilización que impone su propietario. En caso contrario, no le será permitido el acceso.

Figura 1.13. Etiqueta de un producto de limpieza.

> **Actividad propuesta 1.10**
>
> Busca en un hipermercado dos ejemplos de productos que se presenten con envase primario y secundario.

1.6.3. Codificación

La codificación del surtido consiste en asignar un código a cada una de las referencias que lo componen para diferenciarlas entre sí. El código toma forma mediante una clave que permite «traducir» su contenido.

Los objetivos de la codificación son los siguientes:

- **Identificación del producto:** la identidad entre un código y un producto significa que cada referencia debe disponer de un código distinto.
- **Significación del código:** la codificación debe estar estructurada de modo tal que permita un fácil reconocimiento del producto. Las personas que manipulan los productos (personal de almacén, vendedores, cajeros, etcétera) deben estar familiarizadas con los códigos que identifican a los productos comercializados en su empresa.
- **Información sobre el producto:** el código debe proporcionar la máxima información sobre el producto de una forma clara. Por ejemplo, en un código pueden asignarse números que identifiquen la sección, el grupo, la familia, la subfamilia, etcétera.

» Clases de codificación

Las clases o sistemas de codificación interna consisten en asignar un código a una referencia concreta. Los códigos pueden ser numéricos, alfabéticos o alfanuméricos.

- **Códigos numéricos:** la codificación numérica consiste en asignar un número a cada referencia. Las codificaciones numéricas más utilizadas son la numeración correlativa y la numeración decimal.
- **Códigos alfabéticos:** consiste en asignar combinaciones de letras a cada referencia. Este sistema es poco utilizado debido a la limitación de las letras.
- **Códigos alfanuméricos:** permiten la combinación de números y letras, por lo que las posibilidades son muy amplias. Este sistema es utilizado por las empresas que no han adoptado el sistema del código de barras.

» Código de barras

El código de barras es una tecnología de captura automática de información que permite identificar referencias mediante un código numérico. Se representa gráficamente con un símbolo rectangular compuesto de barras y espacios paralelos que permiten la lectura automática de la información mediante un escáner.

Los códigos de barras se originan a través de los conocidos como estándares GS1 que identifican, capturan y comparten la información de productos y servicios.

Figura 1.14. Mediante el sistema del código de barras se identifican las referencias que componen el surtido de un establecimiento.

En España, la tramitación del código de barras se realiza a través de la AECOC (Asociación de Fabricantes y Distribuidores) y es un requisito indispensable pertenecer a esta asociación para poder codificar de este modo.

> **Recuerda que**
>
> Para vender en una tienda o a través de internet es necesario que los productos cuenten con un **código de barras** según los estándares internacionales GS1.

El código numérico asociado al código de barras o número GS1 se distribuye en España a través de AECOC-GS1 Spain, que es la única entidad autorizada para este fin.

1. Obtener el prefijo GS1 del sistema

El prefijo de compañía GS1 sirve para identificar, de forma única y exclusiva, al propietario de cada marca. Formado por una secuencia de entre 7 y 10 dígitos, debe aparecer siempre al principio de todo código de producto, para evitar duplicidades de código en el mercado.

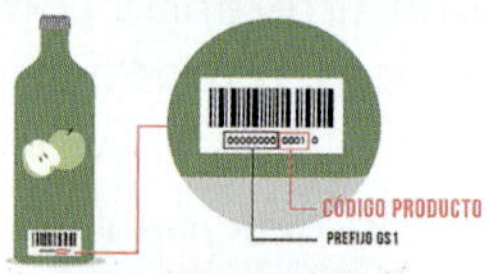

2. Identificar cada producto

Una vez obtenido el prefijo de compañía GS1, se identifican todos los productos del surtido asignando códigos numéricos secuenciales a cada uno.

3. Identificar puntos de lectura

Es preciso identificar los entornos en los que se escanearán los códigos.

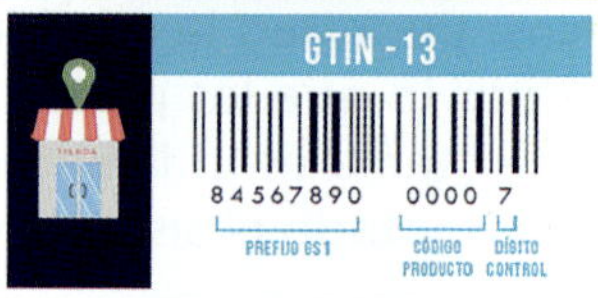

4. Seleccionar el tipo de código de barras

Los códigos utilizados son GTIN -13, GTIN- 14, GTIN-128 y GS1 DATABAR, DATAMATRIX o QRCode.

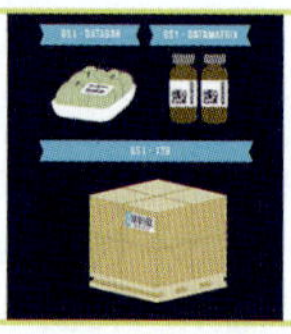

5. Seleccionar las dimensiones del código

Dependerán del tipo de símbolo para adaptarse a los tamaños y las situaciones.

6. Seleccionar el color del código

La combinación ideal es negro para las barras y blanco para el fondo, pero pueden elegirse otras combinaciones siempre que sean compatibles.

Figura 1.15. El código de barras en 10 pasos. *Fuente: AECOC* (https://www.aecoc.es/).

7. Seleccionar la localización del código

Debe estar situado en un lugar que permita el escaneado.

8. Disponer de un *software* generador de símbolos

Se debe crear en un programa informático el dibujo de los símbolos en formato digital para asignarles después el código numérico del Paso 2.

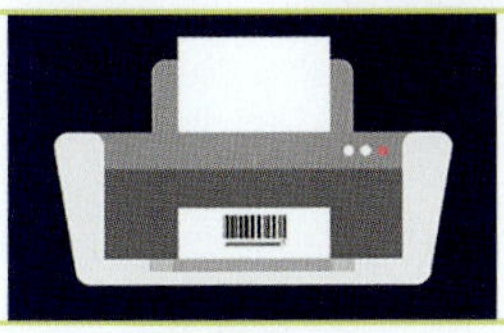

9. Disponer de un sistema de impresión

Para imprimir las etiquetas pueden elegirse impresoras térmicas o láser u otros sistemas específicos para grandes volúmenes.

10. Definir un plan de calidad

Es recomendable un plan de calidad para asegurar la lectura del código de barras en cualquier parte de la cadena de suministro.

Figura 1.15. El código de barras en 10 pasos. *Fuente: AECOC* (https://www.aecoc.es/) *(continuación)*.

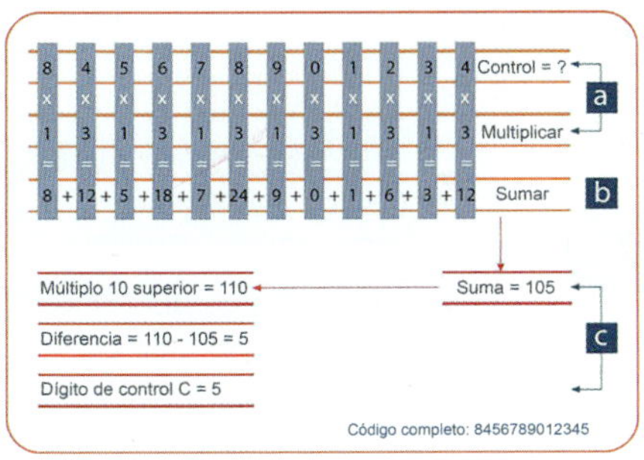

Dígito de control

El dígito de control es un elemento de gran importancia en la codificación GS1, ya que permite la eliminación de errores de lectura del código. Es decir, el dígito de control ofrece seguridad en la lectura del GTIN.

La AECOC facilita a sus asociados una aplicación para realizar el cálculo. No obstante, también es posible realizar el cálculo de modo manual siguiendo estos pasos:

1. Se numera el código de derecha a izquierda, se multiplican los dígitos que ocupan la posición par por 1, y los que ocupan la posición impar por 3.
2. Se suman los valores de los productos obtenidos.
3. Se busca la decena superior al resultado de la suma anterior y se restan estos dos valores. El resultado obtenido es el dígito de control.

Figura 1.16. Ejemplo de cálculo del dígito de control. *Fuente: AECOC* (https://www.aecoc.es/).

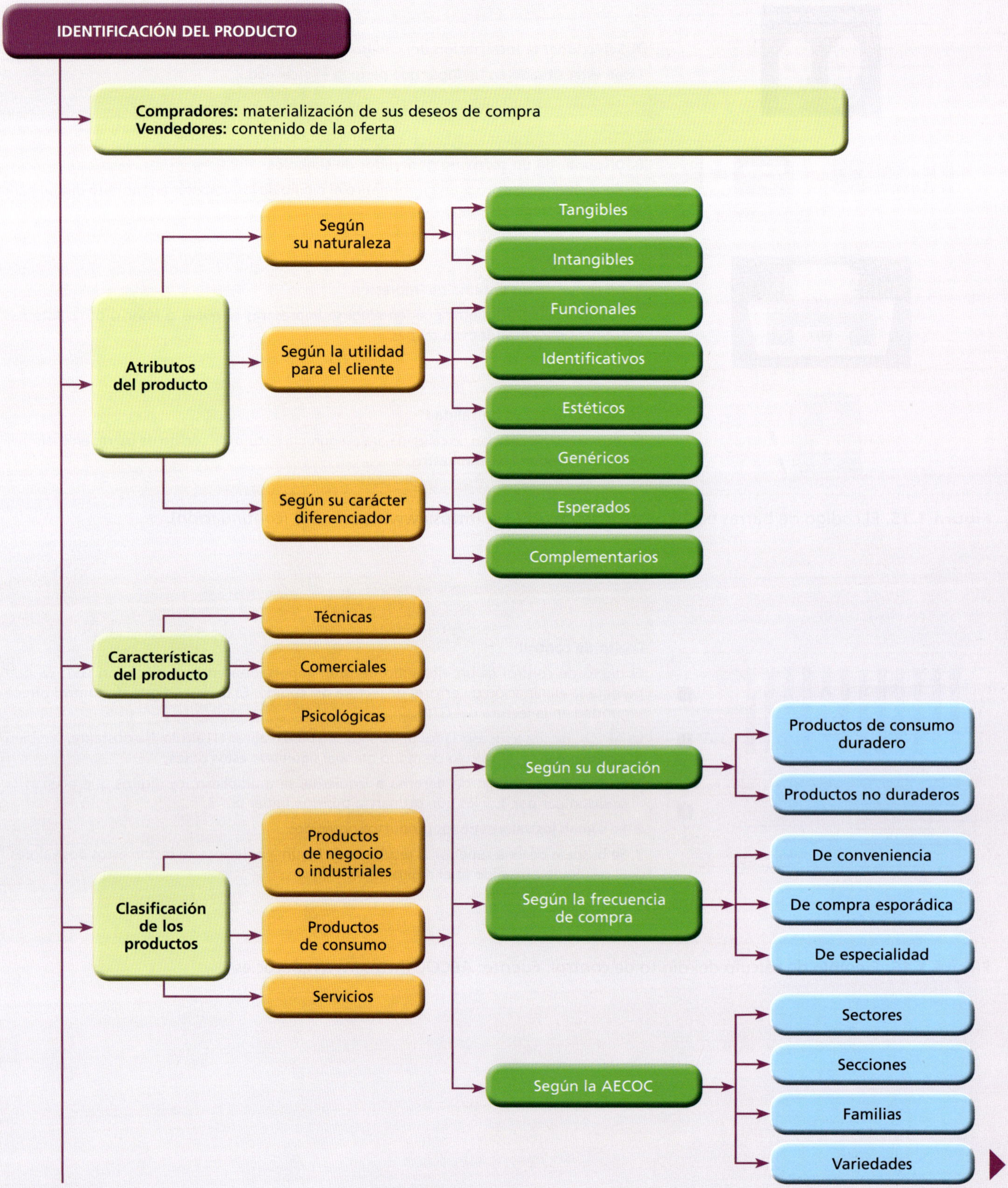
IDENTIFICACIÓN DEL PRODUCTO
Compradores: materialización de sus deseos de compra
Vendedores: contenido de la oferta
Atributos del producto
Según su naturaleza
Tangibles
Intangibles
Según la utilidad para el cliente
Funcionales
Identificativos
Estéticos
Según su carácter diferenciador
Genéricos
Esperados
Complementarios
Características del producto
Técnicas
Comerciales
Psicológicas
Clasificación de los productos
Productos de negocio o industriales
Productos de consumo
Servicios
Según su duración
Productos de consumo duradero
Productos no duraderos
Según la frecuencia de compra
De conveniencia
De compra esporádica
De especialidad
Según la AECOC
Sectores
Secciones
Familias
Variedades

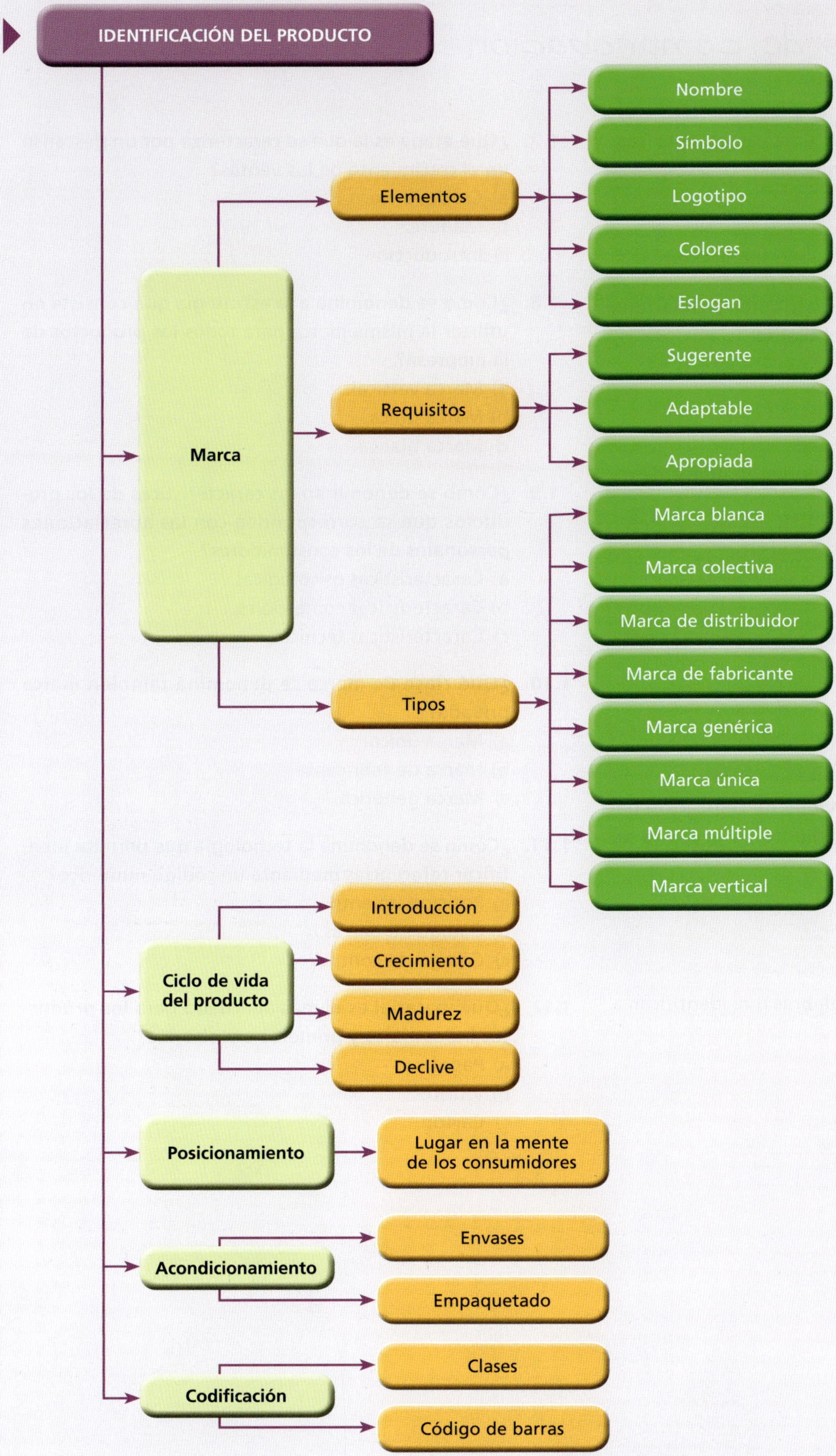
IDENTIFICACIÓN DEL PRODUCTO
Marca
Elementos
Nombre
Símbolo
Logotipo
Colores
Eslogan
Requisitos
Sugerente
Adaptable
Apropiada
Tipos
Marca blanca
Marca colectiva
Marca de distribuidor
Marca de fabricante
Marca genérica
Marca única
Marca múltiple
Marca vertical
Ciclo de vida del producto
Introducción
Crecimiento
Madurez
Declive
Posicionamiento
Lugar en la mente de los consumidores
Acondicionamiento
Envases
Empaquetado
Codificación
Clases
Código de barras

Actividades de comprobación

1.1. ¿Cuál de las siguientes características no se corresponde con los productos tangibles?
a) Puede ser almacenado.
b) Puede transportarse.
c) La producción y el consumo son simultáneos.

1.2. Señala cuál de los siguientes atributos se relaciona con la utilidad que reporta al cliente:
a) Atributo esperado.
b) Atributo estético.
c) Atributo genérico.

1.3. ¿Qué clase de productos se adquieren de forma regular?
a) Corrientes.
b) De emergencia.
c) De especialidad.

1.4. ¿Cómo se denomina al recipiente que tiene contacto con el producto específico?
a) Envase.
b) Embalaje.
c) Paquete.

1.5. ¿Cómo se denomina la actividad de colocación del producto a disposición del cliente en el punto de venta?
a) Acondicionamiento.
b) Posicionamiento.
c) Codificación.

1.6. ¿Cómo se denomina a las palabras que identifican a una marca determinada?
a) Símbolo.
b) Logotipo.
c) Lema.

1.7. ¿Qué etapa es la que se caracteriza por un descenso en el crecimiento de las ventas?
a) Crecimiento.
b) Madurez.
c) Introducción.

1.8. ¿Cómo se denomina a la estrategia que consiste en utilizar la misma marca para todos los productos de la empresa?
a) Marca vertical.
b) Marca única.
c) Marca blanca.

1.9. ¿Cómo se denominan las características de los productos que se corresponden con las apreciaciones personales de los consumidores?
a) Características psicológicas.
b) Características comerciales.
c) Características técnicas.

1.10. ¿Qué clase de marca se denomina también marca privada?
a) Marca única.
b) Marca de fabricante.
c) Marca genérica.

1.11. ¿Cómo se denomina la tecnología que permite identificar referencias mediante un código numérico?
a) Posicionamiento.
b) Código de barras.
c) Código de control.

1.12. ¿Qué material es el más adecuado para los productos industriales y primeros envoltorios?
a) Papel.
b) Vidrio.
c) Cartón.

Actividades de aplicación

1.13. Realiza la ficha técnica de un gel de baño de 250 ml.

1.14. Realiza un esquema de clasificación de los productos de consumo.

1.15. Selecciona cinco productos diferentes y analiza en cada uno de ellos los siguientes aspectos:

a) El grado de tangibilidad.
b) Los atributos según su naturaleza y según su utilidad.
c) Tipo de producto según su duración.
d) Tipo de producto según la frecuencia de compra.

1.16. Analiza y desarrolla las acciones de acondicionamiento de un jarabe para la tos.

1.17. Analiza y describe los elementos de la siguiente marca:

RENAULT
Passion for life

Fuente: www.renault.es.

1.18. Busca un ejemplo de producto acondicionado para los clientes según los siguientes casos:

- Envase y no embalaje.
- Embalaje y no envase.
- Sin envase ni embalaje.

1.19. Describe las características técnicas de la silla que ocupas en el aula.

1.20. Realiza el desarrollo según la clasificación de la AECOC que se corresponde con un detergente líquido para lavadoras.

1.21. Explica en qué ciclo de la vida del producto se encuentra una máquina de escribir manual y argumenta tu respuesta.

1.22. Pon dos ejemplos de productos industriales que podrían considerarse también de consumo en función de los clientes que lo adquieran.

1.23. Calcula el dígito de control del siguiente código: 847877654333. Una vez calculado, escribe el código GTIN13 completo con el dígito de control en su lugar correcto.

1.24. Busca en la página web de la AECOC los distintos códigos de barras existentes y realiza una breve descripción de cada uno de ellos.

2

El surtido en el punto de venta

CONTENIDOS

OBJETIVOS

- Conocer la relevancia del surtido en la estrategia comercial.
- Distinguir entre las distintas clases de surtido.
- Analizar las dimensiones del surtido.
- Aplicar métodos de elección y supresión de referencias.
- Evaluar los diferentes sistemas de determinación de surtidos.

INTRODUCCIÓN

Dadas las características del mercado actual, donde los compradores tienen a su disposición una enorme variedad de productos y servicios para satisfacer sus necesidades, las empresas han de seleccionar cuáles de esos productos pondrán a la venta. La elección de un surtido adecuado, esto es, de los productos que componen la oferta de los comerciantes en el punto de venta, es una decisión fundamental de la que dependerá la rentabilidad del negocio.

La composición y la presentación del surtido generan la imagen del establecimiento y contribuyen a la motivación de compra por parte de los potenciales clientes, a la fidelización de los existentes y en definitiva al éxito en el negocio.

2.1. Concepto de surtido

El primer paso que debe dar un comerciante es decidir, de entre la enorme variedad de productos que puede poner a la venta, cuáles serán los que constituyan su oferta. En la actualidad, las posibilidades de elección de los consumidores son enormes. Tantas como productos existen para cada una de las necesidades que deseen satisfacer.

Los establecimientos comerciales son la puerta de entrada hacia esas posibilidades y lo que los compradores encuentran en su interior son los productos que los vendedores ponen a la venta y por los que estos últimos obtendrán sus ingresos.

Figura 2.1. Cada establecimiento comercial ofrece distintos surtidos.

Vocabulario

Surtido: es el conjunto total de referencias o productos que un establecimiento ofrece a sus clientes.

El conjunto de los productos que se ofrecen en cada establecimiento comercial es el surtido que está a disposición de los compradores para sus adquisiciones.

2.1.1. Objetivos del surtido

La elección del surtido debe atender a dos objetivos, entre los que es fundamental encontrar el equilibrio; las aspiraciones del consumidor por un lado y del comerciante por otro.

Consumidor

- Satisfacer sus necesidades y deseos.

Comerciante

- Obtener beneficios para rentabilizar la inversión.

Figura 2.2. Los objetivos del surtido son distintos para consumidores y comerciantes.

Para satisfacer las necesidades de los clientes es necesario contar con un surtido muy amplio, lo que supone realizar un gran esfuerzo en la inversión y también supone menor rotación de productos. Esto implica un encarecimiento en el coste unitario de los productos, que se repercutirá en el precio de venta. Con precios más altos, los clientes reducirán sus compras o acudirán a la competencia, lo que conlleva menores ingresos. Por ello, es tan importante la búsqueda del equilibrio entre los dos objetivos del surtido.

Vocabulario

Rotación: medida que indica el número de veces que se deben reponer los productos.

2.1.2. Características del surtido

La determinación de las características del surtido que el comerciante se disponga a ofrecer a los compradores debe tener en cuenta una serie de factores, que detallamos en la Tabla 2.1.

Por otro lado, los detallistas habrán de tener en cuenta dos cualidades relevantes con las que deben dotarse sus surtidos: coherencia y dinamismo.

Tabla 2.1. Factores que determinan las características del surtido

Tipo de establecimiento	Los establecimientos comerciales se presentan en distintos formatos, como hipermercados, supermercados, tiendas especializadas, comercio de bazar, etcétera.
Tamaño de la sala de ventas	El establecimiento estará limitado por la superficie y por el espacio que ocupe el mobiliario en el que se exponen los productos.
Tipo de clientes	Tanto para clientes habituales como para clientes potenciales se han de tener en cuenta sus características y sus hábitos de compra.
Rotación adecuada	La rotación está directamente relacionada con la rentabilidad deseada. Una mayor rotación implica mayores ventas, pero al mismo tiempo menor cantidad de surtido.
Naturaleza de los productos	Existen productos más genéricos en los que las posibilidades de elección de los compradores son mínimas (productos frescos, harina, etcétera), y otros con los que los compradores realizan una gran actividad de comparación entre productos e incluso entre establecimientos (automóviles, ropa, muebles, etcétera).

Coherencia: El surtido debe ser coherente, es decir, mostrar cierta homogeneidad y complementariedad con respecto a las necesidades de los clientes que pretende satisfacer. Por ejemplo: venta de ropa y complementos, ordenadores e impresoras, etcétera.

Dinamismo: La constante aparición de nuevos productos en el mercado, junto con el cambio de los gustos del consumidor, hace necesaria una continua adaptación del surtido a la clientela. Por otro lado, es preciso tener en cuenta la fidelidad de los clientes a determinados productos. Por tanto, se trata de encontrar el equilibrio entre la renovación del surtido y la permanencia de las referencias a las que los clientes son fieles y proporcionan rentabilidad.

Figura 2.3. Cualidades indispensables de los surtidos.

Vocabulario

Detallistas: comerciantes minoristas, es decir, aquellos que venden sus productos a consumidores finales.

Actividad propuesta 2.1

Analiza las diferencias en cuanto al surtido que ofrece una papelería de barrio con respecto a un hipermercado en el que entre todos sus productos también encontramos objetos de papelería.

Actividad propuesta 2.2

¿Con cuál de las características o cualidades del surtido analizadas relacionas los productos que se encuentran a la venta en las tiendas de las estaciones de servicio actuales? ¿Por qué?

2.2. Estructura del surtido

Los comerciantes ofrecen los productos a sus compradores de manera organizada, de modo que las referencias quedan clasificadas en distintos niveles. De este modo, los productos pueden ser fácilmente identificados y gestionados tanto por compradores como por vendedores.

El modo más común de realizar esta estructuración consiste en ordenar las referencias ofrecidas en una tienda en distintos niveles, de mayor a menor: departamentos, secciones, categorías, familias, subfamilias y referencias.

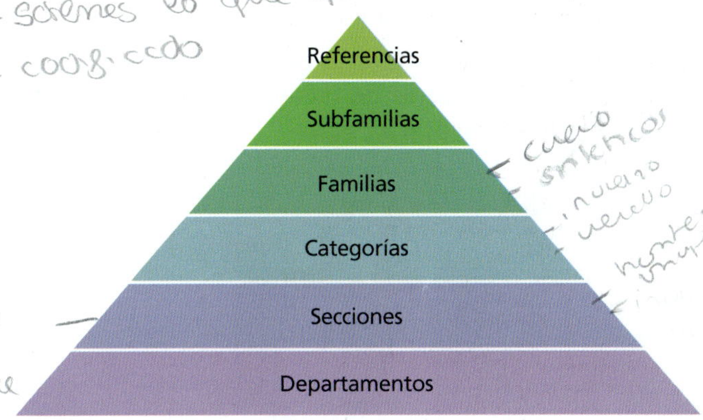

Figura 2.4. Estructura piramidal del surtido y de las referencias.

Sabías que

Estructurar el surtido consiste en ordenar la totalidad de las referencias existentes en el punto de venta, disponiéndolas en una serie de grupos o niveles que permitan su identificación y su clasificación, así como su localización en el punto de venta.

2.2.1. Departamentos

También pueden denominarse grupos. Los departamentos son grandes divisiones que agrupan varias secciones según la homogeneidad y complementariedad de los productos de esas secciones: por ejemplo, alimentación, perfumería, deportes, informática, etcétera. Podemos encontrar este nivel de clasificación en las grandes superficies.

Figura 2.5. División por departamentos en la página web de Alcampo. *Fuente:* www.alcampo.es.

2.2.2. Secciones

Las secciones son **unidades independientes de negocio** que agrupan normalmente a varias categorías de productos que gozan de una cierta homogeneidad respecto a las necesidades que satisfacen los artículos que las forman. Las secciones son, por tanto, el nivel que sigue a los departamentos en la agrupación de artículos homogéneos. En un departamento pueden agruparse varias secciones, y una sección contendrá artículos que satisfagan necesidades similares.

Por ejemplo, en el departamento de droguería encontramos las secciones de lavavajillas, ambientadores, insecticidas, etcétera.

Figura 2.6. Los productos de limpieza pueden formar una sección dentro del departamento de droguería.

2.2.3. Categorías

Las categorías son **conjuntos de artículos que pertenecen a una misma sección y que están relacionados entre sí**. Las categorías representan el siguiente nivel de división al agrupar los artículos. Las categorías existirán en aquellos artículos que cuenten con suficientes referencias diferenciadas entre sí aunque homogéneas respecto a la sección.

Por ejemplo, ambientadores automáticos, de coche, eléctricos, etcétera, dentro de la sección de ambientadores.

Figura 2.7. Los ambientadores de coche conforman por sí mismos una categoría dentro de la sección de ambientadores.

2.2.4. Familias

Las familias se corresponden con un **conjunto de artículos que satisfacen la misma necesidad genérica y que coinciden en características y uso**. Las familias representan un nivel más de división tras las categorías. En este caso, los artículos que las conforman satisfacen exactamente las mismas necesidades y las diferencias pueden ser de tipo funcional, de diseño, etcétera.

Por ejemplo, encontramos los ambientadores de coche para colgar y ambientadores de coche para la rejilla de ventilación.

Figura 2.8. Los ambientadores de coche para la rejilla de ventilación pueden ser una familia dentro de la categoría de ambientadores de coche.

2.2.5. Subfamilias

Las subfamilias son **subdivisiones vinculadas a una determinada familia que pueden ser clasificadas en función de diversos criterios.** Las subfamilias son la última posibilidad de agrupación de artículos antes de llegar a las referencias individuales. En este caso, las subfamilias pueden crearse también por diferencias en cuanto a formato, diseño, envases, etcétera.

Por ejemplo, ambientador de coche para colgar en líquido y ambientador de coche para colgar en celulosa con distintas formas.

Figura 2.9. El formato del ambientador de coche, en este caso en celulosa, puede ser una subfamilia dentro de la familia de ambientadores de coche para colgar.

2.2.6. Referencias

Las referencias comprenden el último nivel posible de la clasificación del surtido y se corresponden con unidades de venta que satisfacen la misma necesidad específica. Definen la marca, el formato, el modelo y el contenido de producto: por ejemplo, ambientador de coche con perfumador de madera, para colgar, con olor a algodón de azúcar marca «Regalina».

Actividad resuelta 2.1

El Supermercado Cambaral es un pequeño establecimiento que ofrece a sus clientes su surtido en las secciones de alimentación, bebidas, droguería y perfumería. ¿Cómo ordenarías los siguientes elementos en los distintos niveles de estructura del surtido?

1	Alubia blanca Cambaral paquete 1 kg
2	Garbanzo lechoso Cambaral paquete 1 kg
3	Arroz y legumbres
4	Legumbres secas
5	Arroz largo Cambaral paquete 2 kg
6	Arroz y especialidades
7	Arroz redondo Cambaral paquete 1 kg
8	Conservas de pescado
9	Arroz largo SAS paquete 1 kg
10	Atún claro aceite oliva Cabo lata *pack* 6 unidades
11	Alimentación
12	Atún
13	Garbanzo mexicano SAS paquete 1 kg
14	Mejillón en escabeche Cabo lata *pack* 2 unidades
15	Mejillones
16	Alubias
17	Garbanzos
18	Alubia roja Cambaral paquete 1 kg

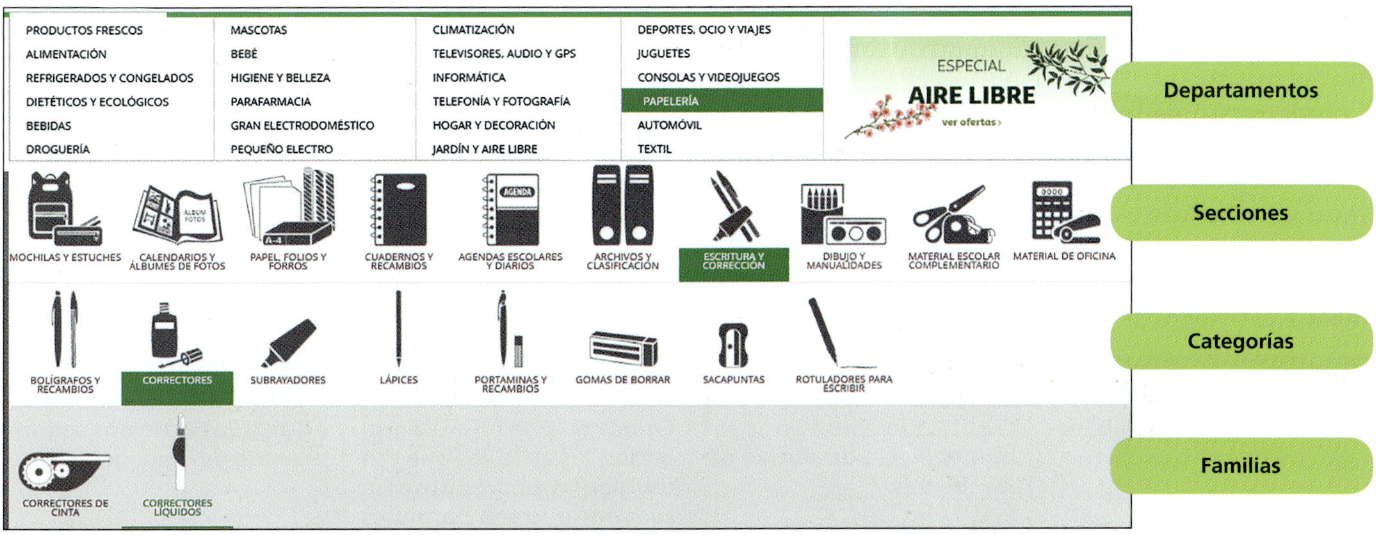

Figura 2.10. Distintos niveles de estructura del surtido. *Fuente:* www.alcampo.es.

Solución:

Departamento	Sección	Categoría	Familia	Referencias
11	3	4	16	1
11	3	4	16	18
11	3	4	17	2
11	3	4	17	13
11	3	6		5
11	3	6		7
11	3	6		9
11	8	12		10
11	8	15		14

En este caso no existe ninguna subfamilia.

Actividad propuesta 2.3

Localiza en las webs de Eroski y de Carrefour la referencia correspondiente a la lata de 33 cc de Fanta de naranja. Indica para cada caso qué niveles de estructuración del surtido aplican hasta llegar al producto mencionado y analiza las diferencias y semejanzas.

Actividad propuesta 2.4

Pon un ejemplo de tres productos cuyas referencias pertenezcan a la misma familia y subfamilia.

2.3. Clasificación de los tipos de surtidos

La ordenación de los productos según la estructuración en niveles a veces resulta insuficiente como criterio de clasificación del surtido en el punto de venta. A veces es necesario clasificar los productos según otro tipo de criterios de organización que contribuyen a la buena imagen del establecimiento y la planificación y el control de las ventas.

Por otro lado, estos criterios facilitan la colocación de los productos y ayudan al cliente a orientarse dentro del establecimiento para la búsqueda de los artículos.

Figura 2.11. La organización de los productos es fundamental para una buena orientación de los clientes en el momento de las compras.

2.3.1. Criterios de clasificación

Los distintos tipos de surtido se pueden clasificar según los criterios que se muestran en la Tabla 2.2.

A continuación, en la Tabla 2.3 desarrollamos los surtidos que forman parte de cada criterio.

2.3.2. *Stock* en el punto de venta

Desde el punto de vista del comerciante, otro aspecto que se ha de tener en cuenta al organizar la mercancía en el establecimiento es la cantidad de producto en reserva o *stock* necesario para hacer frente a la demanda.

Vocabulario

Stock: cantidad de productos almacenados necesarios para atender a la demanda de los clientes.

Tabla 2.2. Criterios de clasificación de surtidos

Según el origen	Según la demanda	Según el uso	Según la similitud
Une a los artículos que tienen un origen común.	Clasifica los productos según el nivel adquisitivo de los clientes.	Coloca en una misma agrupación los artículos que van dirigidos a un tipo de consumidor o sirven para usos complementarios.	Agrupa los artículos según su grado de homogeneidad.

Tabla 2.3. Tipos de surtidos según los criterios de clasificación

Origen	Demanda	Uso	Similitud
Mismo origen o procedencia geográfica.	**Lujo**	**Consumidores**	**Procedimiento de fabricación**
			Ejemplo: productos artesanales, fabricados en serie, etcétera.
Ejemplo: denominación de origen en quesos, vinos, etcétera.	Ejemplo: productos exclusivos y de precio elevado, como joyas o coches de alta gama.	Ejemplo: ropa de hombre, mujer, niño, joven, etcétera.	**Materias primas utilizadas**
			Ejemplo: pasteles, tartas, bizcochos, etcétera.
Mismo fabricante o diseñador.	**Marca**	**Uso complementario**	**Método de conservación**
	Ejemplo: productos cuya marca es de prestigio y buena calidad. Rolex, Mercedes, etcétera.	Ejemplo: grapas y grapadoras, cuchillas y maquinillas de afeitar, etcétera.	Ejemplo: enlatados, conservas, envasados al vacío, refrigerados, etcétera.
Ejemplo: productos de Apple, de Adidas, etcétera.	**Económicos**	**Misma necesidad**	**Funcionamiento**
	Productos cuya característica principal es el bajo precio. Ejemplo: ropa Primark.	Ejemplo: plancha de pelo, secador, tenazas, rulos, etcétera.	Ejemplo: automáticos, a pilas, manuales, etcétera.

El *stock* ocupa espacio, por lo que el comerciante debe destinar para él una zona que cuente con capacidad suficiente para almacenarlo hasta que se traslade a la sala de ventas o exposición a los clientes.

Con el fin de determinar el espacio necesario para almacenar los productos, en una empresa comercial podemos distinguir entre los tipos de *stocks* que detallamos en la Tabla 2.4.

¿Sabías que

Las **roturas de *stock*** se producen cuando por falta de existencias en el almacén no es posible hacer frente a un nivel de demanda de un artículo en un momento determinado. En este supuesto, la cantidad demandada es superior a la cantidad almacenada, por lo que los clientes no pueden realizar la compra deseada.

Tabla 2.4. Clases de *stocks* en la empresa comercial

Clase de *stock*	Definición
Stock de presentación.	Es el conjunto de artículos situados a la vista de los clientes en los lineales de venta. Es preciso realizar la reposición de estos artículos de manera periódica según se vendan o se renueve la oferta.
Stock de reserva.	Lo componen las unidades de artículos que se precisan para cubrir la venta durante el tiempo que se sucede entre dos pedidos. Es el que permanece en almacén hasta pasar a ser *stock* de presentación.
Stock de seguridad.	Es el *stock* previsto para el caso de que deba hacerse frente a un exceso de pedido por aumentos imprevistos de las ventas. El *stock* de seguridad impide que se produzca la indeseada **rotura de *stock***.
Stock de sección.	Es el volumen máximo de artículos que puede acoger una sección.

Figura 2.12. El control de *stocks* es clave para la organización de la mercancía en el establecimiento.

Actividad resuelta 2.2

El Supermercado Cambaral cuenta con los siguientes artículos en la subfamilia de «cremas de cacao»:

Crema cacahuete, Cambachoco , tarro 350 g	10 unidades
Crema cacao Chocoleche 2 sabores, Cambachoco, vaso 400 g	20 unidades
Crema cacao Chocoleche 2 sabores, Cambachoco, bote 750 g	10 unidades
Crema cacao original 1 sabor, Cambachoco, vaso 400 g	20 unidades
Crema cacao original 1 sabor, Cambachoco, bote 750 g	10 unidades
Crema cacao 1 sabor, Chocolé, bote 750 g	20 unidades
Crema cacao 2 sabores, Chocolé, bote 500 g	20 unidades
Crema cacao, Cambachoco, bote 350 g	20 unidades
Crema leche, Cambachoco, vaso 190 g	10 unidades

La empresa tiene previsto mantener en tienda un 20 % de cada una de las referencias. Con estos datos, resuelve las siguientes cuestiones:

1. ¿Cuántas unidades forman el *stock* total de la subfamilia de cremas de cacao?
2. ¿Cuántas unidades forman el *stock* de presentación?
3. ¿Cuántas referencias componen el surtido de esta subfamilia?

Solución:

1. El *stock* total es la suma de todas las unidades de productos almacenados. Por tanto, el *stock* total es de 140 unidades (10+20+10+20+10+20+20+20+10).
2. El *stock* de presentación lo componen 28 unidades que estarán en la tienda a la vista de los clientes (140 * 20 %).
3. Las referencias son 9. Una por cada clase de artículo a la venta.

Actividad propuesta 2.5

Señala a qué tipo de clasificación de surtido corresponde cada uno de estos artículos:

a) Traje confeccionado a medida.
b) Coche Ferrari Testarossa.
c) Queso con denominación de origen Queso Manchego.
d) Corbata de seda.

Actividad propuesta 2.6

Indica las diferencias existentes entre *stock* y surtido.

2.4. Las dimensiones del surtido

Los comerciantes minoristas se posicionan en el mercado y se diferencian unos de otros según las dimensiones del surtido en el punto de venta. Estas vienen determinadas por la **amplitud**, la **anchura** y la **profundidad**. Al combinar las dimensiones del surtido de cada establecimiento, resulta una mezcla que lo identifica y lo diferencia con su propia posición estratégica en el mercado y en la mente del consumidor.

Figura 2.13. Todas las formas de distribución minorista definen su posicionamiento a través de las dimensiones del surtido.

2.4.1. Amplitud

La amplitud está determinada por el número de secciones que tiene el establecimiento comercial. En el caso de un hipermercado, su amplitud es mucha debido a la cantidad de secciones con las que cuenta. En el caso de una tienda muy especializada, el surtido carece de amplitud, es decir, no tiene secciones y se desarrolla a partir de familias o categorías de productos.

Vocabulario

Amplitud: número de agrupaciones de productos homogéneos (secciones) que el detallista ofrece en el punto de venta.

El surtido de los puntos de venta será tan amplio como agrupaciones homogéneas de referencias haya. No obstante, en el momento de comparar la amplitud del surtido de dos detallistas es necesario hacerlo respecto al nivel a partir del cual se hacen las agrupaciones.

Ejemplo 2.1

En la comparación de las siguientes tiendas de congelados, el surtido de la n.º 1 es mayor puesto que, aunque tiene menos agrupaciones, ha utilizado un nivel superior.

Congelados n.º 1	Pescados	3 agrupaciones
	Mariscos	
	Pizzas	
Congelados n.º 2	Cigalas	7 agrupaciones
	Gambas	
	Langostinos	
	Merluza	
	Pulpo	
	Atún	
	Emperador	

2.4.2. Anchura

La anchura del surtido viene determinada por el número de categorías de productos, familias y subfamilias que tiene una sección. El surtido será ancho cuando la sección tiene muchas categorías, familias y subfamilias, y estrecho cuando tiene pocas. Por regla general, hay un paralelismo entre surtido ancho y comercio no especializado, y entre surtido estrecho y comercio especializado.

Figura 2.14. Las librerías cuentan con un surtido estrecho, ya que son tiendas especializadas.

2.4.3. Profundidad

La profundidad refleja el número de referencias que se ofrecen dentro de cada una de las familias o subfamilias de productos, es decir, la variedad de productos ofrecidos para satisfacer una misma necesidad.

Cuando en un punto de venta hay muchas referencias, estas se configuran dentro de una subfamilia, por lo que la profundidad del surtido estará en función del número de subfamilias.

2.4.4. Dimensiones cualitativas del surtido

Las dimensiones cualitativas del surtido son aquellas que, en lugar de medir en cantidades físicas, ponen el surtido en relación con las necesidades y expectativas de los clientes, además de con acciones estratégicas de la empresa.

Desde el punto de vista cualitativo, los surtidos se miden por su coherencia y por su fidelidad.

Tabla 2.5. Dimensiones cualitativas del surtido

Coherencia	Un surtido coherente significa que las secciones o categorías de productos que componen la estructura del surtido de una tienda gozan de homogeneidad y complementariedad con respecto a las necesidades y deseos que satisface. • Determina que el comprador entre en el punto de venta. • Evalúa si los límites del surtido están bien definidos.
Fidelidad	Es el grado de coincidencia entre el surtido que ofrece el establecimiento comercial y el surtido que espera la clientela clave, independientemente de la rentabilidad. Un consumidor fiel a un producto sabe dónde va a poder encontrarlo. • Un solo producto de baja venta puede provocar que acudan muchos clientes. • La tendencia detallista a limitar la variedad del surtido obliga al detallista a conocer en qué artículos basa su clientela la fidelidad. • Existe el riesgo de que el cliente decida realizar toda su compra en un hipermercado por comodidad.

Es posible establecer una **relación** entre las dimensiones cuantitativas y cualitativas del surtido (Figura 2.15).

La coherencia es la vertiente cualitativa de la amplitud

- Es necesario considerar las agrupaciones que componen el surtido como la complementariedad o lógica interna de esas agrupaciones.

La fidelidad guarda una relación con la profundidad

- El detallista ha de conocer qué productos tienen mayor importancia para sus clientes y ofrecer en ellos mayor profundidad.

Figura 2.15. Relación entre las distintas dimensiones del surtido.

2.4.5. Otras dimensiones del surtido

También es posible medir el surtido con otras dimensiones cuantitativas. Se trata de la longitud y de la extensión.

La **longitud** del surtido es el número total de referencias trabajadas en el punto de venta. Se trata de un dato objetivo y sencillo de calcular, ya que es el producto resultante de amplitud por profundidad.

Ejemplo 2.2

Las siguientes empresas tienen la misma longitud (misma cantidad de referencias), aunque sus dimensiones de profundidad y amplitud sean distintas.

	Amplitud	Profundidad	Longitud
Establecimiento A	10	10	(10*10) 100
Establecimiento B	4	25	(4*25) 100

La **extensión** es el número de marcas que componen cada una de las agrupaciones homogéneas dentro de la amplitud del surtido. Se puede considerar como una variante de la anchura.

2.4.6. Dimensiones del surtido y establecimiento comercial

Las dimensiones cuantitativas del surtido se manifiestan en los establecimientos según sea el tamaño de estos y también según el tipo de establecimiento.

De este modo, las dimensiones se expresan en mayor o menor medida según el tipo de establecimiento comercial.

Tabla 2.6. Establecimientos comerciales según las dimensiones del surtido

Surtido	Estrecho	Ancho
Poco profundo	Se cubren pocas necesidades y con pocas alternativas de elección. 1	Se cubren muchas necesidades, aunque con poca variedad dentro de ellas. 2
Profundo	Satisface pocas necesidades, pero con gran posibilidad de elección de referencias. 3	Cubre muchas necesidades y con gran posibilidad de elección de referencias. 4

1	Venta ambulante, mercados de abastos.
2	Tiendas de descuento, tiendas de conveniencia, tiendas tradicionales.
3	Tiendas especializadas, medianas y grandes superficies especializadas.
4	Hipermercados, grandes almacenes, supermercados.

Recuerda que

En España los formatos comerciales más frecuentes son los detallados en la siguiente tabla.

Formatos comerciales	
Hipermercado	• Superficie de venta de más de 2500 metros cuadrados. • Se encuentra en áreas suburbanas. • Puede formar parte de un centro comercial o estar aislado. • Ejemplo: Carrefour.
Supermercado	• Superficie entre 400 y 2500 metros cuadrados. • La mayoría de sus productos son de alimentación. • Suele estar dentro del núcleo urbano. • Ejemplo: Mercadona.
Supermercado descuento	• Superficie entre 300 y 900 metros cuadrados. • Surtido inferior a los 1000 productos. • Comercializa marcas blancas y segundas marcas. • Precios más bajos en determinados productos. • Ejemplo: Lidl.
Tienda de conveniencia	• Superficie máxima de 400 metros cuadrados. • Permanece abierto un mínimo de 15 horas diarias. • Se ubica en el centro urbano, pero también en el extrarradio o en lugares estratégicos, como las tiendas de conveniencia de las gasolineras. • Sus precios son más caros que los de establecimientos de gran consumo. • Ejemplo: Apencar.
Tienda especialista en alimentación	• Está especializada en una sola categoría de alimentación. • Son comerciantes independientes o pertenecientes, a lo sumo, a alguna asociación específica.
Comercio independiente tradicional	• Establecimiento de pequeñas dimensiones. • Propiedad de comerciantes independientes. • Localización en el área urbana. • Ejemplo: librerías, droguerías, estancos, etcétera.
Comercio de bazar	• Establecimiento en el que se venden diversos productos de carácter duradero. • Superficie pequeña o media. • Calidad media/baja. • Productos muy heterogéneos. • Ejemplo: tiendas de «todo a un euro».
Grandes almacenes	• Gran superficie de ventas, dividida en varias plantas, en un mismo edificio o varios contiguos. • Más de 2500 metros cuadrados de superficie. • Varios departamentos por secciones. • Ejemplo: El Corte Inglés.
Medianas superficies comerciales	• Superficies especializadas en una familia de productos de una gama genérica. • Metros de superficie en función del número de habitantes de la localidad donde se sitúen. • Ejemplo: Zara.
Big Box	• Entre 2000 y 12 000 metros cuadrados de superficie. • Formato utilizado en *outlets* de marca, o negocios especializados en una categoría de productos. • Precios más bajos que en establecimientos de gran consumo. • Ejemplo: Leroy Merlin, Ikea, Factory, etcétera.

Actividad resuelta 2.3

El Supermercado Cambaral es un establecimiento que comercializa productos de alimentación. ¿Cómo sería su situación en una tabla comparativa de las dimensiones amplitud y profundidad en relación con tiendas especializadas, hipermercados y tiendas de conveniencia?

Solución:

Alimentación		Amplitud	
		+	–
Profundidad	+	Tienda especializada	Hipermercado
	–	Tienda de conveniencia	Supermercado

El Supermercado Cambaral se encontraría en la parte de la tabla con una profundidad y una amplitud menor. Es decir, cuenta con pocas secciones distintas, ya que todas son de alimentación y dentro de ellas el número de referencias es limitado.

Actividad propuesta 2.7

Indica cuál es la longitud de un establecimiento con las siguientes características:

Cuatro secciones: A B C y D		
Sección A:	65 referencias.	
Sección B:	29 referencias.	
Sección C:	Familia 1: 7 referencias.	Familia 2: 43 referencias.
Sección D:	24 referencias.	

Actividad propuesta 2.8

Con los datos de la actividad anterior, resuelve las siguientes cuestiones:

a) ¿Qué sección presenta mayor profundidad? ¿Por qué?
b) ¿De qué tipo de establecimiento comercial se trata según estas dimensiones?

2.5. Elección de referencias

Una vez que son conocidos los tipos de productos que el empresario decide comercializar, el siguiente paso es elegir las referencias que formarán parte del surtido, calcular la cantidad adecuada de cada una de ellas y establecer un método para realizar el seguimiento de las ventas.

2.5.1. Selección de referencias

La decisión sobre las referencias que forman la oferta de un establecimiento comercial es fundamental para la gestión del surtido. La elección de las referencias se realiza de modo exhaustivo al iniciarse la actividad comercial, aunque debe ser flexible y modificable en el tiempo para poder adaptarse a los cambios en las preferencias de los clientes y a la aparición de nuevos productos. En la Unidad 4 desarrollaremos en profundidad todos los aspectos de la gestión del surtido.

Figura 2.16. Referencias expuestas en el lineal de un supermercado.

Recuerda que

La **cuota de mercado** es la parte del mercado que consume los productos o servicios de la empresa en concreto. Es decir, es el porcentaje de mercado de una empresa.

Los aspectos que se han de valorar para realizar una adecuada selección de las referencias ofrecidas en los lineales del establecimiento son los siguientes:

- Los productos que se ofrecerán.
- Las necesidades de los clientes que se han de cubrir.
- La cuota de mercado de los productos que se venden.
- El espacio del local de venta.
- La competencia.
- El diseño de los lineales en los que se ofrecerán los productos.
- La inversión que pueda realizar la empresa.
- Los plazos de reposición negociados con los proveedores.
- Las condiciones higiénico-sanitarias y de conservación que puedan precisar los productos.

Vocabulario

Lineal: conjunto de estanterías y espacio en el punto de venta donde se exponen los productos.

Una vez analizados estos aspectos, y decidida la posible referencia que se vaya a incorporar, se decide si entrará a formar parte de la oferta del establecimiento. Si es así, se procederá a dar de alta el artículo en el sistema informático, lo que posibilita los pedidos a los proveedores y la salida a la venta en la tienda.

Una vez dado de alta el artículo se procede a asignarle departamento, sección, categoría, familia, subfamilia y referencia.

Actividad resuelta 2.4

El Supermercado Cambaral es un pequeño supermercado de barrio que comercializa productos de alimentación. Está situado en una zona céntrica de la ciudad y la única competencia que tiene es la de un hipermercado en las afueras. ¿Qué aspectos se valorarán en este supermercado desde el punto de vista de la selección del surtido?

Solución:

- Los productos que se ofrecen se corresponden a las necesidades básicas de alimentación de los consumidores residentes en la zona. Se trata de un barrio cuya población está compuesta en su mayoría por personas de más de 50 años y con una situación económica estable. Por otro lado, en ese barrio se sitúan dos hoteles importantes, con lo que el tránsito de turistas que realizan pequeñas compras es de gran relevancia.
- La ubicación es muy importante, ya que la mayor parte de los compradores prefiere permanecer ahí antes que trasladarse hasta el hipermercado.
- Los estudios realizados permiten afirmar que Supermercado Cambaral cuenta con el 70 % de cuota de mercado en cuanto a productos de alimentación.
- El tamaño del local, repartido entre la zona de exposición y un pequeño almacén, es de 500 m^2, más que suficientes para el tipo de ventas que se realizan.
- Los plazos de reposición convenidos con los proveedores cubren perfectamente las necesidades de rotación de los productos y la capacidad del almacén.
- La empresa puede permitirse realizar la inversión necesaria en los artículos, ya que dispone de capacidad económica suficiente para atender a la alta rotación de sus *stocks*.

2.5.2. Supresión de referencias

Como hemos analizado anteriormente, la longitud del surtido no debe ser una medida estática, sino que debe adaptarse a los gustos de los consumidores y a los cambios en el mercado. Por tanto, el surtido puede ser modificado por dos vías distintas:

- **Por la introducción de un nuevo producto:** en este caso se han de seguir los pasos estudiados en el apartado anterior en cuanto a dar de alta a un nuevo producto. La decisión de introducir una nueva referencia puede deberse a factores tan diversos como un cambio en las modas, un cambio en la formulación química de un producto o la aparición de un nuevo producto debido a los avances tecnológicos.
- **Por la retirada de un producto:** en el momento en el que se detecta que una referencia ha dejado de interesar a los clientes es preciso estudiar las razones y determinar si se decide dar de baja a ese artículo, es decir, suprimir esa referencia.

Figura 2.17. Al innovar en un artículo, por modificación relevante de uno anterior, se debe crear una nueva referencia.

Recuerda que

La **supresión de una referencia** puede producirse porque el fabricante deje de venderla y la retire del mercado o simplemente porque el detallista decida dejar de ofrecerla.

Antes de eliminar una referencia es necesario analizar, además de los aspectos cuantitativos que estudiaremos en la Unidad 4, determinados aspectos cualitativos. Los aspectos cualitativos son los siguientes:

- Posible disminución en las ventas de otros artículos relacionados con el suprimido.
- Repercusión en la imagen del establecimiento.
- Influencia en los clientes.
- Problemática en los contratos de suministro con los proveedores.
- Alternativas de sustitución en el lineal por otros productos.

Dar de baja una referencia no implica su inmediata eliminación del programa informático, ya que antes se debe vender el *stock* pendiente. Lo que sí se produce es la eliminación de pedidos al proveedor, pero el producto se mantendrá en el sistema mientras quede *stock* disponible. El objetivo es dejar espacio libre en el lineal que ocupaba la referencia que se va a suprimir para así poder introducir una nueva referencia que cumpla las expectativas en el punto de venta.

Figura 2.18. Estrategias para conseguir una rápida eliminación del *stock*.

Actividad resuelta 2.5

Supermercado Cambaral ha observado, durante el último semestre, un descenso de ventas considerable en su referencia Crema cacao 1 sabor, Chocolé, bote 750 g (ver Actividad resuelta 2.2), por lo que el dueño de la tienda se plantea la eliminación de esta referencia. ¿Qué debería hacer antes de tomar esta decisión?

Solución:

- Estudiar los posibles productos sustitutivos en el lineal. En este caso sería la crema de cacao de un sabor de la marca Cambachoco, que se ofrece en un formato idéntico en cuanto a peso (750 g).
- El riesgo en relación con los clientes. En este caso no existe tal riesgo, ya que hay otra marca que puede satisfacer la misma necesidad. Es decir, se eliminaría la que apenas se vende y el producto se seguiría vendiendo.
- Analizar la problemática en cuanto al proveedor. Tampoco se generaría conflicto, puesto que se seguirían comercializando productos de ese mismo fabricante.

Actividad propuesta 2.9

¿Qué pasos deberá llevar a cabo una tienda de productos de perfumería para introducir la referencia de un nuevo perfume denominado Rosa Celeste?

Actividad propuesta 2.10

Supermercado Cambaral tiene que realizar un estudio sobre la eliminación de tres referencias mostradas a continuación:

a) Lata de anchoas marca Cambapesca.
b) Leche desnatada en brik de 1 litro de la marca Solait.
c) Pan de molde especial tostadas marca Solpan.

Indica los aspectos cualitativos a tener en cuenta para la eliminación o el mantenimiento de dichas referencias en el lineal, señalando en cada caso si hay referencias de otras marcas, el producto por el que lo sustituirías, cómo solventar los posibles perjuicios ocasionados a los compradores de estas referencias y los posibles problemas con el fabricante por la eliminación de las referencias.

EL SURTIDO EN EL PUNTO DE VENTA

- **Concepto:** conjunto total de referencias o productos que un establecimiento ofrece a sus clientes
- **Características**
  - Tipo de establecimiento
  - Tamaño de la sala de ventas
  - Tipo de clientes
  - Rotación
  - Naturaleza de los productos
- **Estructura**
  - Departamentos
  - Secciones
  - Categorías
  - Familias
  - Subfamilias
  - Referencias
- **Clasificación por tipos de surtidos**
  - Demanda: lujo/marca/económico
  - Semejanza: procedimiento de fabricación/materias primas utilizadas/método de conservación/funcionamiento
  - Origen: mismo origen o procedencia geográfica/mismo fabricante o diseñador
  - Uso: según los consumidores/uso complementario/misma necesidad

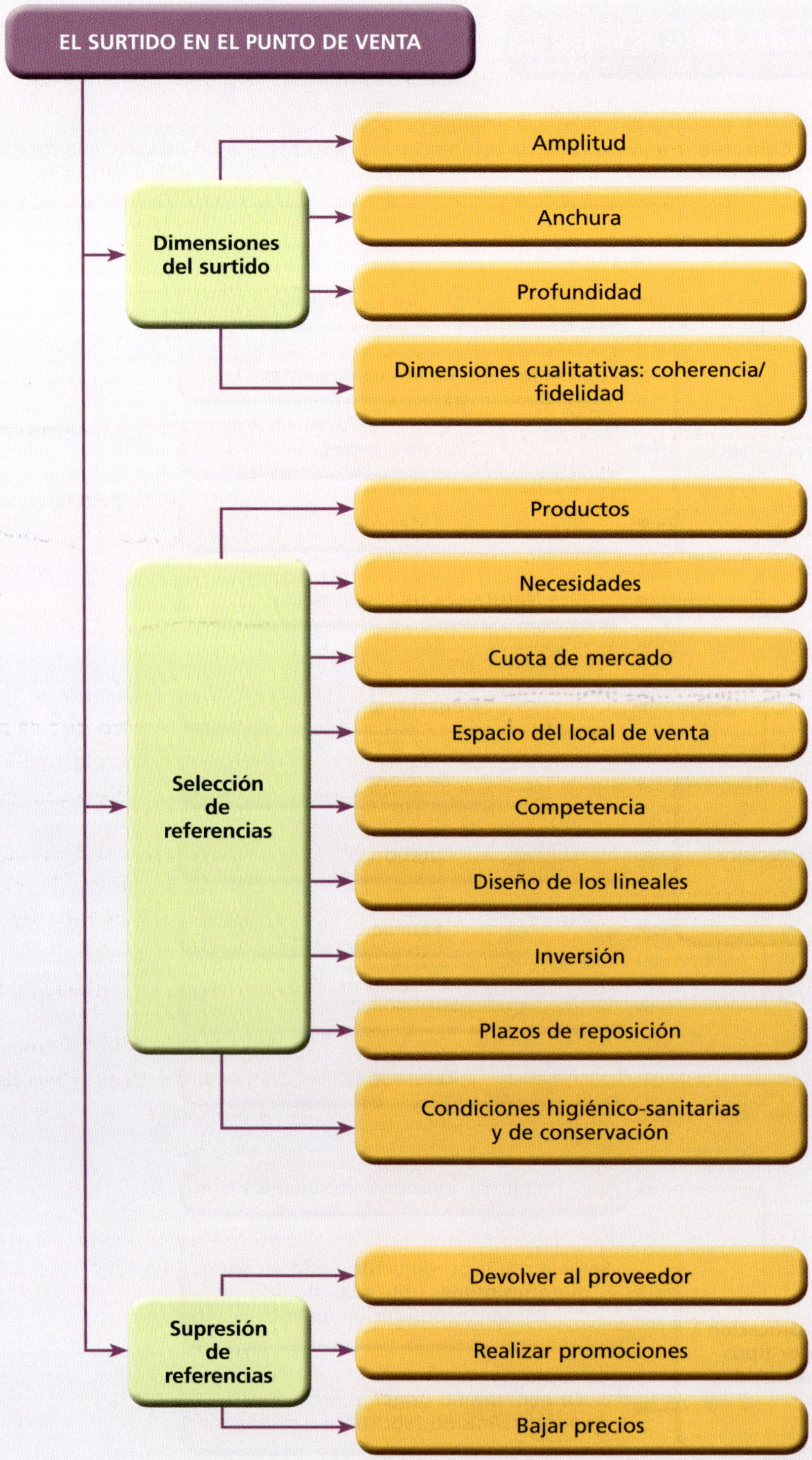
EL SURTIDO EN EL PUNTO DE VENTA
Dimensiones del surtido
Amplitud
Anchura
Profundidad
Dimensiones cualitativas: coherencia/ fidelidad
Selección de referencias
Productos
Necesidades
Cuota de mercado
Espacio del local de venta
Competencia
Diseño de los lineales
Inversión
Plazos de reposición
Condiciones higiénico-sanitarias y de conservación
Supresión de referencias
Devolver al proveedor
Realizar promociones
Bajar precios

Actividades de comprobación

2.1. ¿Qué es el surtido?

a) El número de referencias que se ofrece a los clientes en el punto de venta.
b) La cantidad de secciones que se ofrece a los clientes en el punto de venta.
c) El conjunto de familias que se ofrece a los clientes en el punto de venta.

2.2. ¿Cuál es la organización correcta del surtido?

a) Departamentos, secciones, familias, categorías y referencias.
b) Secciones, departamentos, referencias, familias, subfamilias y categorías.
c) Referencias, departamentos, categorías, familias y subfamilias.

2.3. ¿Cómo se denomina la unidad más indivisible de un surtido?

a) Referencia.
b) Sección.
c) Familia.

2.4. ¿Qué determina la profundidad del surtido?

a) Número de secciones o líneas de productos.
b) Multiplicación de la anchura por la amplitud.
c) Número de referencias que tiene una familia.

2.5. ¿Cuál de los siguientes establecimientos se corresponde con un surtido ancho y profundo?

a) Tienda de conveniencia.
b) Tienda especializada.
c) Hipermercado.

2.6. ¿Cuáles son las dimensiones cualitativas del surtido?

a) Coherencia y similitud.
b) Fidelidad y transparencia.
c) Coherencia y fidelidad.

2.7. Según la clasificación de demanda puedes distinguir entre estos surtidos:

a) Lujo, marca y económicos.
b) Misma necesidad, complementarios y consumidores.
c) Mismo fabricante y mismo método de fabricación.

2.8. Señala la estrategia correcta para la eliminación de *stock:*

a) Promociones especiales.
b) Destrucción de los productos.
c) Disminución de las compras.

2.9. La competencia...

a) ... es un elemento determinante para la eliminación de una referencia.
b) ... es un aspecto que se ha de valorar para la selección de una referencia.
c) ... determinará el espacio del local de venta.

2.10. ¿Cuál es la relación correcta entre las dimensiones cualitativas y cuantitativas del surtido?

a) La coherencia se relaciona con la longitud.
b) La fidelidad se relaciona con la profundidad.
c) La fidelidad se relaciona con la amplitud.

2.11. ¿Qué criterio se emplea para clasificar los productos según el nivel adquisitivo de los clientes?

a) La demanda.
b) El origen.
c) La similitud.

2.12. ¿Qué dimensión mide el número de secciones que tiene un establecimiento comercial?

a) Anchura.
b) Profundidad.
c) Amplitud.

Actividades de aplicación

2.13. Explica cómo es el surtido en cuanto a amplitud y profundidad en los siguientes establecimientos comerciales:

- Zara.
- Mercadona.
- Opencor.
- Ikea.

2.14. Indica los aspectos que debe valorar un establecimiento para seleccionar una referencia.

2.15. Ordena los siguientes elementos en los distintos niveles de estructura del surtido:

	Gaseosa		Agua mineral natural «Breno» botellín 500 cc
	Zumo «Nava» brik de 20 cl		Zumo no refrigerado
	Zumo refrigerado		Refrescos
	Agua con gas «Breno» botella 1,5 l		Aguas sin gas
	Bebidas		Limonada sin gas «Breno» botella de 2 l
	Refrescos sin gas		Gaseosa «Breno» botellín 500 cc
	Zumos		Aguas con gas
	Agua		Vinos

2.16. Realiza la organización del surtido de una juguetería que tenga al menos las siguientes características:

- Cuatro secciones.
- Ocho categorías.
- Seis familias.
- Cuatro subfamilias.
- 20 referencias.

2.17. Identifica los elementos del nivel de estructuración de surtido que aparece en la web de Eroski.

Fuente: www.eroski.es.

2.18. Calcula las combinaciones de profundidad y amplitud que pueden darse para obtener una longitud de 500 referencias.

2.19. Pon dos ejemplos de establecimientos en los que el surtido sea estrecho y poco profundo.

2.20. ¿Qué diferencias existen entre el *stock* de presentación y el *stock* de seguridad?

2.21. Realiza el cuadro de clasificación de surtido según la demanda y pon un ejemplo de tres artículos correspondientes a cada apartado.

2.22. Analiza las referencias de la Actividad de aplicación 2.13 y determina a qué clasificación pertenecen esos productos.

3

Organización del lineal

CONTENIDOS

3.1. El lineal
3.2. Los *facings* y su gestión
3.3. Implantación de los productos en el lineal
3.4. Reparto del lineal
3.5. Aplicaciones informáticas de gestión del espacio

OBJETIVOS

- Conocer el concepto de lineal y sus características.
- Utilizar las características de los productos en la asignación de lineal.
- Determinar el nivel mínimo y óptimo del lineal.
- Analizar las formas de presentación de los productos en el lineal.
- Asignar el número de *facing* asignado a un producto.
- Estudiar las aplicaciones informáticas para los planogramas.

INTRODUCCIÓN

En el mercado actual, el sistema de establecimiento más asentado en la mayor parte de los formatos comerciales es el de autoservicio. El lineal es, en este sistema, una herramienta de venta que ha llegado a sustituir al vendedor presencial. En el momento de colocar el surtido en el establecimiento se debe buscar el objetivo de rentabilizar al máximo cada metro cuadrado disponible y conseguir que el propio lineal de venta sustituya las acciones propias de un vendedor.

Vocabulario

Lineal: espacio destinado en un punto de venta a la exposición de los productos.

3.1. El lineal

Una vez que el comerciante ha decido qué productos conformarán el surtido de ventas y las dimensiones básicas de este surtido, el siguiente paso es decidir cómo se expondrán esos productos en función del espacio disponible en el establecimiento.

Con el fin de repartir la superficie de exposición entre los productos que forman parte del surtido, se deben aplicar criterios que busquen incrementar la rentabilidad de la superficie de ventas a través de la asignación del lineal.

Figura 3.1. El lineal es la superficie de exposición de un producto dentro de la sala de ventas.

Tabla 3.1. Elementos componentes del lineal

Elemento	Definición	Ejemplo	
Góndola	Mueble expositor donde se colocan los productos en un establecimiento.	Góndola en pared y en mueble central.	
Soportes diversos	Accesorios para colgar perchas y ganchos.	Soporte para ganchos de bolsos.	
Vitrinas	Expositor para productos refrigerados o congelados.	Vitrina de productos cárnicos.	
Paletas expositoras	Elemento de almacenaje utilizado para exposición y venta.	Paleta expositora.	

El espacio del lineal lo componen las estanterías de los muebles, las góndolas, los soportes y los accesorios para colgar perchas, las vitrinas de productos refrigerados y las cámaras de productos congelados, las paletas expositoras de productos, etcétera. Por otro lado, desde un punto de vista técnico, **también se considera lineal a la longitud de exposición horizontal** de los muebles y elementos de exposición de productos.

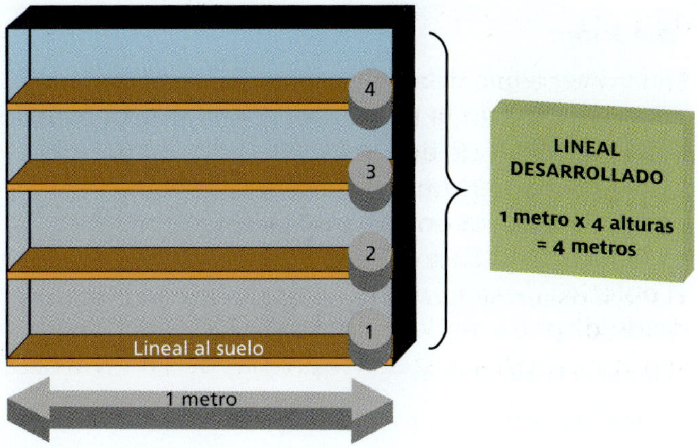

Figura 3.2. Ejemplo de lineal al suelo y lineal desarrollado para calcular el espacio disponible.

3.1.1. Funciones del lineal

El lineal es un elemento de relevancia para los tres agentes que intervienen en el proceso de venta: el productor, el vendedor y el cliente o consumidor. El lineal es de gran importancia para el **vendedor** ya que se convierte en la herramienta principal de venta en los establecimientos con sistema de autoservicio y también sirve como almacén al proporcionar la rotación de los productos.

En cuanto al **productor** o fabricante, el lineal es el lugar donde compite directamente con el resto de productores de productos de la misma categoría o familia. También por medio del lineal los productores dan a conocer sus productos a los compradores.

Para los **clientes** el lineal facilita la elección de los artículos e incita a la compra de productos que están a la vista, aunque no tuviera decidida su compra de antemano.

Por tanto, las funciones que cumple el lineal son dentro del ámbito de los tres agentes analizados. Son las siguientes:

- Presentar el producto para la venta.
- Atraer la atención de los compradores.
- Facilitar la elección de los productos.
- Provocar la compra de los artículos.

3.1.2. Tipos de lineal

Dentro del lineal, es preciso distinguir los conceptos que resultan imprescindibles para realizar los cálculos necesarios de implantación de productos y de reparto del lineal:

- **Lineal al suelo:** es la longitud del mueble destinado a exponer los artículos medida a ras del suelo.
- **Lineal desarrollado:** es el producto de multiplicar el lineal al suelo por el número de estantes o niveles que tenga el mueble de exposición. También es la longitud de exposición total del producto, independientemente del nivel en el que se exponga.

Ejemplo 3.1

Una góndola de 5 metros de largo y cuatro niveles de exposición presenta un lineal al suelo de 5 metros.

El lineal desarrollado sería de 20 metros, es decir: 5 metros × 4 niveles.

Recuerda que

El **lineal total** es la suma del lineal de exposición de todo el establecimiento.

Actividad resuelta 3.1

Supermercado Cambaral acaba de adquirir una góndola con tres estanterías y una longitud de 2 metros cada una. Los productos que piensa exponer en esa góndola son los de la categoría de lavado de ropa con las siguientes referencias y medidas:

Ref. 1 (paquete de detergente para lavadora)	50x30x15 cm	15 unidades
Ref. 2 (botella de suavizante)	20x15x8 cm	20 unidades
Ref. 3 (botella de detergente líquido)	20x15x10 cm	20 unidades

¿Será suficiente el espacio de la góndola comprada?

Solución:

En primer lugar, debes determinar el ancho necesario para cada una de las referencias, puesto que esa será la longitud que ocupen en la góndola:

- Referencia 1: 30 cm × 15 unidades = 450 cm.
- Referencia 2: 15 cm × 20 unidades = 300 cm.
- Referencia 3: 15 cm × 20 unidades = 300 cm.

Lineal desarrollado de la categoría de detergentes: 450+300+300 = 1050 cm = 10,50 metros.

Lineal al suelo: 2 metros.

Lineal desarrollado: 6 metros (2 metros × 3 niveles de estanterías).

En esa góndola solo habría sitio para las referencias 2 y 3, puesto que la suma de las dos coincide con el lineal desarrollado. Al incluir la referencia 1 el espacio necesario excede en 4,5 metros al lineal desarrollado.

Actividad propuesta 3.1

Calcula el lineal desarrollado de este mueble expositor:

Actividad propuesta 3.2

En un mueble expositor dedicado a productos de higiene corporal se colocan diferentes tipos de jabones, en tres niveles, de la siguiente forma:

Ref. 1	Ref. 1	Ref.1	Ref. 2	Ref.2
Ref. 2	Ref.3	Ref. 3	Ref. 4	Ref. 4

Los jabones se presentan en cajas con las siguientes medidas: 4,5 × 10 × 2 cm.

a) ¿Cuál es el lineal al suelo de los jabones?
b) ¿Cuál es el lineal desarrollado asignado a los jabones en el establecimiento?
c) ¿Cuál es el lineal correspondiente a cada una de las referencias?

3.2. Los *facings* y su gestión

El lineal asignado a un producto puede medirse en unidades de longitud (metros o centímetros) que ocupa o en unidades de venta o *facings*.

Vocabulario

Facing: unidad de presentación de un producto visto de frente o la unidad de producto visible por el cliente en la primera fila de exposición de un estante.

Recuerda que

El **espacio comercial** en los lineales se calcula en *facings*.

El número de *facings*, por tanto, es el número de artículos alineados de una sola referencia que se pueden colocar en el espacio. La totalidad de los artículos que caben en este espacio, en toda su profundidad, es el *stock* de presentación de la referencia.

De este modo, *facing* es sinónimo de cara o frontal de un producto. Si en una balda se presenta una pila de dos o más unidades de producto superpuestas, unas encima de otras en vertical, formando una sola fila, se cuenta como un solo *facing*.

Figura 3.3. En este mueble expositor encontramos seis *facings* de pantalones en cada balda.

Sabías que

Los **productos colocados en segunda fila** en las estanterías forman parte del *stock* de presentación, pero se cuentan como *facing*.

3.2.1. Optimización de los *facings* por artículo

Según el tipo de artículo de que se trate, se concede un espacio a cada referencia. En principio, el número de *facings* es proporcional a la participación en la venta de una referencia, aunque no siempre es así, ya que a veces se otorga un número de *facings* mayor del que correspondería a fin de facilitar su localización o para que la implantación sea más visible por alguna clase de promoción, por ejemplo.

Para optimizar los *facings* por artículo es preciso tener en cuenta las siguientes reglas:

- **Hay que asegurar un *facing* como mínimo a cada referencia presente en el surtido y en el lineal.** Este *facing* se corresponde con el umbral de percepción del producto. Para calcular el umbral viene dado por la velocidad media a la que circulan los clientes en el punto de venta en función del tiempo medio de visualización del artículo.

  Se estima que la velocidad media es de un metro por segundo y la visualización de un artículo es de 1/3 de segundo. Por tanto, a una referencia se le debe dar un mínimo de 1/3 de metro de *facing* para que pueda ser visible por el consumidor. Este número variará según el tamaño del establecimiento, de modo que oscila entre los 20 cm para un establecimiento pequeño hasta los 50 o 60 cm en hipermercados y grandes superficies.

Vocabulario

Umbral de percepción de un producto: lineal mínimo estimado para que el producto pueda ser visto por los clientes.

Actividad resuelta 3.2

En un pequeño establecimiento dedicado a la venta de productos de parafarmacia, la familia de barritas energéticas está compuesta por 10 clases distintas que se presentan en cajas con una anchura media de 12 cm y su altura media es de 10 cm. Esta altura permite una exposición de 7 niveles en el mueble expositor. ¿Cuál será el lineal mínimo al suelo?

Solución:

10 (clases) × 0,12 m (ancho medio) = 1,20 metros.

Como disponemos de 6 niveles de exposición, el lineal al suelo mínimo será:

1,20 m / 7 = 0,17 m.

Es decir, necesita un lineal de suelo mínimo de 17 cm para tener expuesta una caja de cada clase. Ahora bien, dado que el umbral de percepción debe ser como mínimo de 20 cm en esta clase de establecimiento, el lineal asignado será esta última cifra.

Recuerda que

Toda familia de productos debe tener asignado un lineal mínimo que supere el umbral de percepción para que puedan ser vistas por los clientes. En caso contrario, el producto pasará inadvertido por los clientes y, como expresa una de las máximas del *marketing*, **si no se ve no se compra**.

- A **cada referencia se le debe conceder la parte del lineal desarrollado que corresponda a la parte proporcional de la cifra de facturación** que se efectúa con esa referencia.

Figura 3.4. Las referencias más vendidas son las que ocupan más espacio dentro del lineal desarrollado.

Ejemplo 3.2

Un artículo que representa el 5 % de la cifra de facturación de su familia, deberá tener el 5 % del lineal desarrollado para esa familia.

Actividad propuesta 3.3

Con los datos de la Actividad propuesta 3.2, resuelve las siguientes cuestiones:

- ¿Cuál es el número de *facings* expuestos de cada referencia?
- ¿Cuántos *facings* hay asignados para el total de jabones?

3.3. Implantación de los productos en el lineal

Los lineales están compuestos de módulos, y estos a su vez tendrán varias baldas o estantes que se pueden desmontar para añadir, quitar o para modificar las alturas. En los extremos de la góndola se sitúa, por lo general, un módulo en posición perpendicular, formando una cabecera de góndola, que suele ser un lineal preferente, por ser visible al cliente desde varios ángulos.

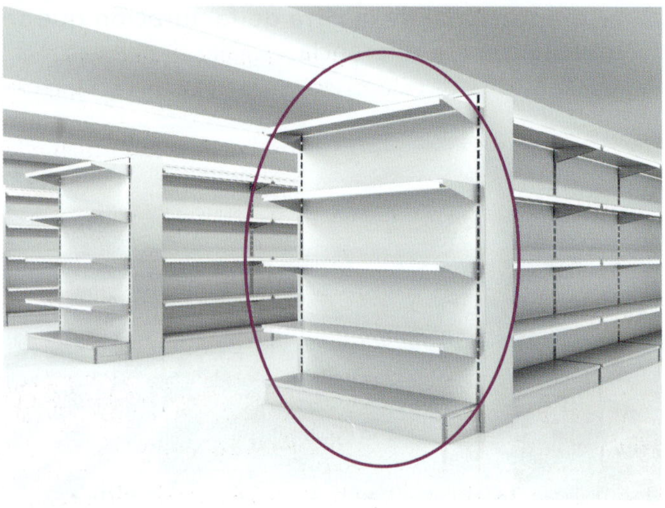

Figura 3.5. Cabecera de góndola.

Las cabeceras se pueden destinar a promociones o a la implantación permanente de alguna familia de productos. Lo ideal en este caso es que se busque una familia que quepa completa en la cabecera, ya que el cliente no percibe la continuidad del lineal en las cabeceras, y podría perder la visión de una parte del surtido.

Figura 3.6. La familia completa de accesorios para alimentación de bebés ocupa toda la cabecera.

Una vez planificada la distribución de la tienda, se determina qué lineal le corresponde a cada familia y se colocan en los estantes, de forma lógica, teniendo en cuenta las distintas formas de clasificar el surtido.

La colocación de los productos en los establecimientos de autoservicio es fundamental porque se trata de aprovechar al máximo el lineal y decidir qué productos colocar y a qué altura.

3.3.1. Niveles del lineal

Al disponer los productos sobre una góndola se pueden diferenciar distintos niveles. De este modo, según estén colocados, los productos tienen más o menos posibilidades de ser vistos por los compradores. Por lo general, se identifican tres niveles o alturas para la colocación de los productos en los lineales (Figura 3.7).

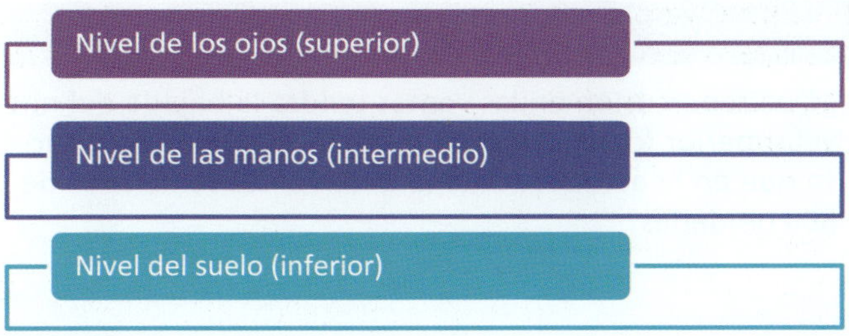

Figura 3.7. Los productos se suelen situar en los distintos niveles o alturas en los lineales.

Recuerda que

También se puede hablar de un cuarto nivel, **el nivel de la cabeza**, que suele destinarse a fines publicitarios o como almacenamiento para productos de reposición.

Cada uno de los niveles del lineal ofrece distintas posibilidades de venta, por lo que los productos se suelen colocar según estas premisas:

- **El nivel más atractivo es el superior,** ya que es el primero que retiene la atención del comprador. A continuación, se encuentra el nivel intermedio o de las manos, donde el cliente ha de extender la mano para cogerlo. Por último, se encuentra el nivel inferior, de baja o nula percepción, y que supone un esfuerzo para el cliente ya que deberá agacharse para tomar los artículos.
- **En los niveles de los ojos y de las manos** se suelen colocar los productos que cuentan con más capacidad de atracción o tienen mayor margen de beneficio.
- **En el nivel del suelo** se colocarán los productos más voluminosos o pesados y los de primera necesidad o productos «gancho».

Vocabulario

Producto gancho: aquel que, por sus características concretas o precio, se utiliza como reclamo para su venta o para promover la venta de otros productos similares o complementarios.

Figura 3.8. Representación gráfica de los niveles de exposición del lineal.

Actividad propuesta 3.4

¿Cuál es el nivel más adecuado para los siguientes productos?

- Caja de detergente en polvo para lavadora de 3 kg.
- Tableta de turrón blando en oferta por fin de temporada.
- Bolsa de cubos de hielo de 5 kg en lineal vertical de congelados.
- Envase de ambientador para el hogar en oferta.

Tabla 3.2. Características de los niveles de presentación en el lineal

Niveles de presentación de los productos en el lineal		
Nivel de los ojos	**Nivel de las manos**	**Nivel del suelo**
• También se denomina nivel de percepción, ya que es el que está situado al nivel de los ojos del cliente, es decir, a una altura de 1,20 a 1,70 m. • Su objetivo es atraer y retener la atención del comprador.	• Se sitúa entre los 80 y 120 cm. Es el nivel que se encuentra entre el superior y el inferior. • Es en el que resulta más cómodo coger los productos del lineal.	• Llega hasta los 80 cm de altura. • Baja o nula percepción. • El cliente debe realizar un esfuerzo para alcanzar los productos situados en este nivel.

El cambio de un producto de un nivel a otro tiene repercusiones sobre sus ventas en el siguiente sentido: un producto que sube a un nivel superior incrementa sus ventas y, en consecuencia, un producto que baja de nivel disminuye sus ventas.

Por lo general, se estima que las variaciones en las ventas al cambiar de nivel de exposición son las que se muestran en la Figura 3.9.

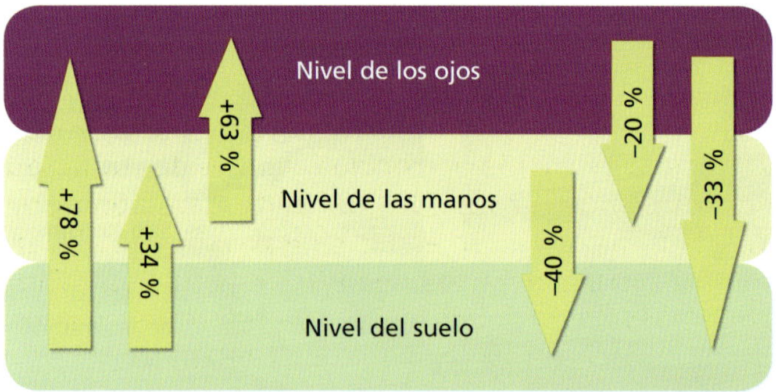

Figura 3.9. Variaciones en las ventas según los cambios de nivel de exposición.

Actividad resuelta 3.3

Supermercado Cambaral ofrece a sus clientes los refrescos del siguiente modo:

Botellas de 1 litro	**Nivel de los ojos**
Latas	**Nivel de las manos**

La cifra de ventas semanales de las latas es de 400 a un precio medio de 30 céntimos por lata, y de las botellas es de 80 a 1 euro cada unidad. ¿Resultaría rentable cambiar las latas al nivel superior?

Solución:

- Ventas actuales de las latas: 400 × 0,30 = 120 €.
- Siendo el porcentaje de aumento de las ventas en ese cambio de nivel del 63 %, entonces:

120 × 63 % = 75,60 €.

Este resultado habría que complementarlo con el cambio de las botellas del nivel de los ojos al nivel de las manos, puesto que el espacio dejado por las latas debe ser cubierto por las botellas.

- Siendo el porcentaje de disminución de las ventas en ese cambio de nivel del -20 %:

80 × 20 % = -16 €.

75,60 – 16 = 59,60 € de beneficio, por lo que sí resultaría rentable realizar ese cambio.

Actividad propuesta 3.5

¿Qué repercusión en las ventas tendrá la bajada del nivel superior (ojos) al nivel inferior (suelo) de un producto que en la actualidad tiene unas ventas semanales de 500 unidades?

Actividad propuesta 3.6

En una droguería se va a comercializar por primera vez la categoría de productos destinados a cosmética masculina. ¿Qué nivel sería el más adecuado para su ubicación en el lineal? ¿Por qué?

3.3.2. Zonas del lineal

Hemos analizado el mobiliario de exposición en cuanto a los niveles, es decir, al tomar como base la línea horizontal. Sin embargo, hemos de tener en cuenta que, al pasar por delante de un mueble expositor, los clientes dividen verticalmente el espacio en tres zonas.

¿Sabías que

La **denominación de las partes del lineal** es distinta si se analiza en vertical, es decir, a lo alto, o en horizontal, es decir, a lo ancho. Las partes del lineal en vertical se denominan **niveles** y las partes en horizontal se denominan **zonas**.

Estas zonas se denominan A, B y C, según el flujo de clientes tal y como observamos en la Figura 3.10.

Figura 3.10. Zonas del lineal según el recorrido horizontal de los clientes.

La **zona A** es la que menor número de ventas realiza, ya que el cliente no suele detenerse en ese lugar, pues espera encontrar mayor variedad más adelante. Por otro lado, en los extremos de los muebles se suelen situar las cabeceras que impiden ver esta zona con comodidad.

La **zona B** es la zona del centro del mueble expositor. El cliente tiende a aminorar la marcha o detenerse en ese lugar, por lo que concentra todas las miradas. Es, por tanto, la zona con mayor número de ventas.

La **zona C** es una zona intermedia entre la A y la B en cuanto a ventas se refiere.

Actividad propuesta 3.7

Observa el siguiente mueble expositor y contesta: ¿en cuál de los cuadrantes se obtiene un menor número de ventas? Debes combinar las cifras de ventas tanto en horizontal como en vertical.

1	2	3
4	5	6
7	8	9

Actividad propuesta 3.8

En la sección de refrescos de un supermercado desean potenciar la marca propia en detrimento de las marcas de fabricante. ¿Cuál de las tres zonas conocidas sería la más adecuada para colocar los refrescos de marca propia? ¿Y los de marca de fabricante?

3.3.3. Presentación de los productos en el lineal

La colocación de los productos en el lineal se puede realizar, como hemos visto, según su repercusión en las ventas y en la percepción del cliente, tanto en niveles como en zonas. No obstante, también debe decidirse la colocación en los muebles expositores en cuanto a la presentación de los *facings*. En este sentido, los productos pueden colocarse según una presentación vertical o una presentación horizontal.

La **presentación vertical** implica que un mismo producto o referencia se ubica en todas las alturas de la estantería.

La **presentación horizontal** supone que cada producto o referencia ocupa un solo nivel.

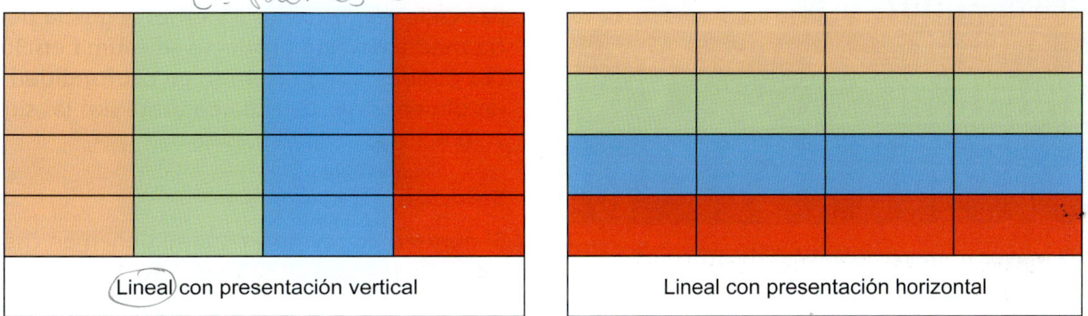

Figura 3.11. Representación gráfica de la colocación de los artículos en presentación vertical y horizontal.

Tabla 3.3. Cuadro comparativo de las ventajas e inconvenientes de las presentaciones vertical y horizontal

Presentación	Ventajas	Inconvenientes
Vertical	• Mejor visibilidad del producto. • Facilidad en la búsqueda de una referencia. • El lineal rompe con la monotonía. • Todos los productos tienen la misma probabilidad de ser vistos.	• Pérdida de espacio si los productos del expositor no tienen dimensiones semejantes. • El número de *facings* es menor que al realizar la presentación horizontal.
Horizontal	• Permite que los productos se visualicen a lo largo de todo el recorrido por el lineal.	• Poca visibilidad de los productos que estén en el nivel inferior. • El lineal resulta monótono.

3.4. Reparto del lineal

El lineal de una superficie comercial debe repartirse entre los productos que forman parte de su surtido, teniendo en cuenta estos dos principios:

- **Introducir un nuevo producto en el lineal o aumentar el lineal de un producto supone reducir la superficie de exposición de otro producto.** El lineal de exposición de la superficie de ventas depende del mobiliario elegido o de los elementos de exposición presentes en la misma. Por ello, cambiar el lineal asignado a cualquier producto supone modificar el lineal de, al menos, otro producto.
- **Existe una relación directa entre las ventas de un producto y la superficie de exposición asignada al mismo.** Normalmente, cuanta más superficie de exposición se dedica a un producto, mayores serán las ventas de este.

Figura 3.12. El mayor número de ventas de artículos específicos en determinados momentos del año otorga un espacio también mayor para estos artículos en el lineal.

3.4.1. Asignación del lineal a los productos mediante el método de reaprovisionamiento

El método del periodo de reaprovisionamiento **es la forma más sencilla de asignar el lineal,** pues únicamente tiene en cuenta las ventas esperadas entre dos reposiciones de las góndolas para determinar el lineal a asignar a un producto. Es decir, por el método de reaprovisionamiento, el espacio asignado en el lineal a un producto determinado será el resultado de multiplicar el número de artículos vendidos por las medidas de cada uno de los artículos.

No se trata de un criterio de gestión del lineal que busque la optimización de este, pero dada su sencillez en ocasiones se usa.

Figura 3.13. Por el método de reaprovisionamiento, el envase de leche vendido será sustituido por otro en el mismo espacio.

Actividad resuelta 3.4

Calcula el lineal que se debe asignar a los paquetes de puré de patatas de 300 g, sabiendo que la reposición de los productos en el lineal del establecimiento se realiza cada día, de lunes a viernes, y que la demanda diaria media de este producto se estima en 30 paquetes. Los paquetes se presentan en profundidad de 5 filas y las dimensiones de cada paquete son las siguientes: 20 × 10 × 5 cm.

Solución:

El número de paquetes que se tienen en cuenta para el cálculo del lineal es 30/5 = 6 uds.

A su vez, esas 6 unidades miden en total: 6 uds. × 10 cm/ud. = = 60 cm.

3.4.2. Determinación del lineal mínimo

El lineal mínimo de una referencia es, tal como su nombre indica, aquel lineal que se debe asignar como mínimo a esa referencia. El lineal mínimo de un producto se calcula teniendo en cuenta los siguientes factores:

- **El tamaño del producto:** Normalmente, un producto más grande requerirá un mayor espacio en el lineal.
- **La percepción del cliente:** que obliga, como mínimo, a un lineal de 20 a 25 cm.

- **El número de unidades que contienen los envases de presentación del producto:** el número de unidades expuestas será un múltiplo de estas.
- **La rotación de los productos:** aquellos que más rotan deberán tener un lineal mínimo mayor. Además, se debe garantizar que se cubre la demanda entre dos reposiciones.
- **El *stock* de seguridad de los productos:** en general, se deben presentar en el lineal más productos de los que se espera vender por término medio.

Recuerda que

Al realizar el **cálculo del lineal mínimo**, se deben tener en cuenta las unidades que se exponen en el mobiliario en profundidad y altura.

Actividad propuesta 3.9

Calcula el lineal mínimo de un *pack* de cuatro yogures de fresa que tiene las siguientes dimensiones: 4,5 × 14 × 14 cm.

La altura entre dos baldas de la estantería refrigerada es de 25 cm, pero se recomienda que se apilen únicamente 4 *packs* de yogures. La profundidad de la estantería permite colocar cuatro filas consecutivas de *packs* de yogures.

Para el cálculo del lineal, debes tener en cuenta que la demanda media de esta referencia (los yogures no se venden individualmente) entre dos reposiciones es de 50 unidades, y el *stock* de seguridad es de 4 unidades.

3.4.3. Determinación del lineal óptimo

Existen distintos métodos de optimización del lineal en relación con las ventas o el beneficio que generan los productos, que se resumen en el siguiente cuadro:

Método de reparto	Lineal asignado
Reparto según las ventas	$\dfrac{\text{Ventas de la referencia} \times \text{lineal desarrollado de la familia}}{\text{Ventas totales de la familia}}$
Reparto según el beneficio bruto	$\dfrac{\text{Beneficio de la referencia} \times \text{lineal desarrollado de la familia}}{\text{Beneficio total de la familia}}$

Actividad propuesta 3.10

Determina el espacio de lineal que debes asignar a una marca de leche desnatada, teniendo en cuenta que el beneficio bruto de esa referencia es de 3 euros, el total del lineal ocupado por la familia es de 3,5 m y el beneficio bruto total de la familia es de 40 euros.

Actividad resuelta 3.5

El lineal asignado a la subfamilia de botes de tomate es de 2,5 m. Realiza el reparto del lineal con las cifras de ventas y de beneficios de las referencias que aparecen en el siguiente cuadro:

Referencias	Ventas medias	Beneficio medio
3000	250	10 %
3001	90	25 %

Solución:

Referencia	Ventas medias	% de ventas	Lineal según ventas	Beneficio medio	% beneficio	Lineal s/ beneficio
3000	250	74 %	1,85	10	28,57	0,71
3001	90	26 %	0,65	25	71,43	1,79

Según el criterio de ventas, la referencia que ocupará mayor lineal es la referencia 3000 y según el criterio del beneficio es la referencia 3001.

3.5. Aplicaciones informáticas de gestión del espacio

La organización del lineal se realiza a través de los planogramas. El **planograma** es una herramienta de gestión del espacio en los establecimientos comerciales a través de la representación gráfica de la colocación de los artículos.

Mediante la utilización de los planogramas se consigue una gestión inteligente del espacio en el punto de venta, así como la implantación de estrategias comerciales que permiten aumentar la rentabilidad y mejorar el servicio a los clientes.

Las funciones básicas del uso de planogramas son las siguientes:

- **Diseño del espacio:** permite de un modo visual y virtual diseñar el lineal con el máximo realismo. Para la realización del diseño es imprescindible contar con información acerca del mobiliario, de los productos que se van a exponer y de los criterios de implantación.
- **Análisis de los resultados:** los planogramas permiten incorporar indicadores de gestión que proporcionarán información acerca de la rentabilidad del espacio, de un producto determinado, de la optimización del espacio o de la situación de los inventarios.

Los avances tecnológicos han permitido un cambio fundamental en la elaboración de los planogramas. Hasta hace pocas décadas se realizaban a mano, pero en la actualidad existen distintos programas que ayudan a que su diagramación sea mucho más precisa, clara y eficiente, ya que se combinan los objetivos de diseño y análisis. En la actualidad existen diversas compañías que desarrollan programas informáticos para la elaboración de los planogramas. Las más destacables son Qmax Consulting y SpaceMan.

Figura 3.14. Mediante programas de *software*, es posible recrear la apariencia de los lineales de los establecimientos comerciales.

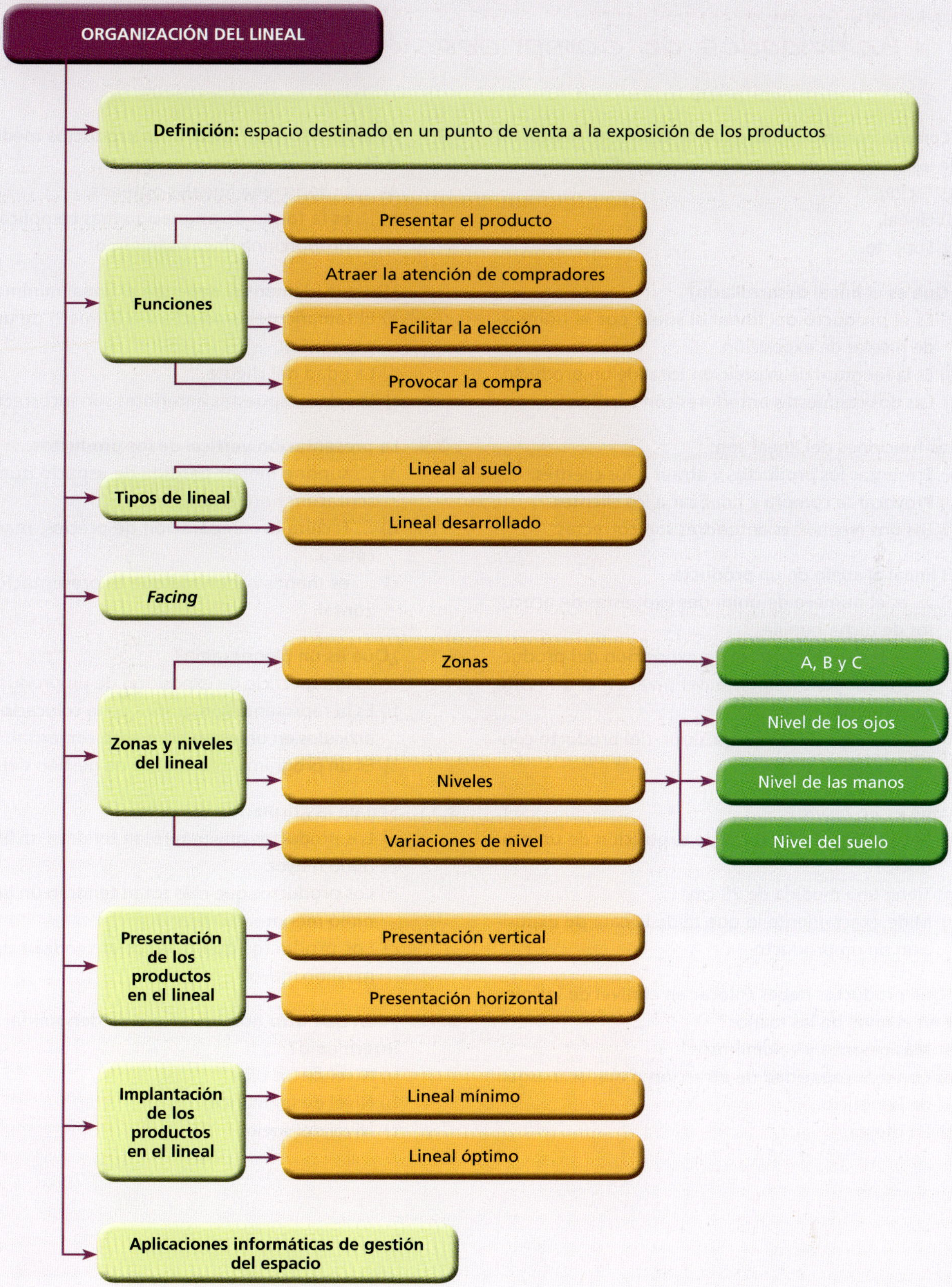
ORGANIZACIÓN DEL LINEAL
Definición: espacio destinado en un punto de venta a la exposición de los productos
Funciones
Presentar el producto
Atraer la atención de compradores
Facilitar la elección
Provocar la compra
Tipos de lineal
Lineal al suelo
Lineal desarrollado
Facing
Zonas y niveles del lineal
Zonas
A, B y C
Niveles
Nivel de los ojos
Nivel de las manos
Nivel del suelo
Variaciones de nivel
Presentación de los productos en el lineal
Presentación vertical
Presentación horizontal
Implantación de los productos en el lineal
Lineal mínimo
Lineal óptimo
Aplicaciones informáticas de gestión del espacio

Actividades de comprobación

3.1. ¿Cómo se denomina la longitud de exposición horizontal de los elementos de exposición de los productos?

a) *Facing*.

b) Lineal.

c) Soporte.

3.2. ¿Qué es el lineal desarrollado?

a) Es el producto del lineal al suelo por el número de niveles de exposición.

b) Es la longitud de exposición total de un producto.

c) Las dos respuestas anteriores son correctas.

3.3. Las funciones del lineal son:

a) Presentar los productos y atraer a los clientes.

b) Provocar la compra y fidelizar a los clientes.

c) Las dos respuestas anteriores son correctas.

3.4. El lineal al suelo de un producto...

a) ... es el número de unidades expuestas de artículos de dicha familia.

b) ... es la superficie total de exposición del producto independientemente del nivel en el que este se exponga.

c) ... es la superficie de exposición del producto contada a ras de suelo.

3.5. ¿Qué es un *facing*?

a) Es cada una de las caras de exposición de un producto.

b) Tiene una medida de 20 cm.

c) Mide exactamente lo que mide la cara de exposición de un producto.

3.6. ¿Qué productos debes colocar en el nivel de los ojos y en el nivel de las manos?

a) Más pesados y voluminosos.

b) Con más capacidad de atracción o mayor margen de beneficio.

c) En oferta.

3.7. La asignación del lineal a los productos mediante el método de reaprovisionamiento...

a) ... proporciona lineales óptimos.

b) ... es la forma de asignación más complicada.

c) ... proporciona lineales mínimos.

3.8. ¿De qué elementos depende el lineal mínimo?

a) El tamaño del producto y el número de unidades envasadas.

b) La edad del cliente.

c) Las dos respuestas anteriores son incorrectas.

3.9. La presentación vertical de los productos...

a) ... supone menor pérdida de espacio que la presentación horizontal.

b) ... facilita la comparación de precios, marcas, etcétera.

c) ... es menos ordenada que la presentación horizontal.

3.10. ¿Qué es un planograma?

a) Es la superficie de exposición de un producto.

b) Es la representación gráfica de la colocación de los artículos en un establecimiento comercial.

c) Es un programa informático de gestión del surtido.

3.11. Señala la afirmación correcta:

a) Los productos que más rotan tendrán un lineal mínimo mayor.

b) Los productos que más rotan tendrán un lineal mínimo menor.

c) Los productos que más rotan tendrán un lineal máximo mayor.

3.12. ¿Con qué otro nombre se puede denominar el nivel intermedio?

a) Nivel de los ojos.

b) Nivel de las manos.

c) Nivel del suelo.

Actividades de aplicación

3.13. El lineal asignado en una ferretería a los martillos está compuesto de tres referencias:

Referencia	Artículo	Ventas medias semanales
2001	Maceta básica	50 unidades
2002	Carpintero bicolor	30 unidades
2003	Arrancaclavos	20 unidades

Analiza las variaciones en las ventas según los siguientes cambios:

Primera opción		
Referencia	**Nivel actual**	**Nivel nuevo**
2001	Ojos	Suelo
2002	Manos	Ojos
2003	Suelo	Manos

Segunda opción		
Referencia	**Nivel actual**	**Nivel nuevo**
2001	Ojos	Suelo
2002	Manos	Manos
2003	Suelo	Ojos

3.14. ¿Qué tipo de presentación es la que se observa en esta imagen?

3.15. ¿Cuántos *facings* de productos se pueden apreciar en la siguiente imagen?

3.16. Según la imagen de la Actividad de aplicación 3.13, ¿en qué zona y nivel se encuentran los productos lácteos? Enumera las ventajas y desventajas de estar colocados en ese lugar.

3.17. Los envases expuestos en una góndola dedicada a productos de limpieza tienen las siguientes medidas: 33,5 × 12 × × 5 cm. Con estos datos, contesta a las siguientes cuestiones:

a) ¿Cuál es el lineal al suelo de los productos de limpieza?
b) ¿Cuál es el lineal desarrollado asignado a esos productos en el establecimiento?
c) ¿Cuál es el lineal dedicado a cada una de las referencias?

3.18. ¿Cuál es el número de *facings* asignado a cada referencia en la Actividad de aplicación 3.15?

3.19. Determina el lineal según el criterio de reposición sabiendo que el *stock* que se debe presentar entre dos reposiciones de briks de zumo es de 20 briks de 0,50 l. En el estante pueden colocarse 5 filas sucesivas. El ancho del brik es de 8,5 cm.

3.20. Teniendo en cuenta el número de unidades que deben presentarse en la estantería, el lineal que le correspondería a una determinada marca de crema de belleza es de 10 cm. Si el lineal mínimo de percepción es de 20 cm, ¿cuál es el lineal mínimo que deberías asignar a dicha marca de crema?

3.21. Calcula, según el método de reaprovisionamiento, el lineal que se debe asignar a los estuches de colonia de 60 ml, sabiendo que la reposición se realiza cada día de lunes a viernes y la demanda diaria media es de 5 estuches. La presentación de los estuches es de una profundidad de 3 filas, y las medidas de cada uno es de 10 × 5 × 2,5 cm.

3.22. Busca en internet alguna aplicación de *software* para planogramas que ofrezca soluciones para la implantación de artículos textiles.

3.19

20/5 = 4

4 · 8'5 = 34 cm

3.21

5/3 = 1'6̂

1'6 · 5 = 8 cm

4

La gestión del surtido

CONTENIDOS

OBJETIVOS

- Realizar análisis sobre la implantación del surtido.
- Estudiar el concepto de rentabilidad en el punto de venta.
- Analizar el surtido según distintos criterios.
- Identificar y calcular ratios de control de la gestión del surtido.
- Interpretar los resultados y adoptar medidas correctoras.
- Conocer aplicaciones informáticas de gestión de surtido.

INTRODUCCIÓN

Como sabemos, el surtido es un conjunto de referencias que se ofrece en el establecimiento con el objetivo doble de satisfacer las necesidades del cliente por un lado y, por otro, rentabilizar la inversión. Un comercio será rentable si se consiguen maximizar las ventas y los beneficios, y el mejor modo de conseguirlo es realizar una buena gestión de los productos que componen el surtido. Para conocer si realmente la gestión es la adecuada, el comerciante cuenta con una serie de elementos de análisis, medición y control que serán los que estudiemos en esta unidad.

4.1. Instrumentos de control

La elección de los artículos que conforman la oferta comercial de un establecimiento es la clave en la gestión del surtido. Esta elección debe ir ligada al objetivo final de obtener la máxima rentabilidad global del negocio.

Cuando el objetivo de rentabilidad se pretende mediante la gestión del surtido **en el punto de venta,** entran en juego las acciones o técnicas de *merchandising*.

Figura 4.1. La gestión del surtido en el punto de venta busca rentabilizar la inversión.

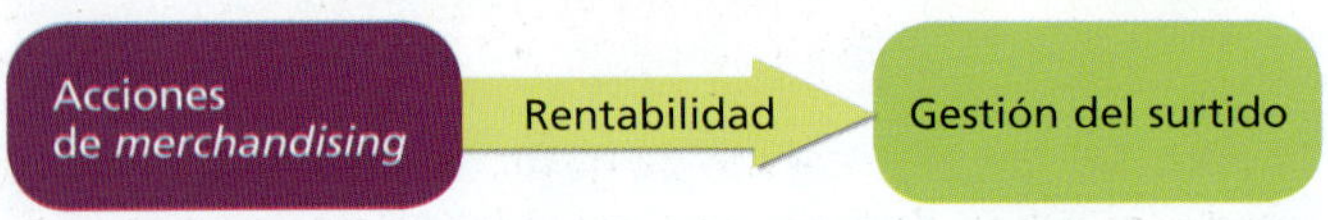

Figura 4.2. Relación entre *merchandising* y gestión del surtido.

Las acciones de *merchandising* tienen como objetivo obtener la máxima rentabilidad en el punto de venta, y para ello el comerciante deberá analizar los resultados en la implantación de familias, secciones y referencias y comparar las previsiones de ingresos con las ventas efectivas de los artículos.

En caso de que mediante el análisis de resultados se observen desviaciones en el objetivo de rentabilidad, se podrán adoptar medidas correctoras en la implantación del surtido a través de la realización de modificaciones en la oferta de artículos.

> **Vocabulario**
>
> **Gestión del surtido:** tiene como eje central la selección de las referencias que, en cada momento, un punto de venta ofrece a su clientela.

La determinación de cuáles son las referencias interesantes para una empresa se lleva a cabo mediante la utilización de una serie de **criterios objetivos** establecidos. Los más utilizados pueden clasificarse en criterios cuantitativos y criterios cualitativos.

4.1.1. Criterios cuantitativos

Los criterios cuantitativos de gestión del surtido se refieren a las herramientas de medida que permiten expresar de **manera numérica** las cantidades analizadas. Es decir, son aquellos que se basan en diferentes cálculos sobre las ventas de los artículos y que hacen posible el análisis de resultados.

> **Sabías que**
>
> Cuando las empresas realizan **estudios comparativos** para conocer su cantidad de ventas en unidades monetarias a lo largo del tiempo, es preciso que conozcan y tengan en cuenta los efectos de la inflación: un aumento del dinero obtenido en las ventas puede deberse a la subida de los precios y no a un aumento de las cantidades vendidas.

Las **unidades monetarias** son las más utilizadas para valorar la conveniencia o no de la implantación de una referencia. No obstante, su valor puede estar influenciado por otros factores como la inflación. De manera alternativa también se pueden contabilizar las ventas en **unidades físicas,** es decir, el número de unidades vendidas.

Figura 4.3. La cuantificación en unidades monetarias es el sistema más utilizado en la contabilización de las ventas.

Los criterios cuantitativos más utilizados son los relativos a ventas, beneficio, rotación, rentabilidad y, en definitiva, aquellos que puedan ser tratados mediante cálculos numéricos.

Recuerda que

El **importe** en unidades monetarias es el resultado de multiplicar la **cantidad** de unidades de producto por el **precio** unitario.

Actividad resuelta 4.1

Un establecimiento comercial presenta los siguientes resultados de ventas en dos de sus referencias:

Referencia	Unidades vendidas	Precio unitario
A-500	3700	40 €
A-600	600	120 €

¿Cuál ha sido el importe de las ventas expresado en unidades monetarias (euros)?

Si para el siguiente trimestre pretendes obtener un 25 % más de ventas de la referencia A-500, ¿cuántas unidades debes vender? ¿Cuál será el nuevo importe de las ventas?

Solución:

- Unidades totales vendidas: 3700 + 600 = **4300 unidades.**
- Importe de las ventas: (3700 × 40) + (600 × 20) = **160 000 €.**

Siguiente trimestre:

- A-500 + 25 % = 3700 + (25 % × 3700); 3700 + 925 = 4625 unidades de A-500.
- Nuevas unidades totales vendidas = 4625 + 600 = **5225 unidades.**
- Nuevo importe de ventas: (4625 × 40) + (600 × 20) = **197 000 €.**

Como puedes observar, es posible realizar el análisis de la modificación en las ventas tanto en unidades monetarias como en unidades físicas.

4.1.2. Criterios cualitativos

Como hemos analizado, los criterios cuantitativos ofrecen medidas objetivas sobre la gestión del surtido. No obstante, la utilización exclusiva de estos criterios es insuficiente, ya que olvida elementos de decisión de compra por parte de los clientes. Por ello es necesario incluir criterios cualitativos y combinarlos con los cuantitativos para que las decisiones sobre implantación de surtido sean más eficaces.

Los criterios cualitativos son de difícil valoración y no pueden ser cuantificados en medidas objetivas, puesto que influyen en la parte emocional del cliente y, por tanto, son subjetivos.

Figura 4.4. En el momento de gestionar el surtido, los vendedores han de tener en cuenta los gustos personales de su clientela, aunque se trate de un criterio cualitativo o subjetivo.

Estos criterios han de tenerse en cuenta en la gestión del surtido, ya que afectan a la motivación de la clientela y a sus decisiones de compra y, en consecuencia, a los resultados en la implantación de las referencias.

Los más destacados son la popularidad, la imagen y prestigio y la esenciabilidad. Los desarrollamos en la Figura 4.5.

Actividad propuesta 4.1

Copia el siguiente cuadro e indica qué clase de criterios se corresponden con los elementos que se muestran a continuación:

Elemento	Cuantitativo	Cualitativo
Número de clientes que entran al establecimiento.		
Ventas del periodo en euros.		
Renovación del *stock* de azúcar.		
Oferta de un producto publicitado en televisión.		
Ventas del periodo en unidades físicas.		

Actividad propuesta 4.2

Calcula en unidades monetarias y en unidades físicas el importe de las ventas mensuales de un producto con los siguientes datos:

- Establecimiento abierto todos los días del mes.
- Unidades vendidas diarias: 50.
- Precio de cada unidad: 7,50 €.

4.1.3. Las ventas y la gestión del surtido

Además de los criterios cuantitativos y cualitativos, se utilizan sistemas de clasificación o determinación del surtido en función de las ventas obtenidas. Estos sistemas resultan de gran utilidad en la toma de decisiones sobre la continuidad o supresión de las referencias que conforman el surtido.

Estos sistemas de clasificación son la cuota de mercado, la regla 80/20 o Ley de Pareto y el análisis ABC.

- **Cuota de mercado:** es el porcentaje de participación de una empresa en un mercado determinado. La cuota de mercado o de participación en las ventas se calcula según la siguiente formulación:

$$\text{Cuota de mercado} = \frac{(\text{Número de unidades vendidas de referencia x})}{(\text{Número total de unidades vendidas})}$$

Popularidad

Productos muy conocidos y de marcas que gozan del favor de los clientes, por lo general a causa de la publicidad.

Imagen y prestigio

Productos que otorgan un buen posicionamiento al punto de venta.

Esenciabilidad

Productos imprescindibles o básicos del surtido (sal, harina, aceite, etcétera) que deben incluirse aunque no resulten rentables.

Figura 4.5. Los criterios cualitativos tienen en cuenta las motivaciones de los clientes.

En el contexto de determinación de surtido utilizaremos la cuota de mercado como participación de la referencia en el total de ventas de la familia, de la sección o del departamento. De modo previo han de establecerse unos porcentajes mínimos que determinarían la supresión de la referencia.

Figura 4.6. Si un producto no alcanza unos niveles mínimos de venta establecidos, puede determinarse la supresión de ese producto del surtido del establecimiento.

Actividad resuelta 4.2

En Supermercado Cambaral han decidido suprimir todas las referencias de la subfamilia «Atún en aceite vegetal» que no alcancen el 20 % del total de las ventas de la familia cada trimestre. Los datos del trimestre pasado han sido los siguientes:

Productos	Ventas trimestre
Atún en aceite vegetal	890 €
Atún claro en aceite de girasol Cambaral lata 190 g	240 €
Atún claro en aceite de girasol Cambaral lata *pack* 3 unidades	495 €
Atún claro en aceite de girasol Cambaral lata *pack* 6 unidades	155 €

¿Qué referencia suprimirías según la cuota de mercado?

Solución:

1. Recordamos la situación de esas referencias dentro de la estructura del surtido:

   Departamento: Alimentación.

   Sección: Conservas de pescado.

   Familia: Conservas de atún.

   Subfamilia: Conservas de atún en aceite vegetal.

   Referencias: marcas y formatos de conservas de atún en aceite vegetal.

2. Cuotas de mercado por referencias:

$$\text{Cuota de mercado (190 g)} = \frac{240}{890} = 0{,}27 = 27\ \%$$

$$\text{Cuota de mercado (}\textit{pack}\text{ 3)} = \frac{495}{890} = 0{,}56 = 56\ \%$$

$$\text{Cuota de mercado (}\textit{pack}\text{ 6)} = \frac{155}{890} = 0{,}17 = \mathbf{17\ \%}$$

Según estos resultados, la referencia que habría que suprimir es la de «Atún claro en aceite de girasol Cambaral lata *pack* 6 unidades», ya que no alcanzan la cifra mínima del 20 % de cuota de mercado.

Recuerda que

La **cuota de mercado** siempre debe aplicarse en relación con un número total de ventas que puede ser de alguna parte del surtido del establecimiento, de una marca concreta o comparativa con otros establecimientos de la competencia.

- **Ley de Pareto:** indica que el 20 % de los productos origina el 80 % de las ventas. Es decir, unas pocas referencias son las que producen la mayoría de las ventas y, por tanto, la empresa vendedora deberá mantener en los lineales esas referencias que son fundamentales.

  Para el cálculo, según este método se han de ordenar las referencias de mayor a menor según los porcentajes de ventas (la fórmula es la misma que la de la cuota de mercado) y después se calculan los porcentajes acumulados. De este modo, aquellas referencias que sean las que originan el mayor porcentaje acumulado no deben suprimirse.

Internet ha traído consigo un nuevo modelo de mercado que invierte los porcentajes de la Ley de Pareto. Es la conocida como teoría de **La larga cola** o *Long Tail*, por la que la suma de los productos con bajo volumen de ventas llega a ser más rentable que la de los productos de mayor volumen.

Esto sucede porque en las ventas por internet, donde Amazon podría ser el mayor exponente, el coste de almacenamiento y distribución es mínimo y se producen pequeñas ventas pero de una gran cantidad de productos. Estas pequeñas ventas, o larga cola, superan en rentabilidad a las de los productos con mayor porcentaje acumulado.

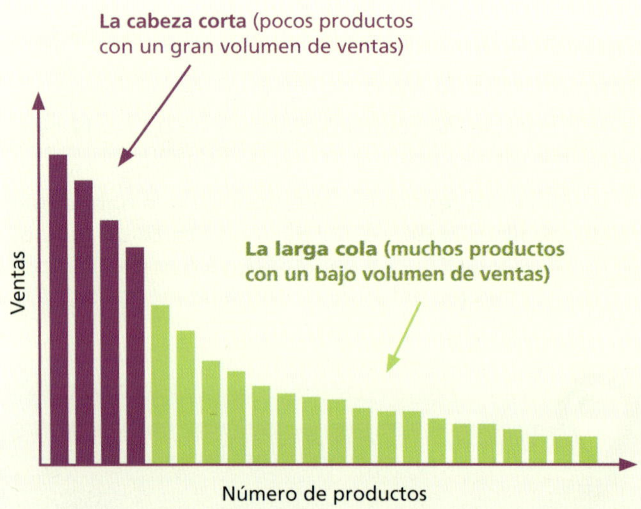

- **Análisis ABC:** este método se basa en la Ley de Pareto. Consiste en clasificar en tres grupos (A, B y C) las referencias ofrecidas en el establecimiento según su cifra de ventas.

Recuerda que

El **análisis ABC** se puede aplicar según las ventas, las unidades vendidas, el beneficio bruto o cualquier variable cuantificable.

1. **Grupo A:** representa un porcentaje reducido de las unidades físicas (aproximadamente un 10-20 %) pero con un elevado porcentaje de volumen de ventas (aproximadamente el 80-90 %). Los productos de este grupo serán los que tengan un mayor índice de ocupación del lineal y con gran cantidad de *stock* tanto de reserva como de seguridad.
2. **Grupo B:** son los artículos que se mantienen en un porcentaje medio tanto de unidades físicas como de volumen de ventas. La gestión de estas referencias consiste en hacer un seguimiento normal.
3. **Grupo C:** está compuesto por un gran número de referencias en unidades físicas (aproximadamente el 50-60 %) pero con un volumen reducido de ventas (5-10 %). La gestión de estos artículos no precisa tanto control y se debe revisar periódicamente la conveniencia de la continuidad dentro del surtido.

Recuerda que

La clasificación en los grupos A, B o C se determina en función de las ventas.

- **Grupo A:** grandes ventas.
- **Grupo B:** ventas medias.
- **Grupo C:** bajas ventas.

Los pasos para aplicar este análisis son los siguientes:

1. Se ordenan las referencias de mayor a menor según la variable elegida (cifra de ventas, unidades vendidas, etcétera).
2. Se calculan los porcentajes de cada referencia sobre el total de ventas y sobre el total de referencias.
3. Se calculan los porcentajes acumulados de ventas y referencias.
4. Se asignan las referencias a cada uno de los grupos y se toman las decisiones respecto a la continuidad o supresión de las referencias. Las referencias A y B no deben faltar nunca en el punto de venta y se debe evitar la ruptura de *stock*. En cuanto a las referencias asignadas al grupo C se debe estudiar si se mantienen o se suprimen, según sea su evolución en la demanda de clientes.

Figura 4.7. El análisis ABC es un sistema utilizado también en logística, ya que resulta muy útil en la gestión de los almacenes.

Actividad resuelta 4.3

Suministros Nosti trabaja con las referencias desarrolladas en el siguiente cuadro. En el establecimiento desean conocer su clasificación según el análisis ABC para suprimir las referencias que se encuentren en el último grupo.

Referencias	Unidades vendidas
Jabón de tocador Colonial	20
Gel de ducha Naria	800
Jabón líquido para manos Colonial	3700
Champú Velo	5200
Suavizante para cabello Velo	670
Crema de manos Liza	58
Crema hidratante facial Liza	32
Crema hidratante corporal Liza	170
Espuma para el cabello Velo	200
Mascarilla capilar Velo	320

Solución:

1. Ordenaremos las referencias de mayor a menor según las unidades vendidas.
2. Calculamos el porcentaje de unidades vendidas sobre el total de ventas.
3. Sumamos los porcentajes para obtener las unidades acumuladas.
4. Calculamos el porcentaje de referencias.
5. Hallamos las referencias acumuladas.
6. Establecemos los productos en los grupos A, B y C.

Referencias	Unidades vendidas	Porcentaje unidades	Porcentaje acumulado	Porcentaje referencias	Porcentaje referencias acumuladas	Grupo ABC
Champú Velo	5200	46,55 %	46,55 %	10 %	10 %	A
Jabón líquido para manos Colonial	3700	33,12 %	79,67 %	10 %	20 %	
Gel de ducha Naria	800	7,16 %	86,83 %	10 %	30 %	B
Suavizante para cabello Velo	670	6,00 %	92,83 %	10 %	40 %	
Mascarilla capilar Velo	320	2,87 %	95,70 %	10 %	50 %	
Espuma para el cabello Velo	200	1,79 %	97,49 %	10 %	60 %	C
Crema hidratante corporal Liza	170	1,52 %	99,01 %	10 %	70 %	
Crema de manos Liza	58	0,52 %	99,53 %	10 %	80 %	
Crema hidratante facial Liza	32	0,29 %	99,82 %	10 %	90 %	
Jabón de tocador Colonial	20	0,18 %	100 %	10 %	100 %	
TOTALES	11 170	100 %		100 %		

Actividad propuesta 4.3

Realiza la clasificación por el análisis ABC de las siguientes referencias según las unidades vendidas.

Referencias	Cola	Naranja	Limón	Lima	Fresa
Unidades	800	500	100	50	10

Actividad propuesta 4.4

Según los datos de la Actividad propuesta 4.3, ¿cuál es la cuota de mercado de los refrescos de naranja?

4.2. Parámetros de gestión del surtido

Con el fin de controlar las acciones sobre la gestión del surtido, es preciso recabar datos sobre la rentabilidad que generan las distintas referencias. Estos datos se obtienen a través de criterios objetivos y cuantitativos que desarrollamos en los siguientes apartados.

4.2.1. Margen bruto comercial

El **margen bruto comercial (MB)** expresa la diferencia entre el precio de venta y el precio de coste. El MB se expresa en unidades monetarias por unidad vendida:

$$MB = Pv - Pc$$

Siendo:

MB el margen bruto del producto,
PVP el precio de venta al público (con impuestos),
Pv el precio de venta (sin impuestos) y
Pc el precio de coste (precio de compra menos descuentos y bonificaciones).

Ejemplo 4.1

El margen bruto de una operación de un producto cuyo precio de coste fue de 450 € y se vendió por 700 € (IVA del 21 % incluido) es de 128,51 €.

PVP = 700 €

Pv = 578,51 € (PVP sin IVA)

MB = 578,51 450 = 128,51 €

También es posible calcular el margen bruto, tanto sobre el precio de venta como sobre el precio de coste.

$$\textit{MB sobre venta} = \frac{Pv - Pc}{Pv} \times 100$$

Esta medida indica el porcentaje de margen bruto que se obtiene sobre el precio de venta.

$$\textit{MB sobre coste} = \frac{Pv - Pc}{Pc} \times 100$$

Esta medida indica el porcentaje de margen bruto que se obtiene sobre el precio de coste.

4.2.2. Ventas netas

Las ventas netas se calculan para cada una de las referencias. Para realizar el cálculo de las ventas netas se multiplican las unidades vendidas de la referencia por el precio de venta en el periodo de cálculo.

$$\textit{Ventas netas} = Pv \times Q$$

Siendo:

Pv el precio de venta sin impuestos y
Q las unidades vendidas.

Ejemplo 4.2

Si en la operación del Ejemplo 4.1 se hubieran vendido 300 unidades, las ventas netas supondrían 173 553 €.

Pv = 578,51

Q = 300

Ventas netas = 578,51 € × 300 unidades = 173 553 €

4.2.3. Beneficio bruto

El beneficio bruto es la ganancia que genera una referencia durante el periodo de tiempo analizado. Es el resultado de deducir a las ventas netas el coste de las mismas. Por tanto, puede calcularse por medio de esa resta o multiplicando el MB por las unidades vendidas.

$$BB = (Pv - Pc) \times Q$$

Figura 4.8. Cuanto mayor sea la diferencia entre el precio de venta y el precio de coste, mayor será el beneficio bruto.

Actividad propuesta 4.5

¿Qué diferencia existe entre MB y BB?

Actividad propuesta 4.6

En un establecimiento se ha realizado el control de la referencia X1000 del último trimestre y se han obtenido los siguientes datos:

Unidades vendidas: 8090

PVP unitario: 43,90 €

Pc: 26 €

Calcula las ventas netas, el MB y el BB de esta referencia.

4.2.4. Índice de rotación

El **índice de rotación (IR)** es una medida cuantitativa que indica el número de veces que un determinado producto se vende durante un periodo de tiempo. Cuanto mayor sea la rotación, más ventas se producirán y mayor será la rentabilidad. Los productos con alta rotación son aquellos que se encuentran en la zona A según lo estudiado en el análisis ABC.

Actividad resuelta 4.4

Supermercado Cambaral presenta los siguientes datos referidos a las ventas del último mes de las referencias de la familia de tomate frito:

Referencia	PVP unitario €	Pc unitario €	Unidades vendidas
Prado	0,50	0,24	700
Alea	0,80	0,55	500
Limbal	1,20	0,80	300

¿Cuál será el MB, el BB y las ventas obtenidas por estas referencias?

Solución:

Referencia	PVP	Pv*	Pc €	MB €	Unidades vendidas	BB €	Ventas €
Prado	0,50	0,45	0,24	0,21	700	147	315
Alea	0,80	0,72	0,55	0,17	500	85	360
Limbal	1,20	1,08	0,80	0,28	300	84	324

* El IVA correspondiente al tomate frito es del 10 %.

Para su cálculo debemos saber cuántas eran las unidades en *stock* al principio del periodo (*stock* inicial), cuántas se han vendido y cuántas quedan al final del periodo sin vender (*stock* final).

$$IR = \frac{\text{Unidades vendidas}}{\textit{Stock}\text{ medio}}$$

$$\textit{Stock}\text{ medio} = \frac{\textit{Stock}\text{ inicial} + \textit{Stock}\text{ final}}{2}$$

Figura 4.9. Los artículos con una alta rotación deben ser repuestos con mayor frecuencia en el lineal.

Actividad resuelta 4.5

Durante el trimestre pasado, Supermercado Cambaral ha vendido 2500 unidades de su referencia «Pan de molde Astur». Al principio de trimestre el *stock* era de 500 unidades y las existencias finales fueron 350 unidades. ¿Cuál es el índice de rotación?

Solución:

$$\textit{Stock}\text{ medio} = \frac{500 + 350}{2} = 675 \text{ unidades}$$

$$IR = \frac{2500}{675} = 3{,}70$$

Este resultado indica que el *stock* medio se renueva 3,70 veces durante el trimestre. Para poder realizar ese volumen de ventas, la empresa a su vez ha tenido que realizar compras. Cada vez que se realiza una compra varían las cantidades del *stock* medio.

4.3. Análisis del lineal

En la Unidad 3 hemos analizado la ocupación del lineal en cuanto al espacio y el número de referencias óptimo y mínimo. Al introducir datos monetarios, es posible ampliar ese análisis teniendo en cuenta la cantidad de ventas que genera una referencia determinada en el lineal asignado. Los criterios cuantitativos permiten realizar un análisis detallado de la gestión del lineal desde el punto de vista económico.

4.3.1. Índice del lineal

El umbral de percepción o la longitud mínima que hay que dar a una referencia oscila entre los 20 y los 30 cm ya que, si es menor, el cliente no lo va a percibir dada la velocidad a la que circula dentro del establecimiento.

Por otro lado, existe una longitud máxima por encima de la cual, aunque se aumentase la longitud del lineal adjudicado a una referencia, las ventas permanecerían inalterables. Esta longitud varía según el tipo de producto:

- **Productos no sensibles al lineal:** son aquellos de compra planificada y que se corresponden con los de la cualidad de esenciabilidad. La longitud del lineal es indiferente, ya que si los consumidores no ven estos productos, los buscan.
- **Productos de compra frecuente:** un aumento en la longitud asignada en el lineal produce incrementos en las ventas, aunque el tope de estos incrementos alcanza pronto su límite.
- **Productos de compra ocasional:** en este caso sí se precisa un lineal lo suficientemente alto como para atraer la atención del cliente. Las ventas están directamente relacionadas con la longitud del lineal asignada a la referencia.

La medida que proporciona información acerca de la longitud que hay que otorgar a cada producto, en función de las ventas o en función del beneficio bruto, se denomina índice del lineal **(IL).**

Recuerda que

El **índice del lineal (IL)** analiza si una referencia del surtido tiene asignada la longitud adecuada a su cifra de ventas o a su beneficio bruto.

$$\textbf{IL (ventas)} = \frac{\text{\% ventas referencia}}{\text{\% lineal ocupado referencia}}$$

$$\text{\% ventas de la referencia} = \frac{\text{Ventas referencia}}{\text{Ventas familia}}$$

$$\text{\% lineal ocupado por la referencia} = \frac{\text{Lineal referencia}}{\text{Lineal familia}}$$

$$\textbf{IL (BB)} = \frac{\text{\% BB referencia}}{\text{\% lineal ocupado referencia}}$$

$$\text{\% BB de la referencia} = \frac{\text{\% BB referencia}}{\text{\% BB familia}}$$

Según el resultado obtenido, el índice permite valorar si un producto tiene adjudicada la longitud de lineal que merece.

Tabla 4.1. Relación entre el índice del lineal y la adecuación del espacio

Resultado índice	Adecuación del lineal
= 1	Expresa que el lineal adjudicado al producto es el correcto.
> 1	Indica que el producto está infravalorado, es decir, hay que aumentar la longitud de lineal asignado.
< 1	El producto está sobrevalorado y, por tanto, hay que reducir su espacio en el lineal.

Por último, es importante mencionar que el índice del lineal no es el único criterio que se tiene en cuenta en el reparto del espacio. La proximidad de los productos complementarios, decisiones de tipo estético, promociones temporales o lanzamiento de un nuevo

Actividad resuelta 4.6

El reparto del espacio en el lineal de las referencias de la Actividad resuelta 4.4 es el siguiente:

Referencia	Lineal (cm)
Prado	150
Alea	50
Limbal	300
Total	500

¿Es correcto este reparto según sus índices de lineal?

Solución:

Referencia	Lineal	% lineal	Ventas	% ventas	IL
Prado	150	30 %	700	46,66 %	1,56
Alea	50	10 %	500	33,33 %	3,33
Limbal	300	60 %	300	20,00 %	0,33
Total	500	100 %	1500	100 %	

Prado = 1,56. Este producto está infravalorado. Debe asignársele más longitud del lineal.

Alea= 3,33. Tiene un desajuste mayor aún que el anterior. Es el producto que debería tener más longitud de lineal, ya que el índice es muy superior a 1.

Limbal = 0,33. Este producto está sobrevalorado y le corresponde menos longitud de lineal. Con solo un 20 % de las ventas ocupa el 60 % del lineal y esta proporción debe ser corregida para favorecer a las otras dos referencias.

producto, por ejemplo, son criterios que también influyen en la asignación de espacio en el lineal.

Figura 4.10. En ocasiones, la asignación de espacio en el lineal está motivada por motivos estéticos o de diseño.

Actividad propuesta 4.7

Suministros Nosti asigna 300 cm de lineal a la subfamilia de champús. Las ventas totales de esta subfamilia son de 670 €. El champú Velo tiene asignados 150 cm en el lineal y sus ventas ascienden a 335 €. ¿Es correcta esta asignación según el IL?

Actividad propuesta 4.8

Si sabes que el beneficio obtenido para la subfamilia es de 300 €, de los que 200 € corresponden al champú Velo, ¿cuál sería el IL según la variable BB? Comenta los resultados obtenidos.

4.3.2. Rentabilidad del lineal

La **rentabilidad del lineal (RL)** es una medida que se utiliza para repartir el lineal en proporción a la aportación de cada referencia al BB de la sección, familia o subfamilia, de modo tal que cuanto mayor sea la RL más espacio del lineal se le debe asignar.

La fórmula para su cálculo es la siguiente:

$$RL = \frac{\text{BB referencia}}{\text{Lineal ocupado referencia}}$$

Así, la RL es la relación existente entre el beneficio bruto y el lineal ocupado por una referencia.

También se puede calcular la rentabilidad según la **superficie del lineal (RS).** En este caso, la ratio obtenida compara el beneficio bruto de la referencia con los metros cuadrados de superficie que ocupa en el establecimiento.

$$RS = \frac{\text{BB referencia}}{\text{Superficie ocupada por la refeerencia}}$$

Actividad resuelta 4.7

¿Cuál será la RL de las referencias de la subfamilia de tomate frito analizadas en las actividades anteriores?

Referencia	Lineal (cm)	BB €
Prado	150	147
Alea	50	85
Limbal	300	84

Solución:

Referencia	RL (€/cm)
Prado	0,98
Alea	1,70
Limbal	0,28

La referencia que más rentabilidad aporta es Alea, ya que cada centímetro del lineal proporciona 1,70 € de beneficio. En cambio, la referencia Limbal proporciona una rentabilidad muy baja.

Rentabilidad lineal media

La **rentabilidad lineal media (RLM)** determina la relación que existe entre el beneficio bruto de la familia a la que pertenece la referencia medida y el lineal que ocupa. La fórmula para su cálculo es la siguiente:

$$RLM = \frac{\text{BB (familia referencia)}}{\text{Lineal ocupado por la familia}}$$

Actividad resuelta 4.8

¿Cuál sería la RLM de la subfamilia de tomate frito analizada?

Solución:

BB familia = 147 € + 85 € + 84 € = 316 €

Lineal ocupado por la familia = 500 cm

$$RLM = \frac{316\ €}{500\ cm} = 0,63$$

Rentabilidad lineal comparada

La **rentabilidad comparada (RC)** es una ratio que permite comparar la rentabilidad del lineal de cada referencia con la rentabilidad media del lineal de la familia. La fórmula correspondiente a esta medida es la siguiente:

$$RC = \frac{\text{RL referencia}}{\text{RLM familia}}$$

Una vez realizado el cálculo, según los resultados obtenidos se puede realizar la clasificación de los productos que muestra la Tabla 4.2.

Tabla 4.2. Clasificación de los productos según la rentabilidad media comparada

RC > 1,2	Productos interesantes. Se les debe asignar mayor espacio en el lineal.
0,8 < RC < 1,2	Productos equilibrados. Ocupan un espacio adecuado en el lineal.
RC < 0,8	Productos parásitos. Es recomendable una asignación menor del espacio que ocupan en el lineal.

Actividad resuelta 4.9

¿Cuál sería la clasificación de los productos de la subfamilia de tomate frito según su rentabilidad comparada?

Solución:

$$RLM = 0{,}63$$

Referencia	RL	RC
Prado	0,98	1,55
Alea	1,70	2,70
Limbal	0,28	0,44

Las referencias Prado y Alea son productos interesantes y habría que dotarles de más espacio en el lineal. Limbal es un producto parásito ya que su aportación a la rentabilidad de la familia es mínima.

Coeficiente de rentabilidad

El **coeficiente de rentabilidad (CR)** mide el porcentaje que aporta cada referencia a la rentabilidad global. Para su cálculo se utilizan las ratios de margen bruto e índice de rentabilidad.

$$CR = \frac{MB}{IR}$$

Actividad propuesta 4.9

¿Qué causas pueden determinar que un producto se considere como parásito?

Índice de atracción del producto

El **índice de atracción del producto (Iap)** sirve para identificar las referencias que originan que el cliente acuda al punto de venta con intención de comprarlos. Este índice puede calcularse de dos modos distintos:

$$Iap = \frac{\text{N.º de personas que compran el producto}}{\text{N.º de personas que entran en el establecimiento}}$$

Aquellos productos con un mayor índice de atracción deberán tener más presencia en el lineal ya que su aportación a la cifra de ventas y, por lo tanto, a la rentabilidad es alta.

4.4. Acciones en el punto de venta

Las medidas analizadas hasta este momento proporcionan datos muy útiles para realizar comparaciones entre los resultados económicos obtenidos por las referencias en distintos periodos de tiempo, o antes y después de introducir o suprimir alguna referencia.

Por otra parte, el comerciante debe analizar el comportamiento de los clientes en el punto de venta para determinar qué referencias son aquellas que atraen más ventas y compradores y utilizar estos datos, además de los económicos, en la gestión del surtido.

Para realizar este análisis se utilizan los índices de circulación, de atracción y de compra.

Figura 4.11. El comerciante debe analizar qué productos son los que atraen a los compradores.

4.4.1. Índice de circulación

El **índice de circulación (Ic)** mide la frecuencia de visitas en una zona determinada del establecimiento. Es decir, mediante el **índice de circulación** se calculan, de modo matemático, los puntos del espacio comercial que reciben más o menos tráfico de personas y, por tanto, atención del público. El tráfico de personas impacta directamente en las cifras de negocio: a mayor tráfico, mayores posibilidades de venta.

Se calcula mediante la siguiente fórmula:

$$Ic = \frac{\text{N.° de clientes que pasan por la zona}}{\text{N.° de clientes que entran en el establecimiento}}$$

4.4.2. Índice de atracción

Este índice **(Ia)** determina la capacidad de llamada de atención de una zona determinada del establecimiento.

Recuerda que

El **índice de atracción** mide el grado de atención que genera una determinada zona en el establecimiento, mientras que el **índice de atracción del producto** estudiado en el apartado anterior mide la atención de una referencia concreta.

A través de este índice es posible averiguar si las acciones referentes a la presentación del surtido son las adecuadas o, por el contrario, es preciso realizar modificaciones para conseguir una mayor atracción.

$$Ia = \frac{\text{N.° de clientes que paran por la zona}}{\text{N.° de clientes que pasan por la zona}} \times 100$$

4.4.3. Índice de compra

Este índice calcula el grado de ventas efectivas producidas en la zona. El índice de compra **(Ico)**, por tanto, permite saber si la zona es vendedora o no debido al grado de adaptación entre el surtido ofrecido y el público al que va dirigido.

$$Ico = \frac{\text{N.° de clientes que compran en la zona}}{\text{N.° de clientes que paran por la zona}} \times 100$$

4.4.4. Rentabilidad del punto de venta

La rentabilidad del punto de venta mide la relación entre el beneficio que genera el punto de venta (por la suma de los BB de cada referencia) y el capital invertido. Con esta variable es posible saber el rendimiento que se obtiene de la inversión realizada. La fórmula para el cálculo de la rentabilidad es la siguiente:

$$\text{Rentabilidad} = \frac{\text{Beneficio}}{\text{Capital invertido}} \times 100$$

Figura 4.12. Cuando el beneficio es superior a la inversión, se puede afirmar que el punto de venta es rentable.

4.5. Otras variables de gestión del surtido

A los criterios y variables estudiadas para el control en la gestión del surtido, el comerciante debe añadir otras medidas que aporten una visión global y real de las acciones llevadas a cabo en la determinación de las referencias y su aplicación en el punto de venta.

El modelo DPP y la matriz portafolio son sistemas de medida que contribuyen a este análisis global.

4.5.1. Beneficio directo del producto. Modelo DPP

Las medidas estudiadas hasta ahora para conocer el beneficio que se obtiene de la venta de un producto toman en cuenta el margen bruto, es decir, la diferencia entre el precio de venta al público y el precio de compra. Sin embargo, este método no define la contribución **real** del producto al beneficio puesto que existen una serie de costes y gastos que no se han tenido en cuenta, que son los costes directos del producto.

A finales de la década de 1980 se creó el modelo Euro DPP para unificar los modelos de cálculo. El **DPP** (*Direct Product Profit*) o **beneficio directo del producto** es una herramienta de gestión que permite conocer la rentabilidad real de un producto después del proceso de distribución y venta.

El método de cálculo del DPP, además de integrar el **coste de compra del producto al proveedor,** se basa en la estimación de todos y cada uno de los costes directos imputables a la distribución del producto, así como en la identificación de las ventajas adicionales obtenidas por el distribuidor del proveedor, como condiciones especiales, *rappels*, comisiones, rebajas de temporada, etcétera. El DPP tiene en cuenta asimismo los costes de manipulación del producto que se producen desde la entrada de aquel en el almacén o en la tienda hasta su salida al cliente.

Recuerda que

El **DPP** también es conocido por sus siglas en español, correspondientes a Beneficio Directo del Producto (BDP).

El DPP o beneficio directo del producto es la contribución que el producto hace a los costes fijos y al beneficio antes de impuestos. Por tanto, **el DPP se define como el beneficio aportado por cada producto vendido al beneficio global del establecimiento.**

Las variables necesarias para el cálculo del BDP son las siguientes:

- **Precio de venta neto:** es el precio de venta al público menos los impuestos y los descuentos concedidos al cliente.
- **Coste total de compra:** es el resultado de añadir al precio sobre factura del proveedor el conjunto de gastos de aprovisionamiento.
- **Margen bruto:** es la diferencia existente entre el precio de venta neto y el coste total de compra del producto.
- **Ajustes comerciales:** son los ingresos obtenidos por descuentos y ventajas ofrecidas por el proveedor tales como *rappels*, descuentos por pronto pago, promociones especiales, etcétera.
- **Margen bruto ajustado:** es el resultado de sumar al beneficio bruto los ajustes comerciales.
- **Costes directos:** son costes directamente imputables a la comercialización de un producto. Los más destacados son los de almacenamiento y presentación en tienda. Estos costes descontados del margen bruto ajustado darán como resultado el BDP.

BDP = Margen bruto ajustado – Costes directos

Figura 4.13. En el cálculo del BDP se tienen en cuenta todos los costes y las ventajas ocasionados en el proceso de distribución de los artículos.

Actividad resuelta 4.10

¿Cuál será el BDP de un producto que presenta los siguientes datos?

PVP €	Precio coste €	Unidades vendidas	IVA	Ajustes comerciales €	Costes directos €
210	102	200	10%	27	30

Solución:

Precio de venta = PVP – impuestos = 210 – IVA = 189 €

Margen bruto = Pv – Pc = 189 – 102 = 87 €

Margen bruto ajustado = 87 – 27 = 60 €

BDP = 60- 30 = 30 €

Este es el resultado por unidad. Podemos saber el resultado total si multiplicamos el BDP por las unidades vendidas: 30 × 200 = 6000 €.

4.5.2. Matriz portafolio o BGC

La matriz BCG o la matriz de crecimiento–participación es un sistema gráfico que se emplea en el análisis del surtido de producto en un punto de venta. Esta herramienta consiste en realizar un análisis estratégico del portafolio de la compañía en base a dos factores, la tasa de crecimiento de mercado y la participación de mercado. Su propósito es ayudar en la toma de decisiones en la gestión del surtido.

La matriz está compuesta esencialmente de cuatro cuadrantes, que a su vez poseen diferentes estrategias. Cada uno de estos cuadrantes está simbolizado por una caricatura.

La metodología utilizada usa una matriz de doble entrada (2 × 2) para agrupar los diferentes productos que se comercializan en la empresa. En los ejes de la matriz se sitúan las ventas y el BDP y los productos se sitúan en cuatro categorías:

- Los productos «estrella» son los más interesantes, ya que consiguen un volumen de ventas elevado y aportan al punto de venta un BDP alto. Se les debe dotar de un espacio de lineal privilegiado sin sobrepasar el umbral de saturación.
- Los productos «interrogante» presentan unas bajas ventas y un alto BDP, pero pueden llegar a convertirse en productos estrella. La estrategia con estos productos es la de potenciar las ventas con una correcta gestión de precios y otorgarles una buena localización.
- Los productos «vaca» no aportan altos BDP, pero generan afluencia de público al establecimiento.
- Los productos «perro» generan muy bajas ventas y BDP. Estos productos deberían suprimirse del surtido.

4.6. Aplicaciones informáticas en la gestión del surtido

Hoy en día, gracias a la recopilación de información por medio de escáneres y sistemas de conteo de personas y a la gestión de esta a través de aplicaciones informáticas de gestión de espacio, es posible obtener informes detallados sobre el comportamiento de las referencias que componen el surtido. Estos informes servirán de apoyo a la toma de decisiones más acertadas sobre posibles modificaciones en la implantación.

Para poder realizar dichos informes, existen en el mercado distintos programas de *software*. Uno de los más conocidos es Spaceman, que analiza los niveles óptimos de inventario en el punto de venta y sirve para tomar decisiones sobre el posicionamiento físico de los productos en los lineales.

Por otro lado, y para la realización de los cálculos en la obtención de los criterios analizados, la principal herramienta es la hoja de cálculo.

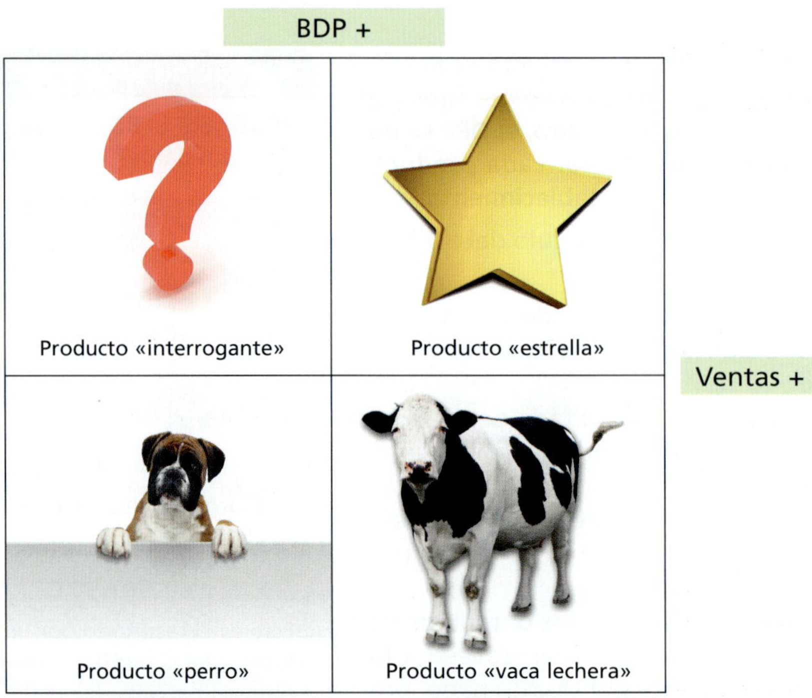

Figura 4.14. Representación de la matriz BGC.

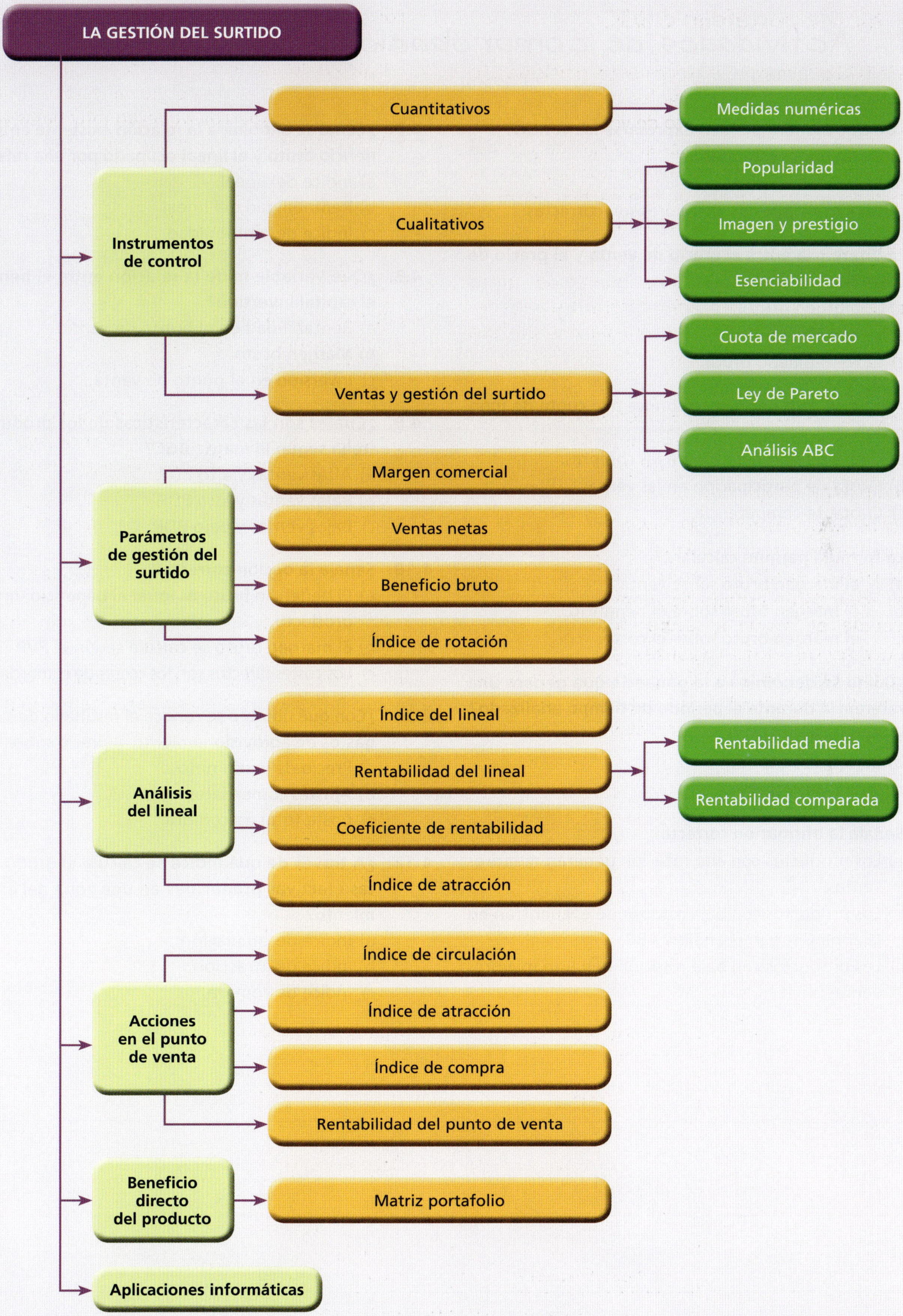
LA GESTIÓN DEL SURTIDO
Instrumentos de control
Cuantitativos
Medidas numéricas
Cualitativos
Popularidad
Imagen y prestigio
Esenciabilidad
Ventas y gestión del surtido
Cuota de mercado
Ley de Pareto
Análisis ABC
Parámetros de gestión del surtido
Margen comercial
Ventas netas
Beneficio bruto
Índice de rotación
Análisis del lineal
Índice del lineal
Rentabilidad del lineal
Rentabilidad media
Rentabilidad comparada
Coeficiente de rentabilidad
Índice de atracción
Acciones en el punto de venta
Índice de circulación
Índice de atracción
Índice de compra
Rentabilidad del punto de venta
Beneficio directo del producto
Matriz portafolio
Aplicaciones informáticas

Actividades de comprobación

4.1. ¿De qué manera pueden expresarse las ventas?
a) En unidades monetarias.
b) En unidades físicas.
c) Las dos respuestas anteriores son correctas.

4.2. La diferencia entre el precio de venta y el precio de coste se denomina...
a) ... margen bruto.
b) ... beneficio bruto.
c) ... rentabilidad bruta.

4.3. ¿Con qué otro nombre se conoce a la cuota de mercado?
a) Cuota de participación en las compras.
b) Cuota de participación en las ventas.
c) Cuota de competencia.

4.4. La fórmula permite calcular...
a) ... el margen bruto sobre venta.
b) ... el margen bruto sobre el beneficio.
c) ... el margen bruto sobre el coste.

4.5. ¿Cómo se denomina a la ganancia que genera una referencia durante el periodo de tiempo analizado?
a) Beneficio bruto.
b) Beneficio neto.
c) Índice de rotación.

4.6. Señala la afirmación correcta:
a) Los productos con alta rotación generan menores ventas.
b) Los productos con baja rotación se encuentran en la zona C según el análisis ABC.
c) Los productos con baja rotación generan mayores ventas.

4.7. ¿Cómo se denomina la relación existente entre el beneficio bruto y el lineal ocupado por una referencia?
a) Índice del lineal.
b) Rentabilidad del lineal
c) Índice de rentabilidad.

4.8. ¿Qué variable mide la relación entre el beneficio y el capital invertido?
a) Rentabilidad en el punto de venta.
b) Margen bruto.
c) Inversión en el punto de venta.

4.9. ¿Cuáles son las características de los productos estrella según la matriz BGC?
a) Altas ventas y alto BDP.
b) Bajas ventas y alto BDP.
c) Bajas ventas y bajo BDP.

4.10. Señala la opción correcta:
a) El beneficio bruto es igual al beneficio directo del producto.
b) El margen bruto se calcula según el PVP.
c) Los costes directos son los costes de comercialización.

4.11. ¿Con qué nombre se conoce el resultado de sumar los gastos de aprovisionamiento al precio sobre factura?
a) Precio de venta neto.
b) Ajustes comerciales.
c) Coste total de compra.

4.12. ¿A través de qué índice se calcula el grado de ventas efectivas producidas en una zona del establecimiento?
a) Índice de circulación.
b) Índice de atracción.
c) Índice de compra.

Actividades de aplicación

4.13. La cantidad de unidades vendidas en la familia de electrodomésticos de un centro comercial es de 70. ¿Cuántas unidades de lavadoras se habrán vendido si sabemos que su cuota de mercado es del 30 %?

4.14. Realiza un cuadro resumen de los criterios económicos utilizados en la gestión del surtido.

4.15. ¿Qué mide la rentabilidad del lineal media? Calcula la RLM de un artículo que ha obtenido 1299 € de BB y ocupa 80 cm en el lineal.

4.16. Supermercado Cambaral ha obtenido un volumen de ventas mensual de 600 unidades de su producto «Crema de espárragos Figal». El PVP ha sido de 1,60 €/unidad y el Pc de 0,75 €/unidad. El establecimiento asigna a esta referencia 80 cm de un lineal que tiene una profundidad de 0,5 m.

a) ¿Cuál será el BB de este producto?

b) Calcula la RL y la RSL.

El tipo impositivo de IVA para esta referencia es del 10 %.

4.17. Un hipermercado asigna 400 cm de lineal a la familia de refrescos, de los cuales 50 cm corresponden al refresco de naranja Penta. Las ventas semanales aportadas por la familia son de 1600 € y la referencia objeto de estudio consigue unas ventas semanales de 400 €. Determina si esta asignación de lineal es la adecuada.

4.18. Explica las diferencias entre el índice del lineal calculado sobre la variable BB y la rentabilidad del lineal.

4.19. Pon un ejemplo de 4 productos clasificados en la categoría de estrella, interrogante, vaca y perro según la matriz BGC.

4.20. Calcula y analiza los valores Ic, Ia e Ico de la sección especializada en accesorios para el automóvil en un centro comercial según los siguientes datos:

Entran	Pasan	Paran	Compran
1200	600	300	50

4.21. Suministros Nosti es un establecimiento especializado en productos de higiene corporal. El capital invertido para el desarrollo de su actividad comercial el año pasado fue de 380 000 € y los beneficios ascendieron a 120 000 €. Determina la rentabilidad obtenida en el año.

4.22. Calcula el BDP de una referencia de la que conocemos los siguientes datos:

PVP €	Pc €	Ajustes comerciales €	Costes directos €
1500	1010	70	90

5

Medios de comunicación comercial

CONTENIDOS

OBJETIVOS

- Mostrar los objetivos de la comunicación comercial.
- Explicar el modo de funcionamiento de los *call center.*
- Exponer el concepto de *marketing mix.*
- Señalar los métodos para llevar a cabo la medición de la eficacia publicitaria.
- Analizar los diversos medios de publicidad y promoción.
- Indicar los efectos de las campañas publicitarias.
- Detallar la estructura del plan de comunicación de una empresa.
- Estudiar las relaciones entre la empresa y los medios de comunicación.

INTRODUCCIÓN

Las empresas han de contar con un adecuado plan de comunicación comercial con el objetivo de transmitir a la sociedad la información precisa en relación con sus actividades, así como con los productos y servicios que ponen en el mercado.

El contacto entre la empresa y la sociedad tiene lugar a través de los medios de comunicación, en los que se llevan a cabo las campañas publicitarias. La adecuada elección de los medios de comunicación a emplear en cada caso será un factor clave para la eficacia de las diversas campañas.

5.1. La comunicación comercial

La correspondencia comercial constituye un elemento básico de comunicación entre las personas y las organizaciones. Se utiliza tanto en la empresa tradicional como en la moderna, en formato de papel o en formato electrónico.

5.1.1. Objetivos de la comunicación comercial

La comunicación comercial tiene dos objetivos fundamentales:

- Transmitir los mensajes de una forma eficaz y eficiente.
- Crear, mantener y recuperar en su caso una relación comercial basada en el principio de «buena voluntad» con los destinatarios de esta.

A la hora de redactar un mensaje comercial han de tenerse en cuenta una serie de criterios clave con la finalidad de alcanzar los dos objetivos a los que se ha hecho referencia. Los principales criterios por considerar son los siguientes:

- **Claridad:** el escrito debe ser interpretado de forma ágil y con un único significado posible. No debe abrirse la posibilidad de que el receptor del escrito interprete lo que se le quiere comunicar de un modo distinto a lo que tenía previsto el autor. Debe tenerse en cuenta que no existe la posibilidad de que el autor se encuentre al lado del lector en el momento en que este último lo esté leyendo para aclarar las dudas que puedan surgir. Debe cuidarse el uso del lenguaje, así como la estructura tanto del mensaje en su conjunto como de las frases que se utilicen. Las ideas que se deseen desarrollar han de estar adecuadamente desarrolladas.
- **Brevedad:** debe emplearse el menor número de palabras que sea posible, siempre que con ese número limitado de palabras se consiga transmitir de forma correcta las ideas e informaciones que sean el objeto de la comunicación. Sería incorrecto reducir el número de palabras de un mensaje si a cambio se pierde claridad en la exposición de las ideas.
- **Cordialidad:** el tono cordial es el que corresponde a cualquier comunicación comercial, con independencia del medio por el cual se lleve a cabo. No es necesario explicar los inconvenientes que se derivarían de emplear un tono alejado de la cortesía, con el agravante de que, al aparecer fijado sobre un documento, queda constancia de lo expresado.
- **Corrección:** ortográfica y gramatical, si bien en la actualidad es habitual ver que, especialmente en la correspondencia electrónica, las reglas de la ortografía y la gramática se incumplen de forma habitual. La correspondencia comercial ha de respetar dichas normas de una forma estricta. En este ámbito, deben seguirse las siguientes pautas:
  - Correcta ortografía.
  - Empleo preciso de las mayúsculas y de los signos de puntuación.
  - División correcta de palabras al final del renglón.
  - Escritura apropiada de los números.
  - Presentación del mensaje en bloques tabulados y atractivos.
  - Presentación de párrafos correctamente diseñados en cuanto a las ideas que incluyan.
  - Uso correcto de sinónimos, así como de las preposiciones.
  - Cumplimiento de las normas de sintaxis.
- **Sencillez en el lenguaje:** debe emplearse un lenguaje sencillo, que no implica que no se redacte de una manera formal, sino que hay que evitar el uso de expresiones enrevesadas que supongan artificialidad, dado que podrían producir en el receptor la sensación de que se pretende interactuar desde una posición de superioridad del autor respecto del receptor.
- **Creatividad:** no se trata de realizar ejercicios de estilo de tipo literario, dado que se está realizando una comunicación comercial, pero debe buscarse un cierto grado de creatividad, de modo que no dé la sensación de enviar un mensaje múltiples veces repetido anteriormente.
- **Discreción:** la materia que se quiera expresar ha de hacerse de un modo discreto y cortés, sin caer en el exceso en los halagos al receptor, lo que haría que este dejase de creer en la objetividad de tales planteamientos.

- **Positivismo:** se trata de transmitir los mensajes empleando la empatía, teniendo presentes las circunstancias personales de la persona que va a recibir el mensaje. Algunas de las líneas claves son:
  - Dirigirse a la persona, empleando términos que se refieran más al receptor que a uno mismo, ya que se trata de empatizar con el receptor, no de coleccionar referencias personales sobre el autor del mensaje.
  - Evitar la utilización de términos que impliquen negatividad, por ejemplo, «problema», «dificultad», «imposibilidad», o sustituir expresiones en negativo del tipo «no podemos aceptar su petición concreta» por otras en positivo como «estamos a su disposición para mostrarle todas las alternativas con las que contamos para así lograr la máxima satisfacción de sus intereses».
  - No reprochar a la otra persona, responsabilizando de errores o poniendo de manifiesto la falta de capacidad de esta en un determinado orden de cosas.

Vocabulario

Subliminal: se dice de aquello que está por debajo del umbral de la consciencia, que por su debilidad o brevedad no es percibido conscientemente, pero influye en la conducta. Sería el caso de una imagen que se presenta en un anuncio de TV durante un brevísimo periodo de tiempo, que se percibe de forma subliminal.

Actividad resuelta 5.1

Estás redactando una comunicación comercial y tienes dudas en relación con el significado preciso de ciertas palabras. *¿Dónde puedes consultar el significado exacto de cada palabra?* ¿Y sobre su gramática?

Solución:

Para el significado puedes acudir a la página web del *Diccionario de la Lengua Española* de la Real Academia Española:

http://dle.rae.es

Para la gramática, consulta en el *Diccionario Panhispánico de Dudas:*

http://www.rae.es/recursos/diccionarios/dpd

Dentro del campo de la comunicación comercial son de aplicación una serie de preceptos legales, entre los que cabe señalar los siguientes:

- Está prohibida toda comunicación comercial que vulnere la dignidad humana o fomente la discriminación por razón de sexo, raza u origen étnico, nacionalidad, religión o creencia, discapacidad, edad u orientación sexual.
- Está prohibida toda publicidad que utilice la imagen de la mujer con carácter vejatorio o discriminatorio.
- Está prohibida la comunicación comercial encubierta y la que utilice técnicas subliminales.
- Está prohibida la comunicación comercial que fomente comportamientos nocivos para la salud.
- Está prohibida la comunicación comercial que fomente comportamientos nocivos para el medio ambiente.
- Está prohibida la comunicación comercial que fomente comportamientos nocivos para la seguridad de las personas.
- La comunicación comercial audiovisual también está sometida a las prohibiciones previstas en el resto de la normativa relativa a la publicidad.

Actividad propuesta 5.1

Redacta una comunicación comercial en formato de carta tradicional en la que informas de la apertura de una nueva tienda de recambios para el automóvil que será dirigida a los talleres de reparación de vehículos de la zona.

5.1.2. Campañas de *marketing* en comunicación comercial

El *marketing* a través de **correo electrónico** o ***e-mail marketing*** implica emplear el correo electrónico para desarrollar actividades comerciales. Una de las cuestiones clave es la obtención legal de las direcciones de los potenciales clientes y otra dificultad es la de conseguir direcciones relevantes para la campaña, de forma que se obtengan los objetivos comerciales esperados.

Figura 5.1. El diseño de una campaña de *marketing* ha de realizarse teniendo presente diversas variables con el objetivo de maximizar su eficacia.

Cuando se realizan campañas comerciales empleando el correo electrónico debe distinguirse claramente entre los conceptos de ***permission marketing*** y ***spam***. El primero hace referencia a la situación en la que una persona ha autorizado a una empresa para que le remita información comercial a través del correo electrónico. Por el contrario, el *spam* hace mención al envío, generalmente masivo, de correos electrónicos sin el previo permiso del receptor de estos.

Actividad propuesta 5.2

¿Recibes *spam* en tu correo electrónico? ¿Crees que es una forma eficaz de promocionar un producto o servicio? Razona tu respuesta.

Entre las ventajas que ofrece la realización de campañas publicitarias empleando el correo electrónico cabe señalar las siguientes:

- **Reducción de costes:** dado que, tras haber estructurado la campaña y redactado el texto de la comunicación comercial, el envío de los correos electrónicos a los integrantes de una lista de correo no supone un coste adicional con independencia del número de receptores.
- **Posibilidad de enriquecer el mensaje:** mediante la introducción de archivos adjuntos que pueden contener documentos, audios o vídeos, así como la inclusión de enlaces a diversas páginas web.
- **Recepción personal:** dado que los correos electrónicos, si son enviados a una dirección electrónica de un individuo, son leídos por este, a diferencia del correo postal o de los correos electrónicos enviados a direcciones genéricas de una empresa.
- **Retroalimentación precisa:** para la empresa emisora de los correos electrónicos resulta muy sencillo obtener la información más completa en relación con la conversión que una determinada campaña obtiene en términos de visitas a la página web, solicitudes de información o ventas del producto o servicio ofertado. Otros parámetros que considerar en términos de vinculación es la variación en el número de seguidores en las correspondientes redes sociales o suscripciones a la *newsletter* de la empresa.
- **Variedad de actuaciones:** mediante el correo electrónico pueden realizarse actuaciones adicionales a la promoción de productos o servicios, tales como la realización de encuestas de satisfacción entre los destinatarios o la recogida de sugerencias acerca del lanzamiento de nuevos productos.
- **Previo interés:** en el supuesto de que los receptores hayan autorizado de forma expresa la recepción de las comunicaciones comerciales procedentes de la empresa, se puede estimar un interés de estos por los productos y servicios ofertados.
- **Gran extensión del uso de internet:** si bien no es usado de forma universal, sí puede afirmarse que, en determinados mercados, la totalidad de los clientes potenciales emplean el correo electrónico para sus comunicaciones.
- **Respuesta a necesidades inmediatas:** en el supuesto de que la empresa desee, por la razón que sea, realizar una comunicación comercial de forma inmediata a sus clientes, el correo electrónico se lo permite. Por ejemplo, para responder a una promoción comercial desarrollada por una empresa de la competencia.

La protección de datos de carácter personal en el *e-mail marketing*

Para desarrollar la campaña es preciso contar con una lista de direcciones, bien sea creada específicamente para la ocasión, o bien emplear una ya existente previamente.

Figura 5.2. El uso del correo electrónico como elemento de *marketing* es un factor clave en la comunicación de numerosas empresas.

En el caso de que se desee crear una nueva lista, debe tenerse presente lo siguiente:

- Toda persona o entidad que proceda a la creación de ficheros de datos de carácter personal lo notificará previamente a la Agencia de Protección de Datos.
- La notificación deberá indicar necesariamente el responsable del fichero, la finalidad de este, su ubicación, el tipo de datos de carácter personal

que contiene, las medidas de seguridad, con indicación del nivel básico, medio o alto exigible, y las cesiones de datos de carácter personal que se prevean realizar y, en su caso, las transferencias de datos que se prevean a países terceros.

- Deberán comunicarse a la Agencia de Protección de Datos los cambios que se produzcan en la finalidad del fichero automatizado, en su responsable y en la dirección de su ubicación.
- El Registro General de Protección de Datos inscribirá el fichero si la notificación se ajusta a los requisitos exigibles. En caso contrario, podrá pedir que se completen los datos que falten o que se proceda a su subsanación.

Figura 5.3. El incumplimiento de la normativa sobre protección de datos de carácter personal puede conllevar la imposición de sanciones muy cuantiosas para la empresa.

- Transcurrido un mes desde la presentación de la solicitud de inscripción sin que la Agencia de Protección de Datos hubiera resuelto sobre ella, se entenderá inscrito el fichero automatizado a todos los efectos.
- En el supuesto de que se emplee una base de datos ajena, habrá de tenerse presente una serie de supuestos:
  - Analizar la fuente de la base de datos a emplear junto con la empresa que la ha generado. Es fundamental determinar la política de privacidad de la citada base de datos, en definitiva, del concreto consentimiento que los integrantes de esta han otorgado para el uso de estos. Así, los clientes pudieron consentir la recepción de correos exclusivamente de la empresa a la cual cedieron sus datos o a la misma y otras de su sector, por lo que habría que determinar si la actividad que lleva a cabo la empresa que desea emplear la base de datos se encuentra integrada en el correspondiente sector de actividad.
  - Verificar si el tipo de receptores de los correos electrónicos se corresponden en los aspectos geográficos y socioeconómicos con el perfil de público potencial que la empresa busca alcanzar, al considerar que la respuesta del público va a ser más positiva respecto de la campaña comercial a desarrollar.
  - Analizar la actualización de los datos empleados, teniendo presente que en algunos sectores económicos o en algunas áreas geográficas, las modificaciones pueden ser muy rápidas y, por ello, la obsolescencia de los datos será igual de acelerada, como sería el caso de una zona de gran crecimiento demográfico o económico.

Actividad resuelta 5.2

Comercializas materiales de construcción y deseas promocionar tus productos entre las empresas del sector de tu provincia. ¿Dónde podrías obtener un listado de estas?

Solución:

En la Cámara de Comercio de tu provincia o en el Instituto de Desarrollo Regional de tu comunidad autónoma puedes encontrar listados de las empresas del sector de la construcción de la provincia en la que tienes la sede de tu empresa. Igualmente, puedes acudir a alguna organización empresarial de ese sector.

5.1.3. *Call center*

El *call center* se define como unas instalaciones que permiten generar un importante volumen de llamadas telefónicas con el objeto de incrementar la cartera de clientes existentes en la empresa, mantener los mismos, solucionar las incidencias que se puedan generar y, en su caso, gestionar el cobro de las ventas efectuadas.

El *call center* puede constituir un elemento importante o, incluso, el único medio de conexión entre la empresa y su clientela. Existen empresas que basan su estrategia comercial en realizar llamadas comerciales a los potenciales clientes con el objetivo de ofrecer sus productos o servicios. Como sucede con el caso del *e-mail marketing*, además del cumplimiento de las normas sobre protección de datos de carácter personal, es preciso contar con bases de datos de calidad de personas a las que poder efectuar las llamadas de forma que lo ofrecido tenga un mayor porcentaje de éxito en el proceso de convertirlas en clientes reales.

Es importante que entre el *call center* y los demás departamentos de la empresa vinculados a la tramitación de los pedidos exista una relación fluida con el objetivo de que la información que se ofrece a los clientes sea precisa; por ejemplo, en aspectos como los plazos de entrega, las promociones existentes en cada momento, el crédito o las condiciones de pago concedidas a cada cliente, la disponibilidad de un producto o las condiciones comerciales de la garantía de un determinado producto.

Una decisión que ha de tomar la empresa es la de si el *call center* es una unidad propia de la organización empresarial o, por el contrario, opta por subcontratar sus servicios con una empresa especializada en la materia. Es un sector en el que coexisten empresas que prestan sus servicios con un muy elevado nivel de profesionalidad, con medios técnicos avanzados y trabajadores altamente formados y con experiencia profesional, y otras empresas cuyo argumento fundamental para ofrecer sus servicios es el bajo coste. En estas últimas, es frecuente la alta rotación del personal debido a condiciones de trabajo con alto nivel de precariedad.

En la actualidad, el concepto de *call center* es más amplio que la mera emisión de llamadas prospectando nuevos clientes y recibiendo sus comunicaciones telefónicas. De ahí que algunos autores hablen de ***contact center*** en vez de usar la expresión *call center*. Sus funciones se complementan con la existencia de una página web desde la cual los clientes interesados pueden manifestar su interés por el producto o servicio ofertado mediante la solicitud de información adicional. Este proceso se denomina *lead conversión*. Se busca convertir el interés de un cliente potencial, convirtiendo a las personas simplemente interesadas en un producto o servicio en *hot leads*, es decir, clientes potenciales con una elevada posibilidad de convertirse en clientes reales mediante diversas técnicas:

- ***Click to call***: tras recibir la solicitud de información, la empresa realiza una llamada telefónica al cliente potencial.
- ***Click to video***: el operador responde al posible cliente a través del video mediante sistemas como Skype.
- ***Click to chat***: la empresa mantiene una charla con el cliente mediante un chat.

Regulación legal de los *call center*

La actividad de los *call center* se encuentra sujeta a una serie de previsiones legales entre las que cabe destacar las siguientes:

- En todas las comunicaciones comerciales a distancia deberá constar inequívocamente su carácter comercial; no puede parecer, por ejemplo, un mensaje personal.
- En el caso de comunicaciones telefónicas, deberá precisarse explícita y claramente, al inicio de cualquier conversación con el consumidor y usuario, la identidad del empresario, o si procede, la identidad de la persona por cuenta de la cual efectúa la llamada, así como indicar la finalidad comercial de la misma.
- En ningún caso las llamadas telefónicas se efectuarán antes de las 9 horas ni más tarde de las 21 horas, ni en festivos o fines de semana.
- El empleo por parte del empresario de técnicas de comunicación que consistan en un sistema automatizado de llamadas sin intervención humana o el telefax necesitará el consentimiento expreso previo del consumidor y usuario.
- El consumidor y usuario tendrá derecho a oponerse a recibir ofertas comerciales no deseadas, por teléfono, fax u otros medios de comunicación equivalente.
- En el marco de una relación preexistente, el consumidor y usuario tendrá asimismo derecho a oponerse a recibir comunicaciones comerciales por correo electrónico u otro medio de comunicación electrónica equivalente.
- En aquellos casos en que una oferta comercial no deseada se realice por teléfono, las llamadas deberán llevarse a cabo desde un número de teléfono identificable, no siendo válidas las efectuadas desde un número oculto.
- Cuando el usuario reciba la primera oferta comercial del emisor, deberá ser informado tanto de su derecho a manifestar su oposición a recibir nuevas ofertas como a obtener el número de referencia de dicha oposición.
- En todo caso, deberán cumplirse las disposiciones vigentes sobre protección de los menores y respeto a la intimidad.

Figura 5.4. La actividad de los *call center* se encuentra sometida a una serie de requisitos legales de obligado cumplimiento.

Actividad propuesta 5.3

La realización de una campaña publicitaria mediante llamadas telefónicas puede llevarse a cabo directamente por parte de la empresa o bien subcontratarla en un *call center*. ¿Cuáles crees que son las ventajas e inconvenientes de cada opción?

5.2. El *marketing mix*

El *marketing* puede definirse como el conjunto de técnicas que mediante la realización de estudios de mercado buscan obtener el máximo beneficio en la venta de un producto o servicio. La misión fundamental del *marketing* es obtener la máxima satisfacción del cliente, bien sea potencial o real, para lo cual la empresa tendrá que adoptar decisiones tales como diseñar el producto o servicio, determinar el precio a establecer, determinar las formas de distribución a emplear, así como los medios de publicidad más efectivos.

Figura 5.5. La redacción de un plan de *marketing* es un proceso complejo en el que los diversos departamentos de la empresa han de participar de forma coordinada.

En este escenario, el *marketing mix* hace referencia a la forma de emplear las estrategias de *marketing* para lograr las metas establecidas. Estas estrategias se resumen en cuatro variables, las conocidas por sus siglas en inglés como las 4 P del *marketing*:

- **Producto:** hace referencia a cualquier bien, servicio, idea o entidad que se encuentre en un mercado y que pueda ser adquirido, empleado o consumido para satisfacer una necesidad de los clientes. Al hacer referencia al producto debe hacerse referencia no de forma exclusiva a sus características objetivas, sino que hay que tener presente elementos tales como los beneficios que otorga a los consumidores, sus funciones principales o la imagen que tiene el producto entre los clientes. La política de producto hace referencia a cuatro elementos básicos:
  - La cartera de productos.
  - La marca.
  - La diferenciación de los productos.
  - La presentación.
- **Precio:** puede definirse como el valor de intercambio de un bien. Es el elemento del *marketing mix* que puede ser modificado en el plazo más corto y cuya adaptación a las realidades del mercado y a los cambios que en el mismo se producen es más breve, teniendo siempre presente el coste que supone poner en el mercado el bien. Por ejemplo, en el caso de que un competidor efectúa una promoción, puede responderse de forma inmediata.

  Para proceder a fijar el precio de un producto o servicio es necesario que se consideren los factores que deben computarse a la hora de calcular el coste de un bien (fabricación, distribución, gastos generales), a lo que habrá de añadirse el margen comercial que se desea obtener. Igualmente deberá tenerse en cuenta el nivel de precios que tiene establecido la competencia del bien para los productos sustitutivos que esas empresas tengan puestos en el mercado.

¿Sabías que?

El **descremado de precios** puede considerarse como un modo de discriminación de precio. Con la puesta en el mercado de un nuevo producto, se determina un precio muy elevado en el primer momento para conseguir maximizar el beneficio vendiendo el producto en cuestión a los «usuarios pioneros».

El precio se va reduciendo a medida que transcurre el tiempo para maximizar la ganancia con la venta del producto a otros grupos diferentes de consumidores.

Figura 5.6. El precio es uno de los elementos clave de la estrategia de *marketing* de un determinado producto o servicio.

- **Distribución:** la distribución tiene por objeto poner el producto a disposición del cliente de la manera más eficaz. Debe tenerse presente la elección del canal concreto a emplear (corto o largo, generalista o selectivo, tiendas físicas o tiendas *online*), así como las acciones publicitarias que se desarrollen en el punto de venta. Entre las estrategias que pueden ser seguidas se encuentran las siguientes:

- Comercializar los productos o servicios a través de internet, teléfono o visitas al domicilio o sede del cliente.
- Contratar comerciales externos para lograr una cobertura más amplia de la red de ventas.
- Distribuir los productos o servicios en un elevado número de puntos de venta (distribución intensiva).
- Distribuir los productos o servicios en puntos muy determinados en base a sus características propias (distribución selectiva).
- Contar con un único punto de distribución (distribución exclusiva).

Recuerda que

La **variable *distribución*** proviene del término inglés *place.* Su adecuado diseño es clave para acceder al público objetivo. Por ejemplo, tendría poco sentido instalar una tienda de lujo en un área industrial.

Ejemplo 5.1

Una empresa puede emplear distintas estrategias de distribución en función de los diversos tipos de productos que comercializa. La finalidad es acercarse del modo más eficaz a cada grupo de consumidores.

Por ejemplo, la empresa Coty, fabricante de perfumes y productos de cosmética, cuenta con tres divisiones, con diversas marcas cada una:

- **División de lujo:** Calvin Klein, Gucci, Boss, Chloé, Marc Jacobs, Escada, Roberto Cavalli. Son distribuidas a través de puntos seleccionados de prestigio.
- **División de belleza profesional:** Wella Professionals, Sassoon Professional, Clairol Professional. Se distribuyen desde peluquería y salones de belleza fundamentalmente.
- **División de consumo:** Adidas, Covergirl, Wella, Rimmel London, Max Factor, Clairol. Se venden en supermercados, hipermercados, droguerías y otros puntos no especializados.

- **Promoción:** la promoción busca transmitir un mensaje al conjunto del público objetivo al que se dirige. Se pretende que el público conozca el producto o servicio, sus características principales, las diferencias respecto a la competencia, así como las ventajas que se obtienen de su adquisición. La promoción incluye áreas como las relaciones públicas, la venta directa o las promociones. Entre las formas de desarrollar la promoción cabe mencionar las siguientes:
  - Publicar anuncios en los diversos medios de comunicación.
  - Patrocinar alguna actividad de interés para la comunidad.
  - Editar folletos, calendarios o carteles.
  - Realizar sorteos o concursos.
  - Crear ofertas.
  - Tomar parte en ferias comerciales.
  - Crear una lista de correo para enviar comunicaciones comerciales.

Figura 5.7. Las promociones en el precio son uno de los medios más efectivos para impulsar la venta de un producto o servicio.

Vocabulario

Lista de correo: se define como una dirección de correo electrónico, con la funcionalidad de que, cuando se remite un mensaje a dicha dirección, lo reciben todas aquellas personas que se encuentran suscritas a la lista. Existen dos clases de listas de correo: las *listas controladas,* que son aquellas desde las que únicamente podrán enviar mensajes las personas autorizadas; y las *listas abiertas,* a las que puede suscribirse cualquier persona que se encuentre interesada en el asunto que se trate.

Actividad resuelta 5.3

Deseas realizar un análisis de las 4 P del *marketing* referido a tu negocio, ¿Qué preguntas has de plantearte para hacerlo de forma completa?

Solución:

En relación con el **producto:**

- ¿Cuáles son los puntos fuertes y los puntos débiles del producto?

- ¿Cuáles son sus principales características?
- ¿Cómo podría mejorar?
- ¿Cómo son los productos de las empresas de la competencia?
- ¿Se encuentra bien diseñado?
- ¿Es seguro?

En relación con el **precio:**

- ¿Por qué he fijado ese precio?
- ¿Cuál es el margen de beneficio que obtengo?
- ¿Qué costes de producción se soportan?
- ¿Cómo es percibido el precio por parte de la clientela?
- ¿Qué precios tienen los productos ofrecidos por las empresas de la competencia?

En relación con la **promoción:**

- ¿Qué promociones he llevado a cabo previamente?
- ¿Cuáles han dado mejores resultados?
- ¿Cuáles no han funcionado como esperaba?
- ¿Cuáles son los canales más efectivos para contactar con el público objetivo de la empresa?
- ¿Qué clase de valores de marca deseo comunicar al público mediante las distintas promociones?

En relación con la **distribución:**

- ¿Cómo se hace llegar a los clientes los productos o servicios?
- ¿Qué canales y qué lugares se emplean para distribuir los productos o servicios de la empresa?

Actividad propuesta 5.4

Teniendo en cuenta la Actividad resuelta 5.3, realiza un pequeño análisis desde el punto de vista de las 4 P del *marketing* de una empresa que conozcas.

Actividad propuesta 5.5

Al analizar el factor distribución, se hace referencia a que existen tres tipos de distribución (intensiva, selectiva y exclusiva). ¿Qué tipo de distribución tienen los perfumes de marcas prestigiosas? ¿Por qué crees que tienen ese sistema de distribución?

Actividad propuesta 5.6

Con frecuencia aparecen nuevas marcas de ropa en el mercado. Algunas de ellas tienen precios económicos, pero, sin embargo, otras entran en el mercado con precios muy elevados apoyándose en fuertes campañas de publicidad y en la imagen de personajes famosos. ¿Qué sentido tiene que una empresa ponga en el mercado sus productos a precios claramente superiores a la media de su sector teniendo idéntica calidad que los productos de la competencia?

5.3. Medios de comunicación comercial

La **publicidad** es una forma de comunicación masiva o impersonal, dado que sus mensajes no van destinados a personas individualmente identificadas. Se trata de un medio de comunicación pagado, impersonal, unidireccional, que procede de un anunciante que se identifica como tal y cuyo objetivo es reforzar de un modo directo o indirecto las actividades que desarrolla la empresa.

Es preciso plantearse los objetivos que se desean lograr con el uso de la publicidad, para lo que deben determinarse una serie de cuestiones antes de iniciar la campaña publicitaria:

- Objetivos en términos de venta de unidades monetarias y de unidades comercializadas.
- Presupuesto de la campaña.
- Medios que emplear en la campaña publicitaria.

La publicidad tiene por objeto motivar al consumidor para que adquiera un determinado producto o servicio. Presta servicio al consumidor, dado que le ofrece información práctica sobre los productos y servicios ofrecidos por las empresas que pueden servir para satisfacer sus necesidades.

La eficacia de la publicidad se vincula con la medición de los resultados que se hayan obtenido a través de una campaña. Habitualmente se habla de eficacia refiriéndose a incrementos en las ventas, sin tener presente que el volumen de ventas es igualmente influido por otros factores como las acciones de su competencia, la política de precios o las promociones puntuales que se produzcan.

5.3.1. Métodos para medir la eficacia publicitaria

Entre las formas de medición de la eficacia publicitaria se encuentran las siguientes:

- Nivel de conocimiento de una marca en relación con el bien que es objeto de la publicidad.
- Grado en el que se recuerda la campaña publicitaria, bien de forma espontánea (por ejemplo, preguntando por las campañas publicitarias que recuerda en el sector del automóvil), bien de forma sugerida (por ejemplo, mostrando una campaña y preguntando acerca de si la recuerda haber visto y si recuerda la marca anunciada).
- Opinión de los consumidores sobre el producto, servicio o marca: medida a través de encuestas

en las que se consulte sobre estos factores antes y después de llevar a cabo la campaña publicitaria.

- Compras, verificando la variación en el nivel de compras de un producto o servicio tras haber desarrollado una campaña publicitaria.

La **eficacia de una campaña publicitaria** puede ser igualmente medida en diversos momentos a lo largo de su desarrollo, lo que resulta muy útil en el caso de campañas publicitarias de larga duración. En este supuesto pueden realizarse modificaciones en la campaña en función de las opiniones que el público tenga sobre la campaña.

Figura 5.8. El diseño de una campaña publicitaria requiere de análisis previos para determinar el medio más efectivo de comunicar con el público objetivo o *target.*

Para lograr la máxima eficacia de la campaña publicitaria, deben analizarse una serie de factores de los medios de comunicación social en los que se desarrollará, entre los que cabe destacar los siguientes:

- **Nivel socioeconómico:** en función del producto o servicio de que se trate, deberá buscarse el medio de comunicación que tenga entre su público a personas del mismo segmento social y económico, puesto que, de lo contrario, la campaña perderá su eficacia al promocionar. Por ejemplo, dirigir una campaña a personas de muy elevado nivel económico, cuando el producto ofertado es claramente básico.
- **Área geográfica:** la publicidad debe realizarse en el área en que se encuentren los potenciales consumidores del producto o servicio. Por ejemplo, cuando una empresa solo desarrolla sus actividades en una ciudad, lo más lógico sería desarrollar la campaña publicitaria radiofónica en una emisora o un periódico locales, y no en un medio de comunicación que se difunda por toda la comunidad autónoma.
- **Edades o gustos personales:** la campaña debe realizarse dirigiéndose a los grupos que compartan edad y preferencias respecto al producto. Por ejemplo, si se promociona una línea de ropa dirigida a adolescentes, deberá anunciarse a través de los medios de comunicación utilizados por este segmento de edad. Del mismo modo, las preferencias personales son igual de relevantes; así, publicidad destinada a personas que practican un determinado deporte pueden recibir su publicidad de un modo más efectivo si se emplean revistas o páginas web dedicadas a dicho deporte.

¿Sabías que

Para encontrar información acerca de la población a la que deseas dirigirte con una **campaña publicitaria**, puedes buscarla en la página web del Instituto Nacional de Estadística: www.ine.es

5.3.2. Identificación de los medios de publicidad y promoción. Ventajas e inconvenientes de su utilización

Los **medios publicitarios** tienen, cada uno de ellos, una serie de aspectos positivos y negativos, a la hora de ser empleados para las campañas emprendidas por las empresas. Los principales son las siguientes:

- **Radio:**
  - Ventajas:
    - ✓ Facilidad de recepción en diversos ámbitos (hogar, trabajo, vehículo, calle).
    - ✓ No hay necesidad de una búsqueda consciente del mensaje.
    - ✓ Discriminación en función de la audiencia de cada emisora.
    - ✓ Producción sencilla de las cuñas a emitir por radio.
  - Desventajas:
    - ✓ No existe apoyo visual al mensaje.
    - ✓ En muchas ocasiones, existe una importante fragmentación de la audiencia en un determinado territorio.
    - ✓ Pausas publicitarias muy largas con frecuencia.
    - ✓ Poca diferenciación entre las diversas cuñas, dado que suele producirlas la propia emisora.

Figura 5.9. En la actualidad, es posible escuchar los programas de radio después de su emisión en directo a través de los *podcasts* que las emisoras suben a internet.

- **Prensa:**
  - Ventajas:
    - ✓ Concentración en áreas geográficas determinadas.
    - ✓ Existencia de suplementos o ediciones de distribución muy localizada.
    - ✓ Mayor atención a los anuncios publicados.
    - ✓ No se considera intrusiva.
  - Desventajas:
    - ✓ Poco leída entre ciertos grupos de edad.
    - ✓ No incluye soporte audiovisual.
    - ✓ En ciertas épocas del año existe una saturación publicitaria.
- **Revistas:**
  - Ventajas:
    - ✓ Segmentación elevada del público al que se dirigen.
    - ✓ Duración del impacto, dado que la revista suele ser semanal o mensual, repitiéndose los impactos del anuncio.
    - ✓ Elevada calidad de la impresión.
    - ✓ Admite incorporar muestras del producto.
  - Desventajas:
    - ✓ En muchas ocasiones, gran número de anuncios en la publicación.
    - ✓ Necesidad de cerrar la edición con gran anticipación.
    - ✓ Altos costes de inclusión con frecuencia.
- **Vallas publicitarias:**
  - Ventajas:
    - ✓ Impacto muy elevado, alto número de impactos.
    - ✓ Focalización geográfica.
    - ✓ Exposición permanente.
  - Desventajas:
    - ✓ No existe segmentación del público.
    - ✓ Riesgo de deterioro por actos vandálicos.
    - ✓ Límites reglamentarios y urbanísticos.
- **Televisión:**
  - Ventajas:
    - ✓ Elevado impacto audiovisual.
    - ✓ Gran difusión.
    - ✓ Segmentación del público elevada (en ocasiones).
  - Desventajas:
    - ✓ Costes de producción elevados, si se desea contar con un mínimo de calidad.
    - ✓ Alto coste de emisión, excepto en cadenas locales.
    - ✓ Facilidad para los espectadores de evitar su visión mediante *zapping*.
    - ✓ Para una pyme, excepto en cadenas locales, resulta poco eficiente por la extensión de la zona de recepción.
- **Internet:**
  - Ventajas:
    - ✓ Impacto audiovisual elevado.
    - ✓ Interactividad con el público.
    - ✓ Accesible a cualquier persona.
    - ✓ Posibilidad de segmentación máxima.
  - Desventajas:
    - ✓ En ocasiones muy intrusiva.
    - ✓ Excesivos competidores.
    - ✓ Programas informáticos que eliminan la publicidad.
    - ✓ Frecuentemente no es un medio de gran prestigio.

Figura 5.10. La publicidad en internet es un elemento clave de la estrategia comercial de numerosas empresas en la actualidad.

Ejemplo 5.2

A la hora de desarrollar una campaña de *marketing online*, ¿qué técnicas se han de usar? Dos de los principales conceptos relacionados con esta pregunta son los de SEO y SEM:

- **SEO (Search Engine Optimization,** optimización de motores de búsqueda) es un término muy empleado. El SEO pretende influir de modo natural y admitido en los resultados de buscadores como Google. De ese modo, el SEO es una de las formas de *marketing* en internet más usadas, cuya finalidad es incrementar la visibilidad de las páginas web en los «resultados naturales» (que son aquellos que no implican ningún pago a los buscadores) de los diversos motores de búsqueda.
- **SEM (Search Engine Marketing,** *marketing* en motores de búsqueda) es la palabra que hace referencia a las campañas de anuncios realizadas a través de las plataformas, como Google. El SEM, al igual que el SEO, es una de las técnicas más empleadas dentro del *marketing online* debido a su facilidad en el momento de medir resultados además de por los datos que ofrece. El SEM es una estrategia de *marketing* en internet cuya finalidad es incrementar la visibilidad de las páginas web en los «resultados de pago» (anuncios) de los motores de búsqueda mediante sistemas como el pago por clic.

Actividad resuelta 5.4

Deseas realizar una campaña publicitaria de tu empresa en los principales periódicos de tu provincia, para lo que cuentas con un determinado presupuesto asignado. Como punto de partida, localiza las tarifas de estos a través de sus páginas web.

Solución:

Localiza las tarifas de los periódicos, y, tras haberlo hecho, busca aquellos formatos que se aproximan a la campaña que quieres desarrollar. Posteriormente, tendrás que verificar el número de inserciones que deseas realizar y el que realmente puedes llevar a cabo en función del presupuesto del que dispongas.

Actividad propuesta 5.7

¿Cuáles son las emisoras de radio más escuchadas en tu provincia? ¿Qué tipo de audiencia tienen? ¿Cuáles serían las más adecuadas para promocionar un nuevo restaurante de comida rápida?

5.3.3. Las campañas publicitarias periódicas o puntuales. Efectos

A la hora de diseñar una **estrategia de publicidad,** corresponderá a la empresa, entre otros aspectos, determinar la duración y la reiteración de las campañas. Deberá entender cada campaña como un elemento concreto de la actividad publicitaria de la empresa, cuyo objetivo final es tanto incrementar las ventas del producto o servicio comercializado como mejorar la imagen que de la empresa tiene el público objetivo de la misma.

Las principales finalidades de cada una de las diferentes clases de campañas son las siguientes:

- **Campañas periódicas:** se trata de campañas que se realizan con una periodicidad determinada de anticipación; sería el caso de las rebajas de enero o de la campaña de Navidad, entre otros.
  - **Promoción de la imagen:** se trata de campañas cuyo objetivo es establecer la imagen de la empresa entre su público, y en las que no existe la finalidad directa de comercializar ningún producto o servicio en concreto. El objetivo es posicionar la empresa en la mente de los potenciales clientes en la forma que la gerencia estima más adecuada. Muchas de ellas hacen referencia a la calidad de los productos, a la solvencia de la entidad o al excelente servicio al cliente que se presta. Se reiteran las campañas para reforzar estos aspectos y, especialmente, en momentos de alta competencia, se busca responder a las campañas que, en idéntico sentido, realizan las empresas del mismo sector y mantener o crear una imagen positiva de la compañía y de los bienes o servicios que comercializa.
  - **Promociones periódicas:** publicitan actividades que las empresas realizan de forma periódica, bien de forma anual o varias veces a lo largo del ejercicio. Muchas de ellas son campañas tradicionales y esperadas por el público y que constituyen parte de la «política comercial» de la empresa, como es el caso de las campañas de rebajas o de Navidad. Aunque sean conocidas por el público, tienen como objeto recordar la campaña concreta y reforzar las ventas de la empresa en esa promoción concreta.

Ejemplo 5.3

Campañas como el cada vez más extendido «*Black Friday*» o el «*Cyber Monday*» son ejemplos de promociones periódicas que buscan potenciar la actividad comercial de las empresas.

Gran parte de los consumidores saben que el último viernes del mes de noviembre y el lunes siguiente aparecerá una serie de promociones en los precios y planifican sus compras en función de ellas.

- **Campañas puntuales:** tienen por objeto transmitir a los clientes potenciales una información acerca de un objetivo comercial no periódico. Pueden existir diversas razones para realizarlas, desde la comunicación de la existencia de una promoción concreta, hasta el lanzamiento de un nuevo producto o servicio o de una oferta puntual; en algunos casos, incluso sirven para responder a una incidencia concreta que se haya podido producir en la empresa y sobre la que se desea informar al público. Estas campañas han de ser coherentes con la imagen o los valores que desean transmitir las campañas periódicas respecto de la empresa.

Actividad propuesta 5.8

Desde hace 10 años eres propietario de un taller de reparación de automóviles en tu localidad. A pesar de la buena calidad con la que realizas tus actividades, la facturación del negocio se va reduciendo de forma lenta, pero continuada. Al mismo tiempo, se han establecido dos nuevos talleres en la zona. ¿Qué tipo de campaña, periódica o puntual, realizarías? Justifica tu respuesta.

Actividad propuesta 5.9

Describe una campaña de publicidad que estimes de especial eficacia. ¿Por qué consideras que está especialmente bien diseñada?

5.4. El plan de comunicación

La **comunicación externa** de una empresa puede ser definida como la serie de actuaciones de comunicación que se dirigen a los públicos externos a una empresa; en otras palabras, tanto al gran público como a sus proveedores, accionistas o a las instituciones públicas.

En el momento presente, la publicidad ya no constituye la única herramienta útil para transmitir mensajes al mercado y ha dado paso a un concepto de mayor creatividad: la comunicación integral.

Vocabulario

Comunicación integral: es el conjunto de los procesos que comunican dentro de una organización. Suele centrarse el análisis en tres ámbitos diferentes: el *marketing*, la publicidad y las relaciones públicas. No obstante, algunos autores incluyen también la comunicación desarrollada en el interior de la empresa, la que tiene lugar entre sus integrantes.

La forma de implantar con éxito una política de comunicación externa en una empresa es muy variada. Se cuenta con diversas herramientas que la comunicación ofrece a la empresa y que correctamente utilizadas pueden ofrecer relevantes ventajas competitivas adaptándolas al público objetivo de un producto o servicio determinado: el *marketing* directo, el *marketing* relacional, las actividades de patrocinio, las relaciones públicas, el *product placement* (técnica publicitaria que no se presenta como publicidad de una forma expresa y que, sin citar expresamente los productos, emplea símbolos o marcas para promocionarlos, por ejemplo, cuando en una película aparece un actor vistiendo una prenda de una determinada marca o bebiendo un refresco en concreto), las ferias e internet, que ha introducido nuevos conceptos como interactividad o personalización.

Es de destacar la **importancia del mensaje**, fundamentalmente porque a través de este ha de enviarse al mercado la imagen que se desea que se tenga de la empresa. En realidad, el éxito o el fracaso de una empresa van a depender en gran medida de la imagen que esta envíe tanto hacia el exterior como hacia el interior.

La **publicidad** constituye una herramienta de ayuda para transmitir esa imagen, pero resulta fundamental la puesta en marcha de un plan de comunicación que transmita esa imagen a los distintos *interesados* y que además lo efectúe de una forma creíble.

La comunicación es, en el momento presente, una herramienta estratégica dentro de toda empresa que desee estar adecuadamente posicionada en el mercado. Esto no significa que la comunicación constituya la clave del éxito, pero sí que forma parte integrante del mismo. A través de ella vamos a acercar al mercado la imagen que se desea transmitir de la empresa, lo que va a permitir posicionarse de un modo más competitivo.

Lógicamente, la realidad indica que posicionar una empresa o producto precisa de un análisis previo del mercado para determinar qué es lo que demandan los consumidores, seguido del lanzamiento del producto o servicio que de forma más eficiente genere la satisfacción de sus necesidades mediante los canales de distribución más rentables y, finalmente, su comercialización. Por tanto, lo que va a otorgar la posibilidad de diferenciarse de las demás empresas será la **comunicación empresarial** en su sentido más extenso, dado que aportará un valor añadido facilitando la creación en el consumidor de la necesidad de adquirir el producto propio en lugar del ofrecido por la competencia.

Es básico recordar que la comunicación no ha de estar al margen de las características y objetivos que definen a la empresa; más bien todo lo contrario, la comunicación corporativa tiene que responder a la estrategia empresarial. Es evidente, por tanto, la trascendencia de una **adecuada estrategia de comunicación** y la **elección de un mensaje correcto** para que sea efectiva.

Figura 5.11. El plan de comunicación debe ser aprobado por la dirección de la empresa y contar con los recursos personales y materiales suficientes para ser llevado a la práctica.

Actividad propuesta 5.10

En tu localidad hay un restaurante muy conocido y en la actualidad se están abriendo nuevos locales en la zona. Como comercial de un periódico, ofreces al propietario realizar una campaña publicitaria en tu medio de comunicación, pero él cree que no es necesario, dado que en los 10 años que lleva abierto, el local se ha hecho muy conocido. ¿Qué argumentos podrías usar para convencerle de que acepte realizar la campaña?

Actividad resuelta 5.5

En la empresa en la que trabajas te piden que redactes un plan de comunicación para darla a conocer. El primer paso es tener presente el esquema de dicho documento. ¿Cómo lo estructurarías?

Solución:

Una posible estructuración de un plan de comunicación sería la siguiente:

1. Diagnóstico e investigación del mercado.
2. Objetivos que alcanzar con la comunicación.
3. Determinación del público objetivo.
4. Mensaje que deseas transmitir.
5. Estrategia de comunicación a seguir.
6. Canales de comunicación que emplearás.
7. Medios que utilizarás.
8. Acciones y tácticas que vas a poner en práctica.
9. Evaluación de los resultados obtenidos.
10. Presupuesto del plan de comunicación.

5.4.1. Aspectos del plan de comunicación

En todo plan de comunicación deben considerarse tres aspectos:

- **Definir la identidad corporativa:** lo que es la empresa, sus objetivos corporativos y los principios que defiende. De ahí se derivarán los atributos de identidad que deben comunicarse al mercado.
- **La imagen percibida actualmente:** lo que el mercado percibe hoy en día de la empresa.
- **La imagen ideal de la empresa:** la imagen que se desea transmitir a los diferentes mercados habrá de responder a un plan estratégico de imagen, en el que deberán determinarse los *targets* diferentes a los que dirigir las distintas acciones de comunicación, con una estrategia propia y diferenciada para cada uno de ellos.

Sabías que

El *target*, también conocido como **público objetivo**, es el conjunto de personas para el que se orienta la venta de determinado producto o servicio. Acotar con precisión el destinatario es una variable tan básica para la planificación de una campaña publicitaria como la fijación de objetivos o la limitación de la inversión a realizar. Para definirlo se recurre a factores económicos (nivel de ingresos) o demográficos (edad, género, nivel de estudios, etcétera) que facilitan la adecuación del mensaje, su posicionamiento y su contenido.

5.4.2. Áreas del plan de comunicación

El plan de comunicación incluye tres áreas:

- Definir los objetivos de comunicación más correctos para transformar la imagen existente de la empresa en la imagen ideal para cada uno de los públicos objetivos.
- Definir la estrategia de medios de comunicación y de mensajes que se adapten con más precisión para alcanzar los objetivos previamente definidos.
- Definir un calendario de actuación y evaluar los costes de las acciones propuestas, así como definir un instrumento de control para realizar un seguimiento del plan.

Esta serie de actividades las realizará la dirección de comunicación de la compañía, que es la responsable de redactar el plan estratégico de imagen. Aunque no suelen aparecer definidas con precisión sus funciones dentro de la empresa, sí parece necesario que cuente con la capacidad necesaria para traducir la estrategia global de la empresa a un esquema de imagen que haya de ser desarrollado y controlado mediante técnicas de comunicación.

5.4.3. Campañas de comunicación y relaciones públicas

Entre los instrumentos básicos que integran un plan de comunicación para mantener la imagen de una empresa, se hallan las relaciones públicas y las campañas de comunicación. El primer medio indicado, que puede estar integrado en la empresa o estar externalizado, es definido como la serie de acciones planificadas que tienen como objetivo crear o mantener una imagen precisa de la empresa ante el mercado. Busca crear y mantener unas relaciones sociales fluidas y dinámicas entre la empresa y los grupos sociales u organizaciones en los que se desea impactar.

Figura 5.12. A través de las relaciones públicas, la empresa busca un posicionamiento en el terreno de la imagen, pues persigue siempre la máxima aceptación social.

Las **funciones** más relevantes que desarrolla el área de relaciones públicas son las siguientes:

- **Apoyar y reforzar** la tarea de las áreas de ventas y *marketing*.
- **Preparar y verificar** las acciones concretas de promoción y *marketing* de los productos o servicios que desarrolla.
- **Mantener un clima positivo** en relación con los productos o servicios que representa, a través del contacto permanente con clientes, proveedores, agentes sociales, etcétera.
- **Mantener un buen ambiente laboral** y promover en los trabajadores el espíritu e imagen que la empresa busca emitir hacia el exterior.
- **Lograr que ningún problema altere** o menoscabe **la imagen de la empresa** en el ámbito social.

5.5. Medios de comunicación y relaciones con la empresa

En relación con las campañas de comunicación, que igualmente pueden ser externalizadas o llevadas a cabo desde la misma empresa, indicar que son el conjunto de mensajes e informes que redacta el gabinete de prensa, con la finalidad de hacerlos llegar a los diferentes medios para que estos se hagan eco de su contenido, y de esa forma generar expectativas de compra, sensibilizar a la opinión pública, transmitir datos informativos, materiales promocionales, etcétera.

5.5.1. Relaciones con los medios de comunicación

Las **funciones básicas** de relaciones con los medios de comunicación se pueden resumir en:

- **Seleccionar y redactar** la información generada por la empresa, enviada a los medios de comunicación y, en su caso, a otras instituciones.
- **Recibir y analizar** la integridad de la información producida por los medios de comunicación y demás instituciones en relación con la empresa.
- **Filtrar y resumir** la información citada para transmitirla a las áreas de dirección de la empresa y cubrir sus necesidades de información con respecto a los intereses empresariales.
- **Mantener una conexión permanente entre la empresa y los medios de comunicación,** facilitando la información que cada evento requiera y coordinando

las entrevistas, los reportajes, etcétera, relacionados con la empresa.

- **Controlar** de forma permanente **el clima de opinión** que existe en relación con la empresa, así como los problemas que puedan aparecer en los medios de comunicación.

Figura 5.13. La *newsletter* es una forma de enviar información relevante en relación con la actividad de la empresa.

Recuerda que

El envío de **correo electrónico comercial** se encuentra regulado por la normativa vigente en lo relativo a la protección de datos personales, los servicios de la sociedad de la información y el comercio electrónico.

El objetivo final de las relaciones con los diversos medios es comunicarse con el público externo y no con los propios medios en sí mismos.

Cualquier organización ha de mantener una política proactiva de comunicación, dado que es a partir de ese punto que se construye el prestigio o reputación de una determinada marca, servicio, empresa, productos, negocio o persona.

La imagen positiva o negativa que el público o cliente tenga de una determinada organización se encuentra en función de la correcta difusión que se haga de la misma. Generar comentarios positivos en los medios de comunicación no resulta muy costoso y es mucho más económico que una campaña publicitaria. **Un comentario positivo procedente de un medio de comunicación tiene una credibilidad superior a la de un aviso publicitario.**

En el mundo empresarial, dos de los factores más importantes que afectan al futuro de una compañía son los clientes y los medios de comunicación. La mejor estrategia es que se conviertan en aliados.

5.5.2. Posicionamiento de una empresa como fuente de información

Las formas más adecuadas de posicionar una empresa como fuente de información son las siguientes:

- **Política informativa:** la política informativa ha de incorporarse al plan de relaciones públicas. Es decir, qué personas ejercen como portavoces, en qué materias y en qué supuestos; el lenguaje a emplear; en qué momento ha de publicarse una información; cuándo se redacta un boletín de prensa; cuándo se convoca una rueda de prensa o una jornada de puertas abiertas en la empresa.

  El contacto con los medios de comunicación ha de efectuarse mediante el responsable de comunicación y prensa. Cuando el periodista solicite entrevistar a los directivos de la empresa, el responsable de comunicación y prensa habrá de actuar como puente entre ambas personas, asesorando al directivo y facilitando información al periodista. Habrá de mantenerse actualizada la base de datos, dado que se trata de una herramienta indispensable.
- **Conocimiento de la audiencia:** el objetivo final de las relaciones con los medios de comunicación es conectar con el público, clientes o consumidores, y no con los medios en sí. El paso inicial es conocer las características socioculturales y económicas de ese público objetivo, además de sus necesidades y gustos.

5.5.3. Características de los medios de comunicación

Los diversos medios de comunicación reúnen características diferenciadas que han de ser tenidas en cuenta a la hora de diseñar una campaña de publicidad exitosa:

- **Medios impresos (prensa diaria y revistas especializadas):**
  - Información extensa y reflexiva.
  - Temáticas adecuadas para transmitir información reflexiva y duradera.
  - Datos: documentos, resultados de investigaciones, entrevistas extensas, explicaciones, cifras y estadísticas.

- **Medios electrónicos (radio, televisión e internet):**
  - Información concisa, instantánea y concreta.
  - Temáticas muy adecuadas para transmitir información de impacto.
  - Datos: cifras precisas, datos globales y testimonios concisos.
- **Base de datos de medios y periodistas:**
  - Ámbito local, provincial, autonómico, nacional y agencias internacionales de noticias.
  - Nombre del director o responsable del medio.
  - Nombres de los jefes de sección y periodistas.

Actividad resuelta 5.6

Busca información para conocer la audiencia de los periódicos que se editan en tu provincia o comunidad autónoma.

Solución:

En el sitio web de la Oficina de Justificación de la Difusión (www.ojd.es) se encuentra la información acerca de la tirada y la difusión de los periódicos y las revistas que se imprimen en el ámbito nacional.

5.5.4. Materias que resultan noticia para un medio de comunicación

Las materias que resultan noticia para un medio de comunicación son, fundamentalmente, las siguientes:

- Cambios en las políticas de la empresa.
- Aniversario de la fundación de la empresa.
- Novedades en los productos y servicios ofertados.
- Apertura de instalaciones.

Figura 5.14. La inauguración de una nueva sede de la empresa es un acontecimiento relevante para los medios de comunicación.

- Apertura de nuevos mercados nacionales o internacionales.
- Generación de mano de obra de forma directa o indirecta.
- Suscripción de convenios.
- Menciones honoríficas.
- Certificaciones de calidad.
- Premios de diverso ámbito.
- Nombramientos de cargos directivos.
- Convenciones y asambleas anuales de la empresa.
- Aportes sociales a la comunidad.
- Presentación de los informes económicos.
- Actividades de formación.
- Puntos de vista de la empresa con relación a la legislación vigente.
- Licitaciones públicas ganadas.
- Campañas de formación.
- Tomar parte en una cuestión de actualidad.
- Realización de estudios, encuestas o sondeos.
- Desarrollo del homenaje a un personaje o institución pública o privada.
- Organización de eventos o conferencias.
- Convocatorias de concursos o premios.
- Organización de visitas o misiones comerciales.
- Recibimiento de reconocimientos.

5.5.5. Persona responsable del contacto con los medios de comunicación

La persona designada por la empresa para que mantenga el contacto con los medios ha de contar con unas determinadas características, puesto que será responsable de transmitir la información de forma correcta y eficaz. Estas son:

- **Visión periodística:** capacidad de determinar lo que resulta interesante para los medios de comunicación, a qué medios dirigirse y de qué forma presentar la información, decidiendo el género periodístico a emplear: noticia, reportaje o informe especial, por ejemplo.
- **Capacidad de redacción:** capacidad de expresar de modo nítido la información y los datos financieros, económicos y estadísticos, de forma que resulten entendibles y concisos con correcta gramática y ortografía.
- **Capacidad de mercadear las noticias:** capacidad de «vender» a los periodistas informaciones o noticias. Ha de destacarse la importancia, el alcance, el impacto positivo del proyecto, del programa, del informe o de la actividad desarrollada por la empresa.

El portavoz

Es la persona que actúa como representante de la empresa ante la opinión pública a través de los medios de comunicación. Existen empresas que cuentan con un portavoz de acuerdo con el tema a tratar, pero habitualmente es el presidente de la compañía, el gerente, el responsable de gestión ambiental o el responsable de *marketing*. El portavoz ha de cumplir las siguientes obligaciones:

- Informar de forma oportuna.
- Actuar con sinceridad.
- Explicar el hecho cuando así se le solicite.
- Ser constante en su atención a los medios informativos.
- Solucionar las dudas respecto a su actividad.
- Tratar de forma respetuosa a los representantes de los medios.

Y, por otro lado, tiene los siguientes derechos:

- Emitir rectificaciones.
- Guardar silencio en relación con materias confidenciales.
- Conceder entrevistas en exclusiva.
- Elegir los medios de comunicación a los que se dirige.

Figura 5.15. Atender la demanda de información de los medios de comunicación es una de las funciones del portavoz de una organización.

Recuerda que

Es fundamental que exista una coordinación absoluta entre la dirección de una empresa u organización y su portavoz, de forma que las opiniones y la información que este transmite a los medios de comunicación reflejen la postura real de la empresa ante esos temas. Así, evita caer en contradicciones que afecten negativamente a la **imagen pública de la empresa**.

5.5.6. Contacto con los medios de comunicación

El contacto con los medios de comunicación puede realizarse a través de los siguientes instrumentos:

- **Boletín de prensa:** es una noticia emitida por la empresa en relación con una actividad u opinión de la compañía que se desea dar a conocer a la opinión pública. Puede incluir datos estadísticos, resultados de una investigación y datos financieros.

Contacto: Antonio Bermejo
Investigación Trey
Teléfono (91) 586 34 52
Fax (91) 586 34 55

C/ Don Ramón de la Cruz, 73, 3º
Madrid 28100
Teléfono (91) 586 34 52
Fax (91) 586 34 55

Investigación Trey

Comunicado de prensa

Los juegos de Investigación Trey han sido mejorados con dos incorporaciones: el paquete de juegos y la edición de juegos en CD-ROM

El Instituto de artes gráficas ha distinguido el trabajo de Investigación Trey con su sello de calidad y su premio al empaquetado profesional. Además patrocina conjuntamente el concurso de juegos

Figura 5.16. Modelo de comunicado de prensa disponible en la batería de plantillas que Microsoft Office pone a disposición de sus usuarios. *Fuente:* www.microsoft.es.

- **Rueda de prensa:** consiste en una reunión programada que se lleva a cabo para abordar temas de actualidad, presentar proyectos, resultados de investigaciones u opiniones, entre otros. Es un espacio de comunicación en el que se ofrece la posibilidad de explicar y confrontar. En la organización de la rueda de prensa han de tenerse en cuenta una serie de factores:
  - Correcta elección del lugar, fecha y hora.
  - Envío de invitaciones a la rueda de prensa, y selección de los asistentes.
  - Confirmación de la asistencia.
  - Infraestructura de comunicaciones.
  - Empleo de ayudas visuales.
- Durante el desarrollo de la rueda de prensa se considerarán estos elementos:
  - Iniciarla puntualmente.
  - Saludar, agradecer la asistencia y presentar a los intervinientes.
  - Explicar la metodología para plantear las cuestiones.
  - Iniciar la rueda de prensa.

- Ofrecer soluciones para los requerimientos de los periodistas para facilitar su tarea.
- Elaborar material escrito y audiovisual para explicar los datos de difícil comprensión o de gran extensión.

Figura 5.17. Las ruedas de prensa son empleadas por las empresas como medio de difusión para el conjunto de la sociedad de sus resultados y proyectos.

Actividad propuesta 5.11

La organización de una rueda de prensa requiere, en muchas ocasiones, el alquiler de una sala y de medios audiovisuales. Busca en internet empresas que alquilen esos recursos en la zona en la que resides.

- **Conferencia de prensa:** se trata de una reunión desarrollada entre un personaje y los periodistas para abordar un tema especializado acordado con anterioridad, permitiendo analizarlo y explicarlo. Se emplea para exponer proyectos de expansión, nuevas tecnologías u opiniones sobre asuntos clave, entre otros. Adicionalmente, es adecuada para exponer resultados o divulgar acciones desarrolladas en beneficio de la comunidad. Con relación a la organización y el desarrollo de la conferencia de prensa, nos remitimos a lo indicado respecto a la rueda de prensa.
- **Entrevista en exclusiva:** hace referencia a la transmisión de información mediante una persona concreta. Puede ser requerida por un medio de comunicación o buscada por la propia empresa. La entrevista es concertada con una determinada antelación, lo que otorga tiempo al entrevistado de documentarse. La técnica es una sucesión de preguntas y respuestas generales o sobre un tema específico.
- **Informe especial:** consiste en un reporte detallado acerca de un aspecto concreto de un sector económico, ejecución de un proyecto, desarrollo de una actividad interna de la empresa que produzca efectos en el medio externo o cuestiones ambientales, entre otros supuestos. Es elaborado por un especialista en la materia, siendo el modo más sutil de transmitir la ideología propia de una empresa o de una asociación al conjunto de la sociedad a través de la prensa.
- **Rectificación:** es un derecho que se emplea cuando un medio ha publicado alguna información que no es precisa, teniendo el carácter de falsa o tendenciosa. Lo adecuado es analizar la situación concreta y dirigirse posteriormente al medio o al periodista para que se rectifique lo publicado.
- **Pronunciamiento:** es empleado por los directivos o presidentes de las empresas que adoptan una postura respecto a factores tales como una norma, ley o disposición gubernamental o una decisión empresarial de especial trascendencia. Se lleva a cabo mediante una carta al director de los medios, un boletín o una rueda de prensa.
- **Recorrido por los medios:** es básico visitar a los periodistas al menos una vez al año; algunas empresas lo efectúan cada seis meses. Su objetivo es tener retroalimentación con relación a la información que se remite y conocer los requerimientos de los periodistas. Este recorrido por los medios debe ser para aportar información. Esta estrategia es adecuada para invitar a los periodistas a la presentación del balance económico anual. Igualmente, puede realizarse para llevar un boletín de prensa o una invitación a un evento importante. Deben tenerse en cuenta los horarios apropiados para visitar los medios impresos, radiales y de televisión.
- **Jornada de puertas abiertas:** cuando la empresa ha implantado nuevas tecnologías que derivan en un producto de superior calidad, se introduce en nuevos mercados, comercializa un nuevo producto, colabora en la conservación del medio ambiente, aporta progreso a la comunidad, desarrolla campañas educativas o logra certificaciones de calidad, puede invitarse a los periodistas a la compañía para que conozcan esas novedades.

Medir las relaciones con los medios de comunicación es una cuestión compleja. Tradicionalmente se hace de este modo:

- Recortes de prensa que sirven de referencia de lo publicado en los medios escritos.
- Registro de lo emitido por radio o televisión.

- Registro de lo publicado en las páginas web, particularmente de medios de comunicación, foros relevantes o páginas especializadas mediante el empleo de las herramientas informáticas de análisis correspondientes.
- Sondeo a los periodistas para conocer las fortalezas y debilidades de la imagen de la empresa.
- Realización de análisis retrospectivos relacionados con la cobertura prestada a la empresa.

Figura 5.18. La visita a la empresa es un modo eficaz de dar a conocer sus actividades a los representantes de los medios de comunicación.

¿Sabías que?

La redacción de una nota de prensa por parte de una empresa requiere seguir una serie de criterios para que sea eficaz y tenga más posibilidades de alcanzar su objetivo de ser publicada:

- **Debe mostrar un contenido claro y conciso,** sin extenderse más de lo necesario con material irrelevante.
- **Ha de ofrecerse información para la audiencia de los medios de comunicación,** de modo que no se trate de una mera nota publicitaria.
- **El titular de la nota debe ser una frase breve,** de gran claridad y que despierte la atención de quien va a leerla. En caso de no captar el interés, será difícil que el resto de la nota sea leída y, menos aún, publicada.
- **El subtítulo** debe incluir información que resulte de interés para el lector.
- **El primer párrafo** de la nota dará respuesta a las preguntas: «¿Cómo?», «¿Quién?», «¿Dónde?», «¿Cuándo?», «¿Por qué?».
- **El cuerpo** de la nota de prensa ofrecerá información ampliada que amplíe la respuesta a las preguntas anteriores.
- **Deberá cerrarse con un breve resumen** de la nota, además de señalar con claridad la identidad de la persona de contacto en la empresa y la forma de establecer contacto. Si procede, se enviarán fotografías de alta calidad tomadas por la propia empresa.

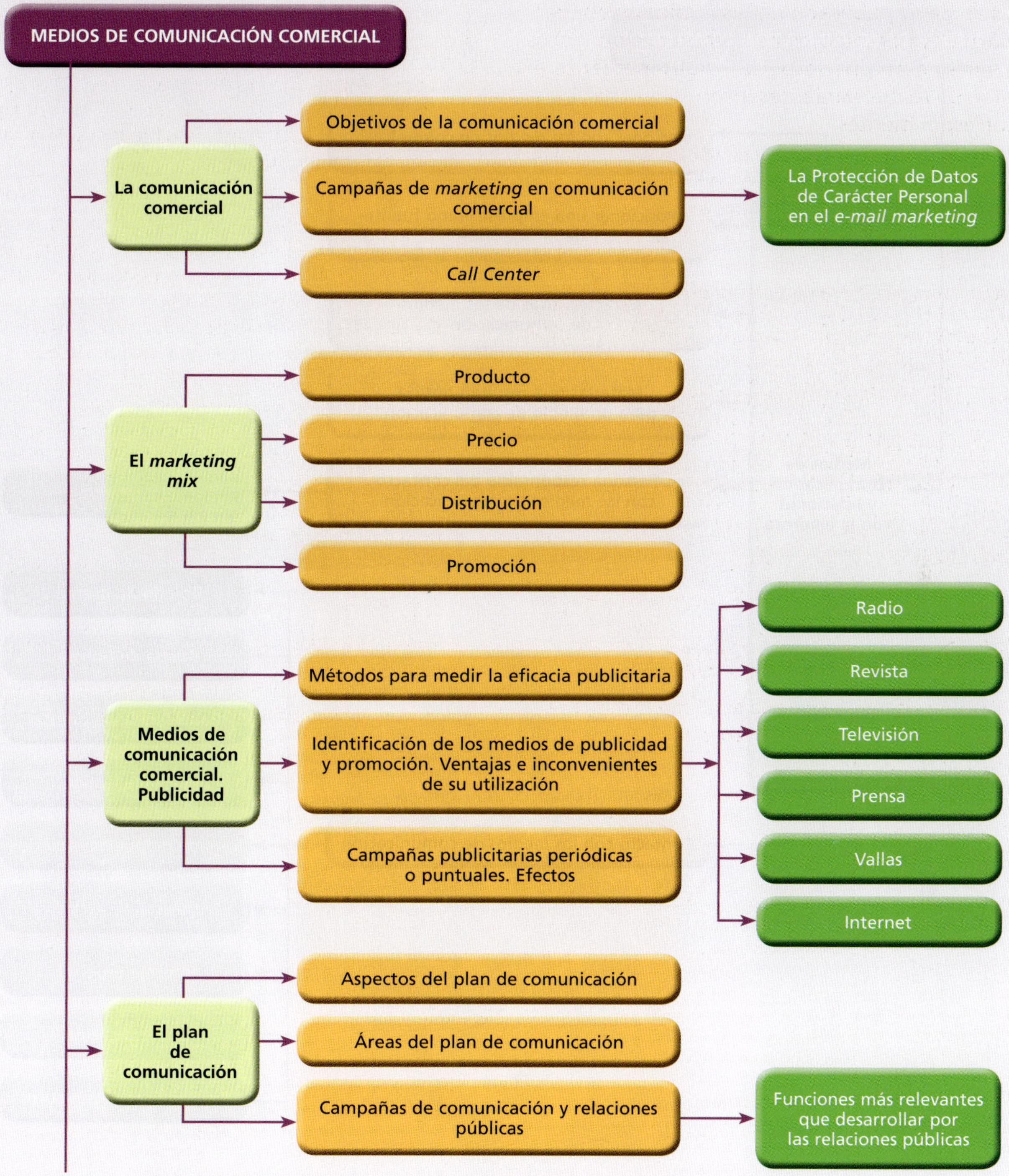
MEDIOS DE COMUNICACIÓN COMERCIAL
La comunicación comercial
Objetivos de la comunicación comercial
Campañas de *marketing* en comunicación comercial
La Protección de Datos de Carácter Personal en el *e-mail marketing*
Call Center
El *marketing mix*
Producto
Precio
Distribución
Promoción
Medios de comunicación comercial. Publicidad
Métodos para medir la eficacia publicitaria
Identificación de los medios de publicidad y promoción. Ventajas e inconvenientes de su utilización
Radio
Revista
Televisión
Prensa
Vallas
Internet
Campañas publicitarias periódicas o puntuales. Efectos
El plan de comunicación
Aspectos del plan de comunicación
Áreas del plan de comunicación
Campañas de comunicación y relaciones públicas
Funciones más relevantes que desarrollar por las relaciones públicas

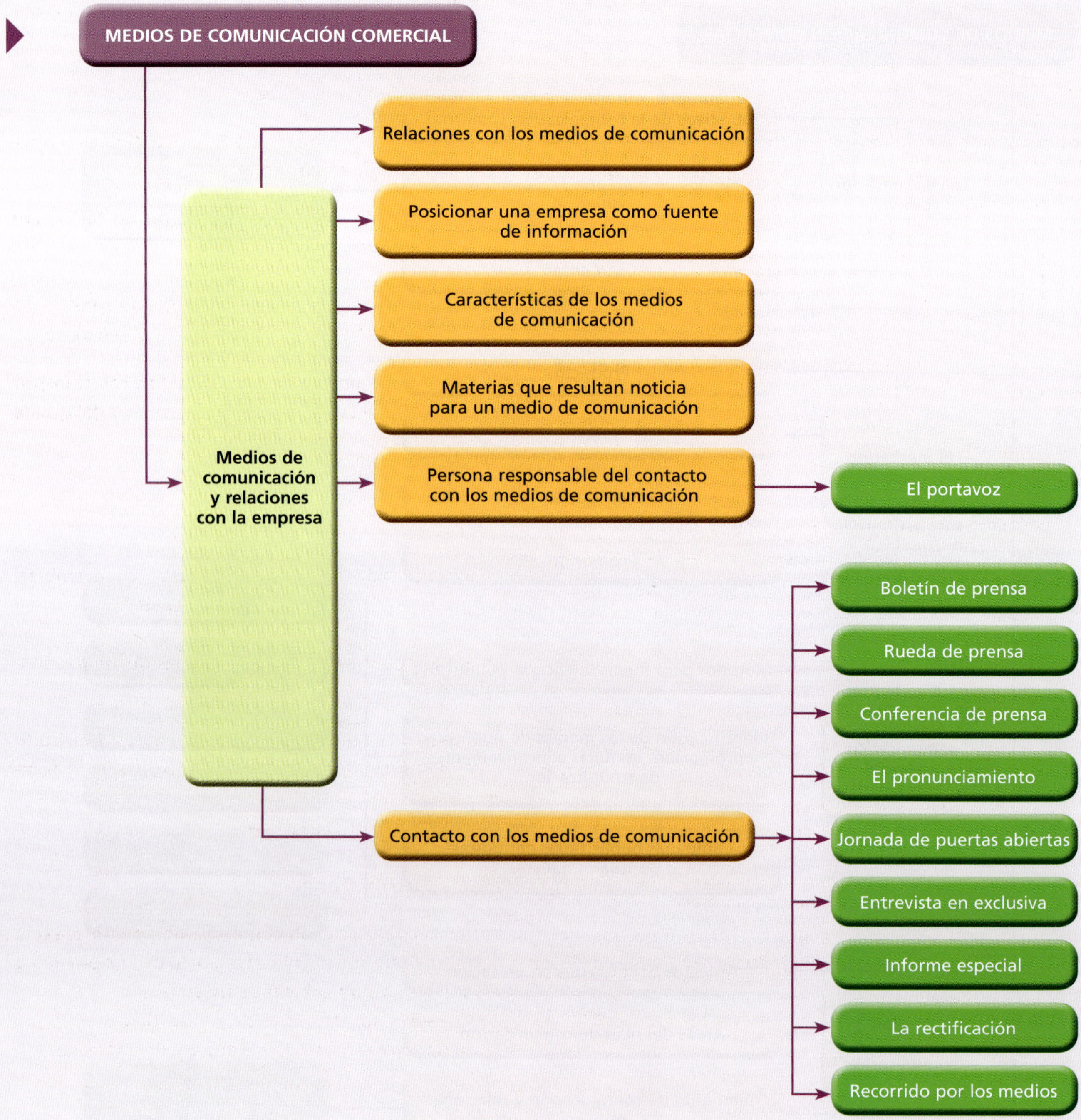
MEDIOS DE COMUNICACIÓN COMERCIAL
Medios de comunicación y relaciones con la empresa
Relaciones con los medios de comunicación
Posicionar una empresa como fuente de información
Características de los medios de comunicación
Materias que resultan noticia para un medio de comunicación
Persona responsable del contacto con los medios de comunicación
El portavoz
Contacto con los medios de comunicación
Boletín de prensa
Rueda de prensa
Conferencia de prensa
El pronunciamiento
Jornada de puertas abiertas
Entrevista en exclusiva
Informe especial
La rectificación
Recorrido por los medios

Actividades de comprobación

5.1. Toda persona o entidad que proceda a la creación de ficheros de datos de carácter personal lo notificará previamente a:

a) La Agencia de Protección de Datos.
b) El Ministerio de Economía, Industria y Competitividad.
c) El Ministerio del Interior.

5.2. Las 4 P del *marketing* son precio, distribución, promoción y…

a) … protocolo.
b) … publicidad.
c) … producto.

5.3. ¿Qué técnica publicitaria está presente cuando una actriz de una serie de televisión aparece usando un reloj del que se ve claramente su marca?

a) Publicidad directa.
b) Mención indirecta.
c) *Product placement*.

5.4. Una de las desventajas del empleo de vallas publicitarias como medio para desarrollar una campaña de publicidad es:

a) La exposición permanente.
b) No existe segmentación del público.
c) La focalización geográfica.

5.5. ¿Cómo se denomina la técnica desarrollada por los *call center* en la que, tras recibir la solicitud de información, la empresa realiza una llamada telefónica al cliente potencial?

a) *Click to call*.
b) *Click to video*.
c) *Click to chat*.

5.6. Indica cuál es una de las ventajas del empleo de la radio como medio para desarrollar una campaña de publicidad.

a) No existe apoyo visual al mensaje.
b) Facilidad de recepción en diversos ámbitos.
c) Importante fragmentación de la audiencia en un determinado territorio.

5.7. Uno de los tres aspectos a considerar en todo plan de comunicación es…

a) … la imagen ideal de la empresa.
b) … la realidad administrativa de la empresa.
c) … la situación global del mercado publicitario.

5.8. ¿Cómo se denomina la comunicación emitida por una empresa en relación con una norma legal que le afecta de modo especial?

a) Rectificación.
b) Informe especial.
c) Pronunciamiento.

5.9. ¿Está permitida la comunicación comercial encubierta y la que utiliza técnicas subliminales?

a) Sí.
b) Sí, siempre que se dirija a mayores de 18 años.
c) No.

5.10. El envío, generalmente masivo, de correos electrónicos sin el previo permiso del receptor, recibe el nombre de…

a) … *permission marketing*.
b) … *spam*.
c) … *e-mail marketing*.

5.11. ¿En una comunicación comercial han de emplearse términos que señalen la existencia de problemas o de situaciones de solución imposible?

a) Sí, ya que son muestras de positividad.
b) Sí, dado que potencian la fuerza del mensaje.
c) No.

5.12. ¿Cómo se denominan los clientes potenciales con una elevada posibilidad de convertirse en clientes?

a) *Hot leads.*
b) Clientes frontera.
c) Clientes indecisos.

Actividades de aplicación

5.13. El precio es uno de los elementos del *marketing mix*. Es evidente que un precio reducido es un medio para atraer clientes. Pero, en sentido opuesto, ¿qué sentido comercial tiene el establecimiento de precios muy por encima de la media a un determinado producto? Razona tu respuesta.

5.14. Explica cuáles son los principales criterios que hay que tener en cuenta en el momento de redactar un mensaje comercial.

5.15. Empresas como las automovilísticas cuentan con un presupuesto en publicidad muy elevado; otras, por el contrario, como sucede con el grupo Inditex (Zara, Pull & Bear, Stradivarius, Bershka, etcétera), no realizan prácticamente campañas publicitarias y basan su comunicación en la ubicación clave de sus establecimientos. ¿Qué estrategia de comunicación te parece más adecuada? ¿Por qué?

5.16. ¿Qué ventajas tiene la realización de campañas publicitarias empleando el *telemarketing*? Argumenta tu respuesta.

5.17. Vas a abrir una tienda de ropa joven en la localidad en la que vives. ¿En qué medios de comunicación efectuarías la campaña publicitaria para darte a conocer? Justifica tu respuesta.

5.18. Siguiendo con el caso de la actividad anterior, redacta los diversos anuncios de la campaña publicitaria que se difundirán por los diversos medios de comunicación que vayas a emplear.

5.19. Señala cuáles son las formas para medir la eficacia de una campaña publicitaria.

5.20. Indica qué obligaciones fundamentales ha de cumplir el portavoz de una empresa.

5.21. Describe cuáles son las funciones más relevantes que desarrolla el departamento de relaciones públicas.

5.22. ¿Qué tres aspectos deben considerarse en todo plan de comunicación?

6

Promociones en el punto de venta

CONTENIDOS

6.1. Las promociones. Concepto
6.2. Tipos de promociones
6.3. La animación en el punto de venta
6.4. La publicidad en el lugar de venta (PLV)
6.5. El comportamiento del consumidor ante las acciones promocionales

OBJETIVOS

- Exponer los tipos de promociones que existen.
- Indicar las características propias de cada clase de promoción.
- Analizar la animación en el punto de venta.
- Señalar los principios básicos del diseño interior de un comercio.
- Mostrar las claves de la publicidad en el punto de venta.
- Estudiar el comportamiento del consumidor ante las acciones promocionales.

INTRODUCCIÓN

En la actualidad, los establecimientos comerciales ofrecen a los clientes diversos tipos de promociones con el objetivo de incrementar sus ventas y resultar más atractivos para los consumidores. Esas promociones se rigen por una serie de reglas establecidas que diferencias unas de otras.

Los comercios son diseñados y decorados con la finalidad de que el cliente se vea impulsado a incrementar sus compras; elementos tales como la cartelería o la localización de las diferentes secciones son claves para alcanzar este objetivo.

6.1. Las promociones. Concepto

La **promoción** busca transmitir un mensaje al conjunto del público objetivo al que se dirige. Se pretende que el público conozca el producto o servicio, sus características principales y las diferencias respecto a la competencia, así como las ventajas que se obtienen de su adquisición.

Un adecuado empleo a lo largo del año de las diferentes promociones existentes contribuirá de forma clara a que la empresa satisfaga las necesidades de sus clientes y alcance los objetivos comerciales que tenga establecidos.

6.2. Tipos de promociones

Existe una serie de tipos de promociones en el ámbito de la actividad comercial. En los siguientes apartados se analizarán las más relevantes.

Cada comerciante ha de determinar en cada momento las promociones que se ajustan más a sus necesidades comerciales; por ejemplo, que tenga excesivos productos sin vender en su almacén o que se encuentre con material que haya quedado obsoleto por el avance de la técnica o los cambios en las modas.

Así, por ejemplo, en el caso de que el comercio vaya a cerrar una de sus secciones, puede llevar a cabo una venta en liquidación de los productos de esta.

6.2.1. Venta en rebajas

Se entiende que existe venta en rebajas cuando los artículos objeto de la misma se ofertan, en el mismo establecimiento en el que se ejerce habitualmente la actividad comercial, a un precio inferior al fijado antes de dicha venta.

No puede anunciarse como venta en rebajas la de aquellos productos que no hubiesen estado puestos a la venta a su precio normal antes del comienzo de las rebajas, así como la de los productos deteriorados o adquiridos con objeto de ser vendidos a precio inferior al ordinario.

Actividad propuesta 6.1

Como clientes podemos aprovechar el periodo de rebajas para adquirir productos a precios más ventajosos que en la temporada normal de ventas. Ponte en el lugar de un comerciante y señala en qué beneficia a tu negocio que existan periodos de rebajas.

Figura 6.1. La venta producida en rebajas es una parte importante de la facturación anual de numerosos comercios.

Vocabulario

Tara: defecto existente en un producto manufacturado. Básicamente, no deja de ser una ligera imperfección que disminuye el valor del producto (por ejemplo, una mancha en una prenda de vestir).

Recuerda que

Para los comerciantes es fundamental conocer el régimen jurídico de cada una de las promociones, a fin de evitar sanciones por infracción de la normativa aplicable en materia de consumo. Así, en el caso de que, por ejemplo, se consiga una partida de ropa a muy bajo coste de adquisición mientras se están desarrollando las rebajas de verano, no cabe incorporarla a estas, dado que no se encontraba a la venta previamente al inicio de las rebajas a un precio ordinario.

Temporada de rebajas

Las ventas en rebajas podrán tener lugar en los periodos estacionales de mayor interés comercial, según el criterio de cada comerciante. La duración de cada periodo de rebajas será decidida libremente por cada comerciante en función de sus objetivos comerciales. La regulación legal anterior establecía unos periodos de rebajas de invierno y de verano que debían cumplir todos los comerciantes, sin tener en cuenta sus circunstancias o preferencias concretas.

Por ejemplo, si una tienda observa que en el mes de mayo sus ventas están siendo muy reducidas, puede adelantar a este mes las rebajas de verano sin tener que esperar al tradicional mes de julio.

Calidad de los productos rebajados

Los artículos objeto de la venta en rebajas deberán haber estado incluidos con anterioridad en la oferta habitual de ventas. En especial, queda prohibido ofertar, como rebajados, artículos deteriorados. Es decir, no es válido señalar como productos rebajados aquellos que sufren algún tipo de **tara.**

Del mismo modo, tampoco sería admisible desde un punto de vista legal adquirir productos especialmente fabricados para ser comercializados en el periodo de rebajas. Realizar estas prácticas puede suponer la imposición de una sanción al comercio que las desarrolle.

¿Sabías que?

Los **productos comercializados en periodo de rebajas** cuentan con un precio más reducido del habitual. Sin embargo, la garantía ofrecida al consumidor ha de ser exactamente igual que si se hubiese adquirido a su precio ordinario.

6.2.2. Ventas en promoción

Se consideran ventas en promoción o en oferta aquellas no incluidas específicamente en otra de las modalidades descritas, que se realicen por precio inferior o en condiciones más favorables que las habituales, con el fin de potenciar la venta de ciertos productos o el desarrollo de uno o varios comercios o establecimientos.

Frecuentemente, recibimos en nuestro buzón folletos de comercios que ofertan determinados productos a precio reducido durante un cierto periodo de tiempo, este sería uno de los casos en los que se hablaría de ventas en promoción.

Los artículos que vayan a comerciarse como productos en promoción podrán adquirirse con este exclusivo fin, no podrán estar deteriorados, ni tampoco ser de peor calidad que los mismos productos que vayan a ser objeto de futura oferta ordinaria a precio normal.

6.2.3. Venta de saldos

Se considera venta de saldos la de productos cuyo valor de mercado aparezca manifiestamente disminuido a causa del deterioro, desperfecto, desuso u obsolescencia de estos, sin que un producto tenga esta consideración por el solo hecho de ser un excedente de producción o de temporada.

Por otra parte, no cabe calificar como venta de saldos la de aquellos productos cuya venta bajo tal régimen implique riesgo o engaño para el comprador, ni la de aquellos productos que no se venden realmente por precio inferior al habitual.

Las ventas de saldos deberán anunciarse necesariamente con esta denominación o con la de **«venta de restos»**. Hay que tener en cuenta que cuando se trate de artículos deteriorados o defectuosos, deberá constar tal circunstancia de manera precisa y ostensible.

¿Sabías que?

Lefties, una de las marcas perteneciente al grupo Inditex, nació en 1993 con una tienda en Madrid en la que se comercializaban prendas de temporadas anteriores o con taras.

En la actualidad, es una marca que compite en el segmento de moda *low cost* con otras empresas como Primark.

Actividad propuesta 6.2

Un comerciante ofrece al público una serie de productos en una venta de saldos. Indica los que han sido incorrectamente incluidos en ella:

a) Un producto excedente de esta misma temporada.
b) Un producto que ha quedado obsoleto.
c) Un producto cuyo valor ha disminuido mucho debido a su deterioro.
d) Un producto en oferta de lanzamiento.
e) Un producto de hace tres temporadas que mantiene su valor y se encuentra aún de moda.
f) Un producto que se vende a su precio habitual.

6.2.4. Ventas en liquidación

Se entiende por venta en liquidación la venta de carácter excepcional y de finalidad extintiva de determinadas existencias de productos que, anunciada con esta denominación u otra equivalente, tiene lugar en ejecución de una decisión judicial o administrativa, o es llevada a cabo por el comerciante o por el adquiriente por cualquier título del negocio de aquel en alguno de los casos siguientes:

- **Cesación total o parcial de la actividad de comercio.** En el supuesto de cese parcial tendrá que indicarse la clase de mercancías objeto de liquidación.
- **Cambio de ramo** de comercio **o modificación sustancial** en la orientación del negocio.
- **Cambio de local o realización de obras** de importancia en el mismo.
- **Cualquier supuesto de fuerza mayor** que cause grave obstáculo al normal desarrollo de la actividad comercial.

Figura 6.2. El cierre de un comercio es uno de los supuestos en los que procede realizar una venta en liquidación.

No podrán ser objeto de este tipo de actividad comercial aquellos productos que no formarán parte de las existencias del establecimiento, o aquellos que fueron adquiridos por el comerciante con objeto de incluirlos en la liquidación misma.

En todo caso, deberá cesar la venta en liquidación si desaparece la causa que la motivó o si se liquidan efectivamente los productos objeto de esta. Además, los anuncios de las ventas en liquidación deberán indicar la causa de esta.

La duración máxima de la venta en liquidación será de un año y no procederá efectuar una nueva liquidación en el mismo establecimiento de productos similares a la anterior en el curso de los tres años siguientes, excepto cuando esta última tenga lugar en ejecución de decisión judicial o administrativa, por cesación total de la actividad o por causa de fuerza mayor.

Ejemplo 6.1

Imaginemos el caso del dueño de una tienda de ropa para el que las rebajas de verano no han sido muy exitosas, por lo que tiene excesivo *stock* de prendas en su almacén.

Por ello, decide, para llamar la atención del público, colocar un letrero de «Liquidación», que mantiene durante unos meses, pues parece resultar atractivo para atraer nueva clientela.

¿Sería esta una promoción comercial ajustada a la normativa aplicable? No, porque, aunque la temporada de rebajas fuese un fracaso, no es una de las situaciones que permiten el desarrollo de una venta por liquidación, lo que implica la posibilidad de ser sancionado por realizar tal práctica.

Recuerda que

La **obsolescencia programada** se produce cuando un producto ha sido diseñado de forma intencionada para tener un tiempo de vida útil específico. Ello implica reducir la vida útil del producto para incrementar el consumo de los modelos o las versiones más actuales. En otras palabras, supone programar la finalización anticipada del ciclo de vida del producto.

Combinada con esta limitación de durabilidad del producto se halla el hecho de que muchos dispositivos se diseñen de forma que su reparación suponga un gran consumo de mano de obra, lo que encarece dicho proceso y hace que, en muchas ocasiones, sea más racional sustituir el producto por uno nuevo que repararlo.

Vocabulario

Fuerza mayor: acontecimiento extraordinario que se produce desde el exterior a la persona de forma imprevisible, inevitable o irresistible, y que no es evitable ni aplicando la máxima diligencia.

Actividad propuesta 6.3

Has estudiado cómo la venta en liquidación solo puede producirse en cuatro casos rigurosamente señalados por la legislación aplicable y con unas limitaciones concretas en cuanto a su duración. ¿Por qué crees que la ley es tan estricta en esta materia?

6.2.5. Ventas con obsequio o prima

Son **ventas con obsequio** aquellas que con finalidad de promover las ventas ofertan, ya sea en forma automática, o bien mediante la participación en un sorteo o concurso, un premio, cualquiera que sea la naturaleza de este.

Son **ventas con prima** aquellas que ofrecen cualquier incentivo o ventaja vinculado a la adquisición de un bien o servicio.

Las ventas con obsequio o prima se reputan desleales en los supuestos previstos en la Ley de Competencia Desleal.

Los bienes o servicios en que consistan los obsequios o incentivos promocionales deberán entregarse a los compradores en el plazo máximo que determinarán las comunidades autónomas, sin que pueda exceder de tres meses, a contar desde el momento en que el comprador reúna los requisitos exigidos. Cuando el ofrecimiento se haya hecho en los envases de los correspondientes productos, el derecho a obtener la prima ofrecida podrá ejercerse, como mínimo, durante los tres meses siguientes a la fecha de caducidad de la promoción.

En el caso de que los obsequios ofrecidos formen parte de un conjunto o colección, la empresa responsable de la oferta estará obligada a canjear cualquiera de aquellos por otro distinto, a no ser que en la oferta pública del incentivo se haya establecido otro procedimiento para obtener las diferentes piezas de la colección.

Recuerda que

De acuerdo con la Ley 3/1991, de 10 de enero, de Competencia Desleal, se reputa **desleal** todo comportamiento que resulte objetivamente contrario a las exigencias de la buena fe.

En las relaciones con consumidores y usuarios se entenderá contrario a las exigencias de la buena fe el comportamiento de un empresario o profesional contrario a la diligencia profesional, entendida esta como el nivel de competencia y cuidados especiales que cabe esperar de un empresario conforme a las prácticas honestas del mercado, que distorsione o pueda distorsionar de manera significativa el comportamiento económico del consumidor medio o del miembro medio del grupo destinatario de la práctica si se trata de una práctica comercial dirigida a un grupo concreto de consumidores.

6.2.6. Prohibición de ofertas conjuntas

Queda prohibido ofrecer conjuntamente y como una unidad de contratación dos o más clases o unidades de artículos excepto en los casos siguientes:

- Cuando exista una relación funcional entre los artículos ofertados.
- Cuando sea práctica comercial común vender ciertos artículos en cantidades superiores a un determinado mínimo.
- Cuando se ofrezca, simultáneamente, la posibilidad de adquirir los artículos por separado y a su precio habitual.
- Cuando se trate de lotes o grupos de artículos presentados conjuntamente por razones estéticas o para ser destinados a la realización de obsequios.

En todo caso, deberá tenerse presente lo dispuesto al respecto en la legislación sobre defensa de la competencia.

Actividad propuesta 6.4

Hemos visto que existen diversos casos en que se autorizan las ofertas conjuntas. Pon dos ejemplos de ofertas conjuntas que están permitidas por la normativa aplicable.

6.3. Animación en el punto de venta

La **organización del espacio comercial** es un elemento fundamental para conseguir incrementar la rentabilidad de un comercio. Del empleo adecuado de la superficie de venta puede derivarse un aumento de la actividad económica basada en el acercamiento a las necesidades de los clientes y la simplificación del proceso de compra.

Figura 6.3. Una adecuada animación en el punto de venta puede realzar los productos expuestos y así impulsar su venta.

6.3.1. Cartelería en el punto de venta

Los **carteles** son una parte fundamental de la publicidad en el punto de venta. Un adecuado diseño de estos impulsará las ventas al mostrar a los clientes las características más relevantes de los productos o las ofertas y promociones vigentes en cada momento en el comercio. Igualmente, sirven para comunicar datos prácticos para el cliente; por ejemplo, el cambio temporal de la ubicación de una sección debido a unas obras, o una modificación concreta en el horario de apertura al público.

Figura 6.4. Los carteles ofrecen información práctica a los clientes sobre ofertas o novedades que existan en el comercio.

Principales tipos de carteles

Existen distintas clases de carteles en función del criterio que se tenga en consideración:

- **Perdurabilidad:** se trata del periodo durante el que el cartel permanece en el comercio. Los carteles pueden ser:
  - **Permanentes:** señalan la existencia de secciones o departamentos de la tienda y no son modificados en tanto en cuanto esta no sufra cambios en su estructura interna.

Figura 6.5. Los carteles permanentes tienen, entre otras funciones, la de indicar la situación de las diferentes secciones de un establecimiento.

  - **Temporales:** informan de promociones comerciales o hechos provisionales, tales como la apertura de una nueva vía de salida debido a la realización de una obra.

Figura 6.6. Un cartel temporal muestra una promoción temporal que se desarrolla en el comercio.

- **Situación:** se trata del lugar en el que se encuentra instalado el cartel. Los carteles pueden ser:
  - **Exteriores:** tienen por objeto llamar la atención de los transeúntes acerca de la existencia de la tienda o de la realización de una promoción concreta que se considere capaz de generar atracción en el público.

Figura 6.7. Los carteles exteriores permiten exponer la identidad del comercio y, como en este caso, mostrar los logotipos y colores propios de la empresa.

  - **Interiores:** cumplen alguna de las funciones antes mencionadas de señalización, indicación de precio o acompañamiento.

Figura 6.8. Los carteles interiores ofrecen información sobre los productos expuestos a los clientes que se encuentran en el establecimiento.

- **Forma de sujeción:** hace referencia al modo el que el cartel se sujeta a la estructura del local. Los carteles pueden estar colocados de varias maneras:
  - **Suspendidos del techo:** el cartel aparece colgado del techo mediante alambres u otros elementos.
  - **Adosados a las estanterías:** el cartel, por ejemplo, sobresale de una góndola, de forma que, al pasar por el pasillo del comercio, llame la atención del consumidor.
  - **Apoyados sobre el suelo:** el cartel permanece sobre el suelo del comercio sostenido por una estructura.

¿Sabías que

Además de los carteles que impulsan la compra de productos o servicios, en las tiendas pueden encontrarse los denominados **«carteles formativos»**, que tienen por finalidad el establecimiento de hábitos saludables o el desarrollo de conductas cívicas. Un ejemplo serían los que promueven una alimentación equilibrada

Actividad propuesta 6.5

Teniendo en cuenta lo aprendido anteriormente sobre los principales tipos de carteles existentes en un centro comercial, busca en internet dos ejemplos de cada uno de ellos.

Función y notoriedad

Las funciones de un cartel pueden ser diferentes:

- **Señalizador:** muestra la ubicación de las secciones y subsecciones dentro del comercio. Igualmente, muestra las ofertas y promociones temporales que se estén desarrollando en la empresa.
- **Precio:** muestra el precio de un determinado producto o grupo de productos, especialmente relevante cuando el precio anunciado es competitivo en el mercado. Dentro de este ámbito pueden distinguirse estos tipos de carteles:
  - **Indicativo:** se limita a mostrar el precio de un producto.
  - **Promocional:** señala la existencia de un precio reducido durante un determinado periodo de tiempo.
  - **Reductor:** utiliza expresiones tales como «hasta» o «desde». La idea es transmitir la imagen de que los productos situados bajo dicho cartel se encuentran marcados al precio mínimo señalizado.
  - **Diferencial:** muestra el ahorro que supone el precio actual respecto del original.
- **Acompañamiento:** refuerza campañas comerciales que se estén desarrollando sin referirse de forma concreta a ningún artículo o precio. Contribuyen a que el cliente se integre en la promoción. Es el caso de los carteles que indican «Nos gusta la Navidad» o «Los 8 días de oro».

6.3.2. Diseño interior de un comercio

El diseño interior de un comercio es un elemento básico en el éxito de este, junto con su **decoración.** Ambos han de ser útiles para los comerciantes y ayudar a los clientes a conocer y adquirir los productos que la empresa comercializa.

El diseño habrá de responder al modo en que se organiza la venta en la tienda. Así, en el supuesto de que la venta se realice empleando un sistema de mostrador, el modo en que se organice la tienda pierde importancia toda vez que se desarrollará una venta dirigida por parte del personal de la empresa que presentará los diversos productos al cliente.

Por otra parte, en el caso del autoservicio, será el cliente el que se desplace libremente por la tienda, por lo que habrá de ser diseñado de forma que la clientela tenga a su disposición el catálogo de referencias ofrecidas por la tienda y, en la medida de lo posible, que el recorrido del cliente a través de las instalaciones incremente el volumen de ventas en base al adecuado reparto de cada una de las secciones del comercio.

Recuerda que

El **diseño interior de una tienda** es un elemento clave en su éxito. Ha de buscarse que el cliente se sienta cómodo en el comercio.

La calidad de los productos es un elemento clave del éxito de un comercio, pero si esta no es percibida por el cliente potencial, de nada servirá. Imaginemos el caso de una tienda que vende ropa de gran calidad en unas instalaciones deterioradas y con un mobiliario obsoleto: el efecto transmitido al cliente sería la desvalorización de las prendas de vestir ofertadas.

Como área exterior del comercio ha de tenerse presente el **escaparate,** como área que tiene por objeto la atracción del cliente hacia el interior del negocio, así como exponer de forma atractiva los productos que el comerciante estime más interesantes para el público. Ha de ser diseñado con el criterio de responder al mismo diseño que el interior de la tienda, de forma que transmita al exterior la imagen del comercio.

Figura 6.9. El diseño de esta tienda de juguetes artesanales es totalmente coherente con los productos que se encuentran a la venta.

Al definir las distintas zonas de un comercio en relación con las ventas que en la misma se producen se diferencia entre zonas calientes y zonas frías:

- **Zonas calientes:** son las áreas del comercio donde se produce un nivel de ventas superior a la media existente en el establecimiento. Las causas pueden ser estas:
  - **Estructurales:** zonas que refuerzan la venta, como una cabecera de góndola, un lugar de paso obligado para los clientes o los cercanos a puntos de gran afluencia de clientes.
  - **Comerciales:** incluyendo elementos tales como cartelería, iluminación o realización de promociones comerciales en un cierto punto del comercio.
- **Zonas frías:** sectores del comercio en que el nivel de ventas es inferior a la media de este. Las razones para tal situación pueden ser muy variadas:
  - Lugares alejados de la tienda.
  - Áreas o secciones poco cuidadas o decoradas de forma inadecuada.
  - Áreas poco transitadas por el público.

Actividad propuesta 6.6

Teniendo presente el comercio en el que sueles realizar tus compras de productos de alimentación y droguería, indica cuáles son sus zonas calientes y sus zonas frías y argumenta por qué las consideras así.

Un factor que tener presente es la denominada **circulación de los clientes** a lo largo de la tienda. Existen diversas opciones de organización de las secciones de un supermercado, entre las que cabe señalar las siguientes:

- **Supermercado tradicional:** fundamentalmente con alimentación envasada y donde puede haber secciones de perecederos, con las ofertas y promociones básicamente repartidas entre las cabeceras de góndola o áreas de oferta por toda la extensión de la tienda.
- **Supermercado envolvente:** distribuye los productos frescos en la zona perimetral del comercio, manteniendo el resto de las secciones en el interior de esta. El objetivo es que los clientes tengan en todo momento zonas calientes cerca del lugar en que se encuentren.
- **Supermercado no dirigido:** en el que no existe un diseño de las zonas con la finalidad de intentar «guiar» la visita del cliente a lo largo de su recorrido. Las promociones y ofertas se hallan distribuidas por el comercio, pudiendo llegar a existir dos zonas de cajas dando a dos calles diferentes.

Figura 6.10. Distribución interior de Ikea A Coruña. *Fuente:* www.ikea.es.

Como ejemplo bien conocido acerca de la distribución de las secciones dentro de un supermercado es la regla general según la cual las secciones de compra frecuente, como los alimentos perecederos (fruta, verdura, pescado, carne, pan), se hallan en el extremo opuesto a la entrada del comercio, lo que «obliga» al cliente a recorrer una ruta de larga extensión para llegar hasta esas secciones de compra recurrente, ruta que puede ser aprovechada para adquirir una serie de productos. Sin embargo, en algunos supermercados se sitúan a la entrada secciones como la panadería, incluso delante de la línea de cajas, con la finalidad de atraer a clientes que desean realizar compras rápidas sin necesidad de recorrer el supermercado en su integridad, manteniendo una experiencia de compra similar a la existente en las tiendas tradicionales.

Sabías que

En el año 1965 la empresa **Ikea** abrió un centro comercial de 45 800 m² en Estocolmo (Suecia). Su diseño estaba inspirado en el diseño del Museo Guggenheim de Nueva York y tenía también una forma circular.

El éxito que logró provocó serios problemas de capacidad para desarrollar una adecuada atención a los clientes, lo que derivó en ofrecer a estos la posibilidad de que «se atendieran» a sí mismos.

Así nacieron dos de las características más relevantes de la firma: el autoservicio y el recorrido.

Ejemplo 6.2

Si bien es cierto que frecuentemente la sección de panadería suele situarse en el extremo opuesto a la entrada del supermercado, en ocasiones se sitúa cerca de la puerta de entrada y antes de la línea de cajas.

La finalidad u objetivo de esta ubicación es atraer a clientes que únicamente desean adquirir productos de panadería y no desean dedicar a su compra el tiempo que implica recorrer todo el comercio y tener que hacer la cola para abonarlo, al coincidir con clientes que han hecho compras de gran volumen de productos.

Otro ejemplo es el de los productos que se sitúan en la zona de cajas, denominados de impulso, y que se adquieren sin planificación previa y que, generalmente, tienen un elevado margen comercial.

Además de la zona destinada a sala de ventas, ha de tenerse presente el almacén de la empresa, cuyo volumen habrá de ser suficiente para satisfacer las necesidades de la empresa. Las dimensiones de este habrán de conseguir un equilibrio entre el mantenimiento de un *stock* de seguridad que permita el correcto funcionamiento de la empresa y la minimización de la extensión de este, para no limitar el número de metros cuadrados destinados a la venta y, por ello, a la obtención de recursos por parte de la empresa.

Actividad propuesta 6.7

¿Crees que el hecho de que un comercio intente dirigir la circulación en su interior mediante alguna de las técnicas expuestas es efectiva para modificar el comportamiento de un consumidor? Justifica tu respuesta y ofrece tu opinión.

Actividad resuelta 6.1

En las tiendas Ikea existen, cada vez más, «atajos» que permiten recorrer sus diferentes secciones o llegar a la línea de cajas sin necesidad de recorrer la totalidad de las secciones. ¿Cuál es el sentido de esto?

Solución:

El sentido es permitir que los clientes, especialmente los que ya conocen el establecimiento y buscan una sección o un producto determinado, no tengan que realizar el recorrido íntegro por la tienda que les resulte innecesario o inconveniente, lo que agiliza su experiencia de compra.

Actividad propuesta 6.8

Manteniéndonos en el modelo de Ikea, ¿qué finalidad crees que tiene que en una tienda de artículos para el hogar existan dos restaurantes de precios reducidos? ¿Te parece que el restaurante aporta valor al cliente? Argumenta tu respuesta.

6.4. Publicidad en el lugar de venta (PLV)

Cuando el cliente se encuentra en el comercio, es el momento de mantener la información publicitaria con el objetivo de estimularlo para que incremente su volumen de compras en la tienda.

6.4.1. Indicadores visuales

Los **carteles indicadores** son los que tienen por objetivo ofrecer información útil para los clientes a lo largo del comercio. Entre ellos cabe destacar los que señalan la localización de las diferentes secciones, familias y subfamilias de la tienda, y los que muestran la ubicación de departamentos de interés para los compradores, tales como atención al cliente, servicios técnicos o salidas de emergencia.

Una adecuada colocación de los indicadores visuales ayudará a que los clientes realicen su compra de una forma más fluida, al permitirles localizar de forma sencilla y ágil los productos que buscan.

Actividad resuelta 6.2

Has decidido instalar un cartel exterior en tu establecimiento comercial y sabes que has de cumplir con la normativa urbanística de tu localidad. ¿Dónde puedes conseguir información al respecto?

Solución:

Habrás de acudir al Ayuntamiento de tu Municipio, en cuya área de urbanismo podrán ofrecerte toda la información que precises para poder cumplir los requerimientos de la normativa urbanística de aplicación.

6.4.2. Expositores

Los expositores son piezas del mobiliario de una tienda cuya finalidad consiste en exhibir los diferentes productos que se comercializan en un comercio, así como ofrecer a los clientes materiales promocionales que pueden ser de su interés, tales como catálogos o folletos.

Muchos expositores tienen por objeto mostrar los productos de una determinada marca en un modo más destacado para incrementar su visibilidad y atractivo para los clientes (véase Figura 6.11). Además, podemos encontrar otro tipo de expositores, como los que suelen verse en la entrada de los hipermercados, en los que se ponen a disposición de los clientes los folletos de ofertas vigentes.

¿Sabías que

En numerosas ocasiones, la **colocación de expositores** de una determinada marca en los grandes almacenes y supermercados viene precedida de un acuerdo entre ambas partes en el que se conciertan las contraprestaciones que debe percibir el establecimiento comercial a cambio del lugar de privilegio que ocupa la marca en sus instalaciones.

Figura 6.11. Expositor de productos para mascotas. *Fuente: Menforsan* (www.menforsan.com).

6.4.3. *Displays*

Los *displays* son elementos de *marketing* cuya finalidad es impulsar la comunicación de los diferentes productos en el punto de venta. Sobresalen respecto de los demás productos que se hallan presentes en el lineal mediante diseños construidos en cartón, plástico, metal u otros materiales. Los *displays* pueden clasificarse en dos tipos:

- **Estáticos:** son los que exponen la información de forma permanente, sin modificaciones, hasta que los responsables optan por actualizar esa información. Por otra parte, los *displays* estáticos se subdividen entre los que se limitan a exponer una información y los que permiten alojar otros soportes publicitarios tales como folletos, que pueden ser sustituidos sin alterar el *display*.

Figura 6.12. Los *displays* estáticos permiten la exposición de folletos informativos.

- **Dinámicos:** son cada vez más empleados debido al avance de la tecnología. Estos, a su vez, se clasifican entre los que se limitan a mostrar información a través de pantallas y los que permiten la interactuación con los clientes a través de diversos medios tales como pantallas táctiles o teclados y en los que, además de responder dudas, se puede conseguir información de los clientes a través de encuestas o se le puede ofrecer información o respuesta a sus dudas personales.

6.4.4. Letreros luminosos

Los letreros luminosos tienen por objeto informar a los potenciales clientes de un comercio de la situación de este, con independencia de la claridad exterior que exista. A la hora de seleccionar un letrero luminoso, debe tenerse presente la calle en la que se va a establecer respecto a factores tales como la anchura, los sentidos de la circulación, la longitud o la utilización de esta. Puede contar con un reloj programador que determine las horas en las que estará encendido o bien con una fotocélula que realice las funciones de sensor de iluminación y proceda a apagar y encender el letrero en función de la luminosidad que exista en la calle.

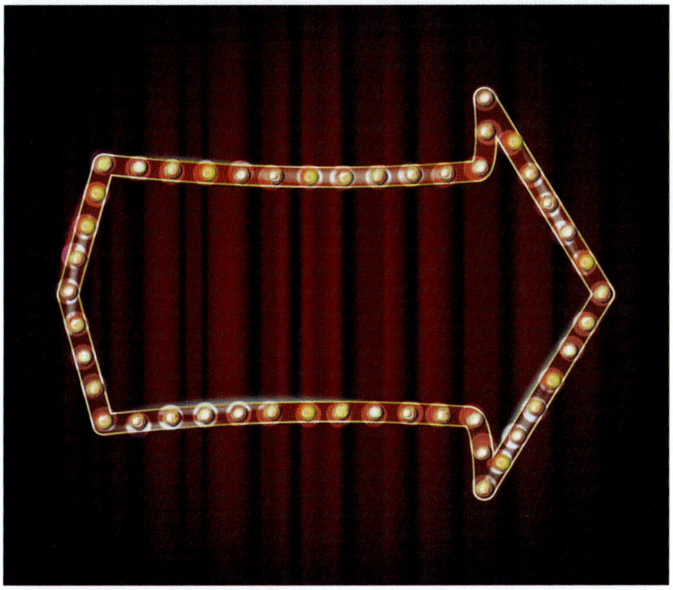

Figura 6.13. Los letreros luminosos tienen por objeto mostrar a los viandantes la ubicación de un comercio.

Los principales tipos de letreros luminosos son los siguientes:

- **Luminaria:** generalmente está realizada en metacrilato, formada por una placa enmarcada en la que se rotulan las palabras, logos o imágenes y con un plafón superior, en la que se sitúan las hileras de tubos fluorescentes. La perfilería del rótulo se realiza habitualmente en aluminio.
- **Caja de luz:** formada por un marco realizado en aluminio y una placa que refleja la luz en la zona trasera. En la parte frontal se encuentra el metacrilato en el que se rotulará el texto o imagen. La iluminación situada en el interior puede basarse en fluorescentes o ledes de bajo consumo.
- **Bandolera a dos caras:** con características muy parecidas a la luminaria y la caja de luz, se diferencia de ellas por estar situadas de forma perpendicular a la pared en la que se sitúa, permitiendo que los dos lados sean rotulados, exponiendo así el mensaje a ambos lados de la calle.
- **Bandolera con pantalla de ledes:** a las características propias de la bandolera a dos caras, añade la posibilidad de ofrecer vídeos, textos, animaciones o imágenes cambiantes, de modo que realza en gran medida su capacidad de comunicación.
- **Bandolera con indicativo de hora y temperatura:** añade a las banderolas anteriormente citadas un *display* realizado con ledes de alta luminosidad que muestra la hora, la fecha y la temperatura, lo que incrementa el atractivo para las personas que transitan por la calle.

Recuerda que

La instalación de **letreros luminosos** en la calle puede verse limitada, en lo relativo al diseño de estos o a sus características, por la normativa urbanística, que deberá tenerse en cuenta a la hora de encargarlos.

Este factor es especialmente importante en el caso de edificios situados en zonas históricas o sometidos a un régimen especial de protección urbanística.

¿Verdad que no sería apropiado ver un letrero luminoso adosado a un edificio histórico del siglo XIX? Ten en cuenta este aspecto a la hora de pensar en tus letreros luminosos.

Actividad propuesta 6.9

Con la ayuda de internet, busca dos ejemplos de cada uno de los letreros luminosos a los que se hecho referencia en el apartado sobre letreros luminosos. ¿Qué tipo te parece más atractivo para los clientes? ¿Cuál pondrías en un comercio de tu propiedad? ¿Por qué?

6.5. Comportamiento del consumidor ante las acciones promocionales

Evidentemente, no existe un único **patrón de comportamiento** de los consumidores ante las acciones promocionales. Por ello, cabe destacar las siguientes respuestas en relación con las promociones realizadas por los establecimientos comerciales:

- **Cambio de marca:** en este supuesto el comerciante impulsa al consumidor a adquirir una marca distinta de la que hubiera comprado en caso de no haber estado presente esta técnica promocional. Cabe diferenciar entre los efectos agresivos y los defensivos de este procedimiento: los primeros suceden porque el comprador decide adquirir una marca distinta de la que compró en una ocasión anterior como efecto de esta promoción; los efectos defensivos muestran cómo la promoción impulsa al consumidor a adquirir esa marca en el momento presente, habiéndola adquirido también la vez anterior. Esta clasificación permite distinguir entre los clientes que se califican como nuevos respecto de los que permanecen de momentos previos.
- **Cambio de establecimiento comercial:** el consumidor decide efectuar sus compras en el comercio que presenta esta promoción y que es diferente de aquel en el que lleva a cabo sus compras de forma habitual con el objetivo de beneficiarse de la citada promoción. El cambio de establecimiento puede deberse básicamente a dos razones
  - La promoción efectuada puede estimular a que algunos clientes cambien de establecimiento comercial.
  - La oferta de productos y servicios que un comercio en concreto tiene a la venta otorga a los consumidores pautas relativas de comparación de puntos de venta, lo que podría llevarle a cambiar de establecimiento comercial. Se estima generalmente que el efecto fundamental de la promoción de ventas es la sustracción de clientes a los comercios de la competencia.
- **Incremento de las ventas de la categoría:** en ciertos casos se contempla cómo las promociones de ventas consiguen el aumento de las ventas de la marca, así como de las ventas de la categoría del producto de que se trate.
- **Aceleración de la compra:** la promoción realizada puede conseguir el incremento de la cantidad adquirida de producto, así como anticipar el momento en que se lleva a cabo la adquisición. En las dos situaciones la decisión económica para el comprador consiste en acelerar o no su compra y asumir el coste adicional que suponga la acumulación de mercancías en el lugar. La idea de aceleración deriva de que:
  - Los consumidores compran una cantidad más alta de producto del que hubieran adquirido, de no existir la promoción.
  - Los consumidores anticipan la experiencia de compra debido a la acción de promoción. Esta idea influye en la rentabilidad que obtiene el intermediario al darse un trasvase desde un momento de margen superior (momento en el que no existe promoción) a un momento de margen inferior (momento en el que existe promoción).

Figura 6.14. La compra acelerada es más habitual en periodo de rebajas o liquidaciones con el objetivo de aprovechar las oportunidades que se ofrecen.

Figura 6.15. Las promociones pueden incrementar el volumen de compra de un determinado producto.

- **Repetición de compra:** la probabilidad de que el cliente adquiera la marca de nuevo en un momento posterior se halla influida por la compra de la marca que se encuentra en promoción en el momento presente. Este es el motivo por el que la promoción puede estimular al comprador tanto a probar la marca en el presente, como a que la adquiera en un momento futuro.
- **Adquirir para almacenar:** en base al fenómeno de aceleración de la compra antes citado, el comprador adquiere una cantidad superior de producto que se encuentra en periodo de promoción para su mantenimiento y posterior consumo (dando por supuesto que la tasa de consumo se mantiene constante). En base al almacenamiento del producto que se halla promocionado, la promoción no aumenta la demanda del producto. En el supuesto de que las promociones de precio se lleven a cabo de manera habitual o si el descuento que se lleva a cabo es poco relevante, los clientes presentarán una inclinación más reducida a almacenar productos.
- **Aumento del consumo:** de acuerdo con el fenómeno de aceleración de la compra, el cliente compra una cantidad más alta de producto, que en lugar de ser destinado al almacenamiento resulta consumido.
- **Respuesta anticipada del consumidor:** los compradores estiman que en un momento posterior se ofrecerá una promoción concreta de la marca que pretenden adquirir en la actualidad. Debido a esta causa, adoptan la decisión de retrasar dicha compra hasta que tenga lugar la promoción de ventas (entendiendo que la adquisición del producto no sea inaplazable).
- **Realización de la compra solo cuando está en promoción:** los consumidores, teniendo presente que una marca en concreto protagoniza promociones de forma habitual por parte del detallista, la compran exclusivamente cuando se encuentra en promoción.
- **Modificación de la categoría del producto:** el consumidor, empujado por la promoción que se ofrece en un producto o marca que es de una categoría distinta de la que compra ordinariamente, decide comprar esta.

Actividad resuelta 6.3

¿De qué depende que el cambio de categoría de un producto se produzca de un modo más o menos importante en un comercio respecto de un determinado supuesto?

Solución:

Depende del nivel de existencia de productos sustitutivos (o sustitutos). Un producto sustitutivo es aquel que tiene la capacidad de satisfacer una idéntica necesidad que otro. De este modo, para el consumidor, el producto sustitutivo puede reemplazar la función de otro, aunque no sean idénticos en cuanto a sus características o su precio.

Un ejemplo de bien sustituto es el del azúcar y la sacarina. El consumidor que busca endulzar su café o preparar un dulce puede utilizar indistintamente uno u otro, pues los dos cumplen con idéntica función, si bien sus características físicas son distintas.

- **Incremento del tráfico de clientes hacia el punto de venta:** para el comercio, supone un efecto de gran relevancia, dado que, mediante los actos promocionales, fundamentalmente en aquellos productos entendidos como claves por los compradores, puede influir de forma positiva en el volumen de clientes que acude a sus instalaciones, incrementándolo de forma significativa.

Ejemplo 6.3

Imaginemos que un supermercado repitiese de forma periódica sus ofertas.

Se trataría de una política comercial que generaría una respuesta anticipada del consumidor, dado que esperaría el tiempo establecido para adquirir los productos a precio rebajado. Solo tendría que esperar a la aparición del correspondiente folleto de ofertas en la fecha esperada. Ello supondría una reducción de los márgenes obtenidos por la empresa.

Figura 6.16. Al entrar en un comercio, por ejemplo, en un supermercado, es posible encontrarse rodeado de una gran cantidad de estímulos para impulsar la compra (carteles, distribución de las secciones, música, etcétera). Por ello, es importante reflexionar sobre si esos estímulos consiguen influir en las propias decisiones de compra.

Sabías que

Si bien suelen ser denominadas «marcas blancas», los productos que se venden bajo la marca de la empresa que los comercializa (por ejemplo, Carrefour, Lidl o Día) se dice que ostentan una **marca de distribuidor**.

Actividad resuelta 6.4

Supón que eres el gerente de un supermercado y deseas incrementar el importe medio de las compras de tus clientes. Define algunas estrategias para conseguirlo.

Solución:

Entre las estrategias a desarrollar están las siguientes:

- Ofrecer vales descuento a utilizar si se alcanza cierto importe de compra.
- Ofertar regalos si el *ticket* llega a un determinado importe.
- Dar a los clientes que lleguen a cierto nivel de compra ventajas tales como aparcamiento gratis o envío gratuito a domicilio.

Recuerda que

Como **gerente de una empresa**, has de estar informado acerca de las promociones que desarrollan las empresas de la competencia, pero no por ello has de seguirlas de forma mimética. Ten en cuenta que esas otras empresas pueden tener una estructura de costes o un nivel de productos en *stock* muy diferentes respecto de la tuya.

Actividad propuesta 6.10

Señala a qué respuesta del consumidor frente a las acciones promocionales de un comercio corresponde cada uno de los siguientes comportamientos:

a) El consumidor adquiere legumbres para medio año, dado que existe una oferta muy relevante.
b) El cliente adquiere una marca en diversas ocasiones, debido a que la encuentra en promoción en cada una de esas ocasiones.
c) El consumidor adelanta la compra de un producto, dado que se lo encuentra en oferta.
d) El cliente abandona su marca habitual, dado que una marca rival se halla en oferta.
e) El consumidor únicamente adquiere un determinado producto cuando se encuentra en promoción, pero nunca cuando está a precio normal.
f) El cliente adquiere mayor cantidad de producto del habitual (y lo consume en su totalidad) debido a su precio rebajado.

Vocabulario

Pauta: hace referencia tanto a un modelo o ejemplo que respetar como a una norma o regla que ha de ser cumplida. Por ello, cabe afirmar que una pauta es un precepto que seguir, bien sea porque representa un ejemplo positivo, que merece ser imitado, o, en sentido contrario, porque consiste en una imposición que ha de ser observada si se desea evitar la sanción derivada de su incumplimiento.

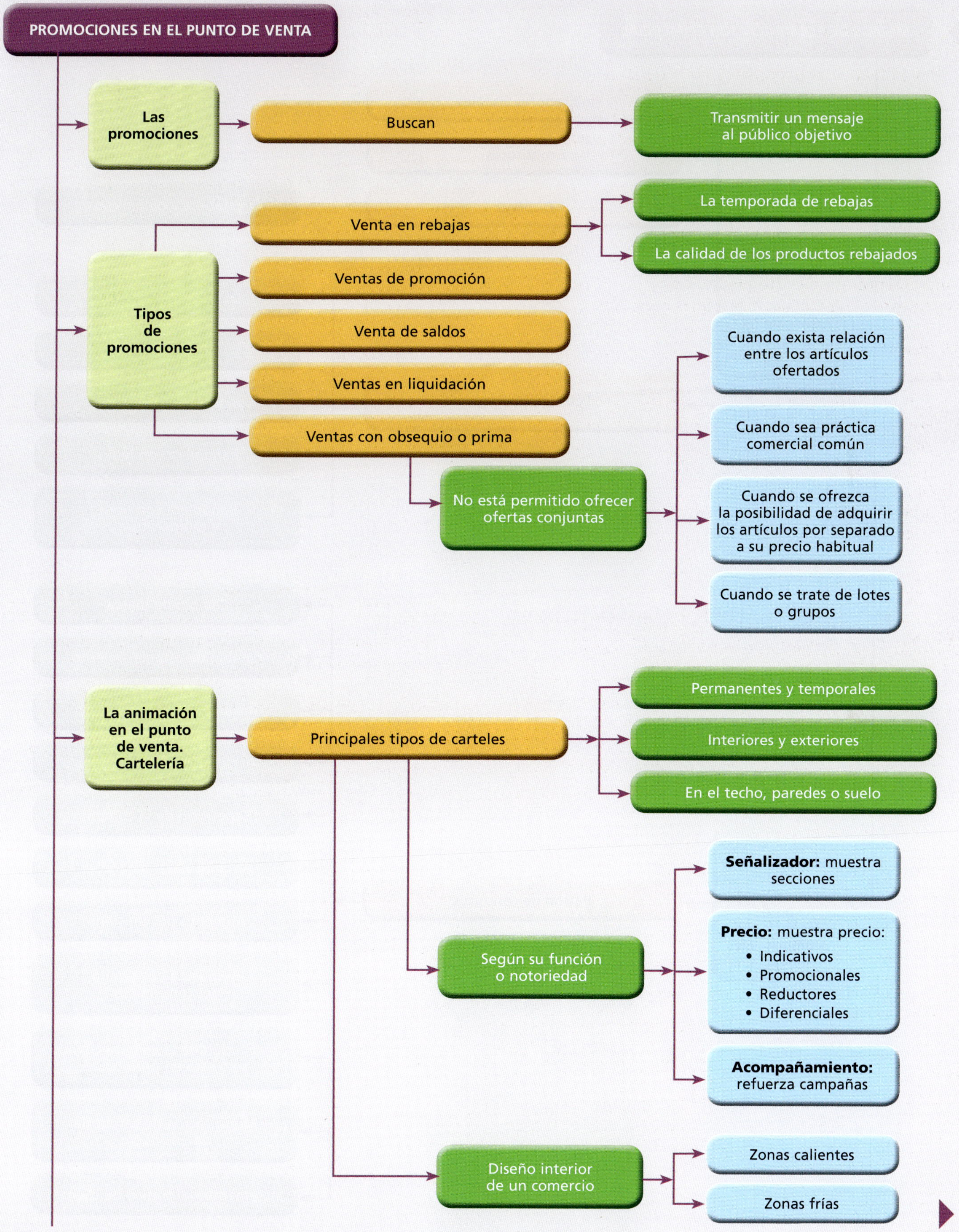
PROMOCIONES EN EL PUNTO DE VENTA
Las promociones
Buscan
Transmitir un mensaje al público objetivo
Tipos de promociones
Venta en rebajas
La temporada de rebajas
La calidad de los productos rebajados
Ventas de promoción
Venta de saldos
Ventas en liquidación
Ventas con obsequio o prima
No está permitido ofrecer ofertas conjuntas
Cuando exista relación entre los artículos ofertados
Cuando sea práctica comercial común
Cuando se ofrezca la posibilidad de adquirir los artículos por separado a su precio habitual
Cuando se trate de lotes o grupos
La animación en el punto de venta. Cartelería
Principales tipos de carteles
Permanentes y temporales
Interiores y exteriores
En el techo, paredes o suelo
Según su función o notoriedad
Señalizador: muestra secciones
Precio: muestra precio:
• Indicativos
• Promocionales
• Reductores
• Diferenciales
Acompañamiento: refuerza campañas
Diseño interior de un comercio
Zonas calientes
Zonas frías

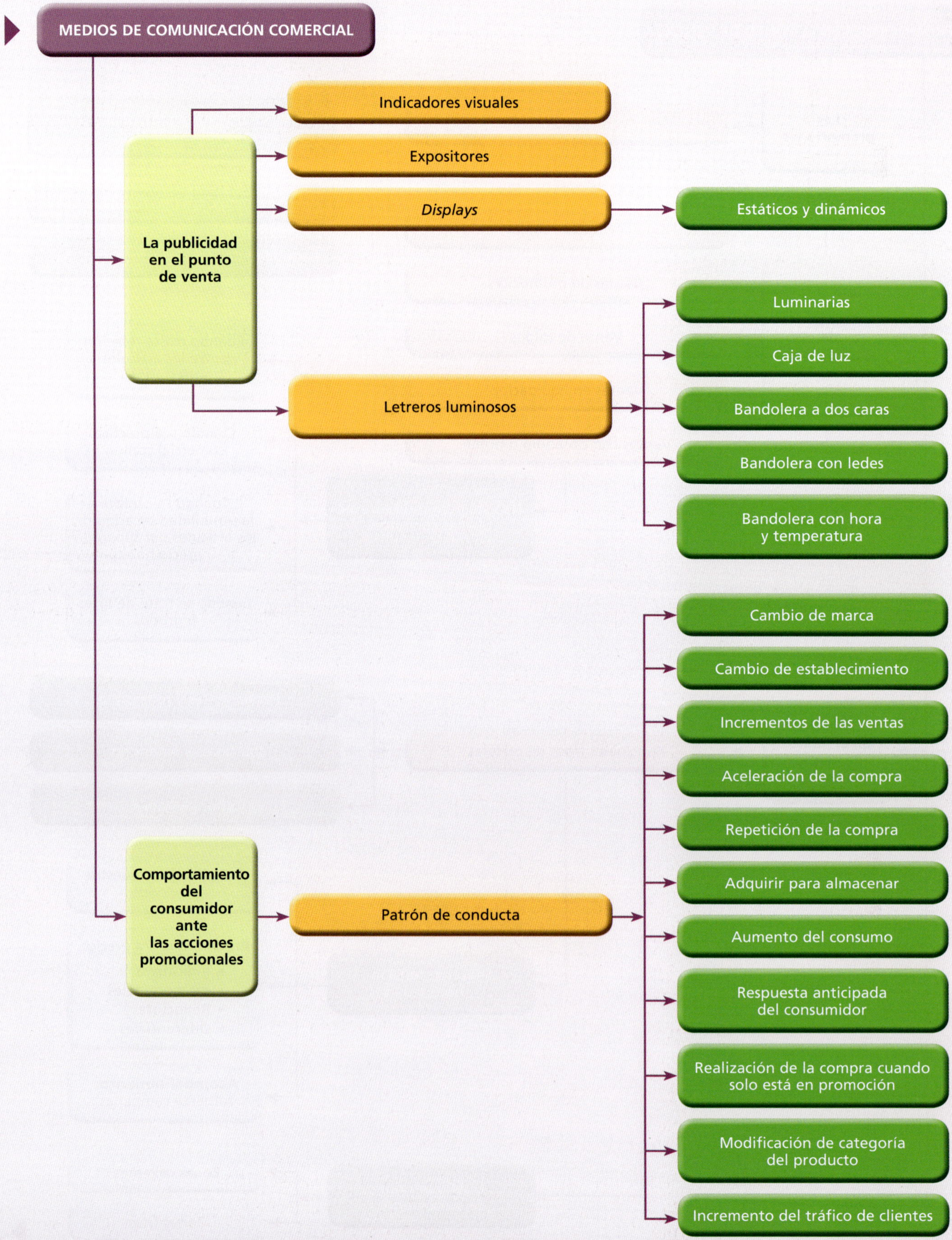
MEDIOS DE COMUNICACIÓN COMERCIAL
La publicidad en el punto de venta
Indicadores visuales
Expositores
Displays
Estáticos y dinámicos
Letreros luminosos
Luminarias
Caja de luz
Bandolera a dos caras
Bandolera con ledes
Bandolera con hora y temperatura
Comportamiento del consumidor ante las acciones promocionales
Patrón de conducta
Cambio de marca
Cambio de establecimiento
Incrementos de las ventas
Aceleración de la compra
Repetición de la compra
Adquirir para almacenar
Aumento del consumo
Respuesta anticipada del consumidor
Realización de la compra cuando solo está en promoción
Modificación de categoría del producto
Incremento del tráfico de clientes

Actividades de comprobación

6.1. Las ventas de saldos deberán anunciarse con esta denominación o con la de...
a) ... rebajas especiales.
b) ... venta de restos.
c) ... promoción extraordinaria.

6.2. ¿Qué dos tipos de *displays* existen?
a) Fijos y estáticos.
b) Generales y particulares.
c) Informativos y publicitarios.

6.3. ¿Pueden venderse en rebajas productos que antes no hubiesen estado a la venta a su precio ordinario?
a) Sí.
b) Solo en el caso de prendas de vestir.
c) No.

6.4. ¿En qué periodos del año podrán realizarse ventas en rebaja?
a) Cuando el comerciante lo estime oportuno.
b) En enero y julio.
c) En enero, febrero, julio y agosto.

6.5. ¿Cómo se denomina el letrero luminoso generalmente realizado en metacrilato, formado por una placa enmarcada en la que se rotulan las palabras, logos o imágenes y con un plafón superior en la que se sitúan las hileras de tubos fluorescentes?
a) Caja de luz.
b) Bandolera a dos caras.
c) Luminaria.

6.6. ¿De qué deriva, entre otros factores, la idea de aceleración de la compra?
a) Del incremento del número de productos disponibles en el comercio.
b) De la reducción del periodo de reposición de los productos.
c) De que los consumidores compran una cantidad más alta de producto de la que hubieran adquirido de no existir la promoción.

6.7. Al definir las distintas zonas de un comercio en relación con las ventas que en las mismas se producen se diferencia entre...
a) ... zonas clave y zonas secundarias.
b) ... zonas generalistas y zonas específicas.
c) ... zonas calientes y zonas frías.

6.8. Señala la causa válida para realizar una venta en liquidación:
a) El exceso de *stock* de un producto.
b) La cesación total o parcial de la actividad de comercio.
c) El encontrarse en temporada de rebajas.

6.9. ¿Cómo se denominan las ventas que ofrecen cualquier incentivo o ventaja vinculado a la adquisición de un bien o servicio?
a) Incentivos comerciales.
b) Ventas con obsequio o prima.
c) Ventas mixtas.

6.10. ¿Cuál será la duración máxima de una venta en liquidación?
a) Un año.
b) Dos años.
c) 6 meses.

Actividades de aplicación

6.11. Busca en internet un ejemplo de cada uno de los cinco tipos de letreros luminosos a los que se hace referencia en esta unidad.

6.12. ¿Crees que las promociones pueden conseguir que los clientes cambien de establecimiento habitual para realizar sus compras? Justifica tu respuesta.

6.13. Analiza la respuesta de «Aceleración de la compra» que puede adoptar un consumidor ante una promoción comercial. ¿En qué consiste?

6.14. Eres el dueño de un comercio y, debido a que vas a cerrarlo por sus bajas ventas, deseas desprenderte de tus existencias. ¿Qué tipo de venta en promoción podrás realizar con motivo del cierre del negocio?

6.15. ¿Qué tipo de circulación por el interior de la tienda es la propia de Ikea?

6.16. ¿Qué productos de compra por impulso suelen situarse en la línea de cajas de un supermercado?

6.17. ¿Opinas que es más adecuado que la venta en rebajas se pueda realizar en cualquier momento del año que decida el comerciante o crees que es más conveniente que se puedan efectuar solamente en periodos concretos regulados por la ley? Justifica tu respuesta.

6.18. ¿Cómo calificarías los carteles de la fotografía desde el punto de vista de su perdurabilidad, situación y forma de sujeción?

7

Control de las acciones promocionales

CONTENIDOS

OBJETIVOS

- Analizar los diversos tipos de criterios de control que se aplican a las acciones promocionales.
- Estudiar los objetivos a alcanzar con las acciones de promoción.
- Explicar los sistemas de control aplicables a las operaciones comerciales.
- Detallar los principales indicadores generales de gestión.
- Mostrar las ratios de rendimiento que se aplican tanto a los vendedores como a los equipos comerciales.
- Indicar el modo de analizar los resultados comerciales.
- Exponer diversos criterios para controlar el desempeño del equipo comercial.
- Examinar la forma en que se aplican, cuando proceden, medidas correctoras.
- Descubrir la importancia de las opiniones de los clientes y su difusión en redes sociales.
- Hacer referencia a la importancia que las hojas de cálculo tienen para llevar a cabo las funciones de control de las acciones promocionales.

INTRODUCCIÓN

Para verificar la eficacia de las acciones promocionales en la consecución de los objetivos fijados por la empresa se hace necesario acudir a diversos criterios de control, así como a la aplicación de diversos índices y ratios económico-financieros. En el desarrollo de estas tareas de control serán de gran utilidad aplicaciones informáticas como las hojas de cálculo.

Tras analizar los resultados obtenidos procederá, en su caso, la aplicación de medidas correctoras para solucionar las desviaciones que se hayan podido producir.

7.1. Criterios de control

La empresa ha de realizar **actuaciones de control** de la correcta actuación del departamento comercial en general, de cada uno de los equipos de ventas y de los vendedores individuales.

Tras haber determinado la estrategia de gestión global de la empresa, corresponde determinar los objetivos que se desean alcanzar tanto a corto como a medio y largo plazo. Dentro de estos objetivos, se debe partir de los más lejanos, las metas que desea alcanzar la empresa para, de este modo, poder posteriormente definir los objetivos que se deban conseguir en plazos más cortos y que crearán las situaciones y condiciones precisas para obtener esos objetivos a largo plazo.

Los objetivos deben estar en línea con las perspectivas que determinan el diseño del **cuadro de mando integral** (financiera, relación con el cliente, procesos internos de negocio, desarrollo y aprendizaje).

Sabías que

El **cuadro de mando integral** es la herramienta que sirve para colaborar con la gestión empresarial mediante la medición de las diversas actividades de una empresa y para analizar sus resultados generales, adoptando una perspectiva estratégica y una visión de conjunto; por ello, ayuda a la adopción de decisiones correctas en el medio y largo plazo. Ofrece información que no es necesariamente de tipo financiero en virtud de la cual se consiguen los datos precisos para determinar si los objetivos que la empresa se había propuesto se están cumpliendo o si es conveniente realizar modificaciones en la estrategia corporativa. Si bien se estima generalmente un instrumento propio de las grandes empresas, es también aplicable para las de tamaño pequeño o mediano.

No todos los objetivos son generales para la totalidad de las empresas, sino que están en función de sus particularidades propias, tanto de su sector de actividad económica como de la situación en que se encuentren (expansión, recesión).

7.1.1. Importancia de los objetivos

Fijar objetivos es esencial para el éxito de una empresa, ya que estos establecen el rumbo a seguir y sirven de motivación para sus miembros. Podemos resumirlos en:

- **Objetivos en materia financiera:** se busca determinar la forma en que la empresa debe desarrollar su actividad de forma que los accionistas se sientan satisfechos de la gestión realizada, incrementando el valor de las acciones de la organización, así como aumentando el nivel de los beneficios obtenidos por la empresa. Los objetivos que lograr pueden ser los siguientes:
  - Incrementar los beneficios.
  - Mejorar el valor añadido de los productos y de los servicios de la empresa.
  - Aumentar el porfolio de productos ofrecidos al mercado.
  - Aumentar la productividad.
  - Reducir los costes de fabricación de la empresa.
  - Mejorar la forma en la que los activos son empleados.
  - Incrementar la eficacia de las inversiones de la empresa.

Figura 7.1. El equipo comercial debe actuar de forma coordinada para colaborar en la consecución de los objetivos financieros de la empresa.

Vocabulario

Porfolio de productos o servicios: es el elemento mediante el que una empresa muestra a sus clientes los trabajos que desarrolla. Se trata de un medio a través del que la empresa expone la calidad de sus productos o servicios, y de esta manera el cliente puede valorar la actividad desarrollada por esta.

- **Objetivos en materia de relación con el cliente:** debe buscarse el modo en el que se debe atender a la clientela para que esta genere los ingresos que se han determinado como objetivo en el área financiera. La mejora de la atención que reciben los clientes implicará el aumento de su fidelidad hacia la empresa y, con ello, el incremento de la rentabilidad económica. Los objetivos que se pretenden alcanzar son:
  - Aumentar la participación que la empresa tiene en su mercado objetivo.
  - Incrementar las visitas realizadas por los comerciales de la empresa a los clientes.
  - Mejorar los niveles de retención de clientes.
  - Conseguir nuevos clientes.
  - Mejorar la ratio de satisfacción de los clientes.
  - Incrementar la rentabilidad media por cliente.
  - Conseguir una mejora de la imagen y reputación que de la empresa tiene el conjunto de la clientela, tanto real como potencial.
  - Establecer nuevas vías de relación con el cliente.
  - Mejorar el atractivo de los productos para los clientes.
  - Reducir los plazos de entrega de los productos.
  - Reducir el número de reclamaciones por parte de los clientes.

Actividad propuesta 7.1

Eres el responsable de una tienda de artículos deportivos de 500 m^2 en el centro de tu localidad. Redacta diez medidas para alcanzar los objetivos anteriormente señalados en materia de relación con el cliente.

- **Objetivos en materia de procesos internos de negocio:** deberán analizarse las actividades que han de llevarse a cabo para incrementar la ventaja competitiva que la empresa ofrece dentro de su mercado, así como resaltar los elementos que la diferencian respecto de las demás empresas competidoras. Se buscará el modo en que la empresa puede alcanzar un nivel de excelencia en la gestión. Los objetivos fundamentales son los siguientes:
  - Incrementar las actividades de investigación de la empresa, tanto en el nivel básico como en el aplicado.
  - Mejorar el nivel de desarrollo de los productos.
  - Aumentar los procesos que son mejorados.
  - Disminuir el porcentaje de defectos.
  - Reducir el número de reclamaciones o quejas recibidas.
  - Aumentar la eficacia de las acciones de *marketing*.
  - Mejorar la calidad técnica de los productos o servicios que se ponen en el mercado.
  - Potenciar el servicio posventa (mantenimiento, devolución de productos defectuosos, tramitación de garantías).

Actividad propuesta 7.2

Eres el gerente de una fábrica de teclados para ordenador. Redacta diez medidas para alcanzar los objetivos en materia de procesos internos de negocio que se han indicado.

- **Objetivos en materia de desarrollo y aprendizaje:** se trata de crear las bases para que exista un futuro lo más rentable posible para la empresa mediante el incremento del compromiso de los trabajadores y directivos. Se incrementará el sentido de la responsabilidad del grupo en su conjunto para alcanzar las metas que hayan sido determinadas, entre las que se hallará la mejora de la formación. Los objetivos fundamentales son los siguientes:
  - Motivar a los trabajadores para alcanzar los objetivos empresariales, motivación que se transmitirá a los clientes.
  - Capacitar a los trabajadores en las áreas que se consideren fundamentales.
  - Dotar de los medios físicos (equipos informáticos, maquinaria, instalaciones, ropa y equipos de trabajo) a los empleados para que puedan alcanzar de forma correcta los objetivos que hayan sido determinados.

Figura 7.2. Ofrecer a los trabajadores los medios de trabajo más adecuados para el desarrollo de sus tareas es un excelente modo de impulsar la consecución de los logros laborales establecidos.

  - Establecer planes periódicos de formación de los trabajadores.

Actividad propuesta 7.3

Trabajas como responsable de recursos humanos de un hotel que tiene una plantilla de 80 trabajadores. Redacta diez medidas para alcanzar los objetivos en materia de desarrollo y aprendizaje previamente citados.

7.2. Cálculo de índices y ratios económico-financieros

Con frecuencia se habla de la necesidad de incrementar la cantidad y la calidad del trabajo que es desarrollado por parte de las empresas en su conjunto y de los trabajadores entendidos en sentido individual. Ello va a requerir por parte de la empresa que se establezcan mecanismos para evaluar la calidad del desempeño profesional de los trabajadores y de la organización.

Como criterio general se puede afirmar que los **sistemas de control** pasan en las empresas por tres fases o niveles diferentes; sin embargo, en algunos casos, las empresas acceden directamente al nivel más avanzado. Las fases son las siguientes:

- **Fase inicial:** la evaluación y el control de los recursos se consideran parte de la función gestora de la gerencia de la empresa; por tanto, el directivo o propietario de esta efectúa directamente estas funciones y, en función de los resultados obtenidos, se adoptarán las decisiones que se consideren adecuadas para mejorar la gestión de la empresa. Es un método propio de las empresas de pequeño tamaño en las que la gerencia tiene un carácter claramente personalista.
- **Fase intermedia jerárquica:** a medida que la empresa incrementa su volumen y complejidad, es preciso que existan otras personas competentes para llevar a cabo este tipo de evaluaciones y controles. En función del tamaño de la empresa, las responsabilidades recaerán en una persona individual o, en su caso, en un departamento, incluso en diversos departamentos, encargándose uno de ellos de realizar auditorías, otro del control de calidad y otro de la atención al cliente. En ocasiones, estas actividades de control se llevan a cabo desde entidades que se encuentran situadas externamente respecto de la propia empresa, como es el caso de las empresas de auditoría contable o de las consultorías de sistemas de gestión de la calidad.
- **Fase intermedia participativa:** las tareas de evaluación y control dejan de ser tareas desarrolladas de forma exclusiva por parte de la gerencia o de los órganos competentes (individuales o colegiados, internos o externos) de la empresa, pasando a ser tareas desarrolladas con mayor o menor intensidad por parte del conjunto de los trabajadores, los clientes o determinados organismos públicos. En el caso de los clientes o trabajadores, pueden constituirse en comités o consejos de control con competencias de supervisión y control de la actividad de la empresa.
- **Fase avanzada:** en ella, todos los sistemas y medios de evaluación y control a los que se ha hecho referencia en las fases anteriores se estructuran en sistemas de evaluación y control. Debe tenerse presente que las auditorías realizadas con carácter periódico representan un control en fechas determinadas, pero no tienen un carácter continuo; por otra parte, la actuación de órganos como la gerencia o los órganos específicos se consideran insuficientes cuando la organización alcanza un determinado nivel de complejidad. Estos sistemas de evaluación y control generan una serie de informaciones cuya finalidad es controlar el desarrollo de diversos parámetros de la empresa y obtener conclusiones sobre los mismos.

Deben diferenciarse los sistemas de evaluación y control de los sistemas de gestión empresarial, cuyo objetivo es llevar a cabo el empleo de los recursos económicos y personales con los que cuenta la empresa, pero no llegar a conclusiones acerca de la corrección de tal empleo. Si bien de los datos que generen los sistemas de gestión pueden obtenerse conclusiones en el ámbito de la evaluación y el control, no es ese en absoluto su objeto primordial.

Para llevar a cabo esta generación de datos de evaluación y control ha de contarse con la correspondiente herramienta informática que la automatice. Esos datos generados han de ser analizados por parte de las dependencias correspondientes. Las aplicaciones informáticas pueden mostrar de forma automática la existencia de situaciones de desviación entre los parámetros que se consideran adecuados y los que en realidad están produciéndose.

En algunas ocasiones, la propia aplicación informática podrá adoptar las medidas de reacción necesarias (por ejemplo, automatizando la transferencia de fondos desde unas inversiones financieras a cuentas bancarias de la empresa cuando se alcancen determinados saldos) y en otras se requerirá de la participación de las personas competentes, alertadas por la propia aplicación.

La empresa ha de desarrollar las acciones precisas para determinar la evolución de la cifra de ventas y los demás parámetros relevantes, tanto a nivel global como a nivel de zona, o incluso en la unidad más reducida, tal como sucede con los vendedores individuales.

El método de análisis de las capacidades de la empresa para competir y, paralelamente, el medio para analizar las incidencias, deficiencias y desviaciones que se producen en la gestión de la empresa es la aplicación de una serie de indicadores, cada uno de los cuales deberá estar definido de forma que se determinen los valores que se consideran aceptables, los que se estiman deseables y los que supondrían la existencia de una deficiencia en alguno de los ámbitos de la gestión empresarial.

Figura 7.3. Es preciso verificar la posible existencia de desviaciones entre los objetivos iniciales previstos y los realmente obtenidos.

Existen indicadores generales de gestión y otros que se refieren a sectores económicos específicos. De entre ellos cabe señalar los siguientes:

- **Perspectiva financiera:** son los aspectos financieros de la actividad comercial.
  - Ingresos por productos novedosos (unidades monetarias).
  - Flujo de caja (UM).
  - Totalidad de los costes (UM).
  - Ingresos/empleado (UM).
  - Rendimiento de los activos (porcentaje).
  - Rendimientos de las inversiones (%).
  - Aumento de la cifra de negocio (%).
  - Ingresos procedentes de nuevas actividades (%).
  - Periodo medio de días de cobro de créditos (días).
  - Periodo medio de días de pago de deudas (días).
  - Reducción de los costes de producción (%).
  - Ventas por cada empleado (UM).
- **Perspectiva de clientes:** son las variables relacionadas con la actividad de los clientes.
  - Número de clientes (valor absoluto).
  - Incremento de clientes (%).
  - Número de reclamaciones (VA).
  - Visitas realizadas a clientes (VA).
  - Gasto medio por cliente (VA).
  - Llamadas realizadas a clientes (VA).
  - Porcentaje de clientes satisfechos (%).
  - Duración media de la relación comercial con el cliente (VA).
- **Perspectiva de procesos internos:** son los parámetros relativos a la organización de la empresa.
  - Entregas realizadas en tiempo (%).
  - Periodo medio de fabricación (días).
  - Periodo de rotación (días).
  - Incremento de la productividad (%).
  - Costes administrativos/pedido (UM).
  - Volumen de residuos emitidos (VA).

Vocabulario

Rotación del inventario: también conocida como **rotación de existencias,** es uno de los indicadores más empleados en el control de gestión dentro del ámbito de la logística, además de para el departamento comercial de una empresa. Se trata de un valor muy significativo, dado que la rotación informa del número de veces que se ha procedido a renovar las existencias, tanto si se trata de un artículo como de una materia prima, a lo largo de un determinado periodo de tiempo (habitualmente, un año).

Recuerda que

Es imprescindible contar con **ratios** para medir el desarrollo de la gestión de una empresa. Cuando se carece de números, solo cabe hablar de estimaciones u opiniones, no de realidades objetivas.

- **Perspectiva de desarrollo y aprendizaje:** son las variables vinculadas a la formación de los trabajadores, así como a las actividades de investigación.
  - Gastos en formación (UM).
  - Gastos en formación/empleado (UM).
  - Porcentaje de empleados que realizan cursos (%).
  - Días de absentismo (días).
  - Nivel de empleados satisfechos (%).
  - Porcentaje de empleados con contrato indefinido (%).
  - Variación de la plantilla (VA).
  - Patentes registradas (VA).

– Variación de gastos en investigación y desarrollo (%).
– Gasto en investigación y desarrollo/empleado (VA).

En el caso de cada empresa concreta, existirán indicadores particulares aplicables al sector. Por ejemplo, en el caso de un hotel, pueden incluirse los siguientes:

- Porcentaje de ocupación de habitaciones (%).
- Valoración en Trip Advisor o Booking (VA, %).
- Porcentaje de clientes que han repetido alojamiento (%).
- Estancia media por cliente (días).
- Empresas que han contratado los servicios (VA).
- Eventos organizados (VA).
- Porcentaje de clientes que han solicitado un *upgrade* de habitaciones (%).
- Clientes que han solicitado servicios adicionales (%).

Actividad propuesta 7.4

Resulta evidente la utilidad que para una adecuada gestión empresarial tiene la confección y el análisis de los indicadores generales de gestión que has estudiado, lo que permite afrontar las desviaciones que puedan producirse respecto de los planes establecidos. Sin embargo, no todas las empresas los tienen presentes y son gestionadas «a ciegas» por sus gerentes. ¿A qué crees que se debe este comportamiento?

7.2.1. Ratios de rendimiento de cada vendedor y del equipo en su conjunto

Es preciso que se pueda medir la actividad tanto del equipo en su conjunto como de cada uno de los vendedores individualmente considerados, con el objetivo de determinar la medida en que se alcanzan los objetivos propuestos por la empresa, así como la adopción de las medidas precisas en el supuesto de que las metas no se estén alcanzando en el tiempo establecido.

Muchas de las ratios que se emplean pueden ser empleadas tanto a nivel de vendedor individual, como del equipo de ventas o del conjunto del departamento comercial de la empresa.

Entre las ratios más destacadas se hallan los siguientes:

- **Venta relativa (venta del vendedor o equipo / venta total de la empresa):** la ratio comunica a la empresa datos acerca de la evolución de las ventas de un vendedor o equipo en relación con la actividad general de la empresa.
- **Venta media (importe total de las ventas / número de pedidos):** se determina la eficiencia y capacidad para realizar *upselling* por parte de los vendedores.

Ejemplo 7.1

Una situación clara de *upselling* es la siguiente:

> Un recepcionista de un hotel recibe a un cliente que ha reservado una semana en una habitación estándar. En ese momento, le comenta la posibilidad de, por un precio ligeramente más elevado, alojarse en una habitación de superior categoría.
>
> En el caso de que el cliente que había reservado una habitación básica, finalmente opte por alojarse en una habitación superior, el recepcionista habrá conseguido incrementar el importe económico de la estancia del cliente, consiguiendo realizar un *upselling.*

- **Visitas por vendedor y día (número total de visitas / días laborales):** esta ratio ofrece información acerca de la dedicación comercial de cada uno de los vendedores de la empresa.
- **Eficiencia (dos versiones) (número de pedidos / número de visitas, o bien número de pedidos / número de ofertas presentadas):** indica la eficiencia de los comerciales. Está muy vinculada a la anterior ratio.
- **Tiempo efectivo de venta (tiempo dedicado a ventas/ tiempo total de trabajo):** facilita la optimización de las rutas, los calendarios de trabajo de los comerciales y la productividad de los vendedores.
- **Satisfacción del cliente (número de quejas / número de pedidos):** señala la satisfacción existente en el conjunto de los clientes durante un determinado periodo de tiempo medido en base al número de quejas o reclamaciones planteadas.
- **Clientes por cada unidad (número total de clientes / vendedor o equipo):** determina la carga de trabajo asignada a cada unidad considerada en la empresa.
- **Periodo medio de entrega de los pedidos (plazo de entrega total de los pedidos / número de pedidos realizados):** indica la eficiencia de la estructura de distribución con la que cuenta la empresa.

Es importante no limitarse al cálculo de las ratios previamente indicadas, sino, adicionalmente, realizar comparaciones entre las obtenidas en un determinado periodo de tiempo (años, por ejemplo) y los periodos anteriores y posteriores para determinar la evolución de los vendedores, equipos comerciales o departamento comercial de la empresa en su conjunto.

Recuerda que

Existen **aplicaciones informáticas**, tanto gratuitas como de pago, que permiten realizar una planificación más eficiente de las rutas de los vendedores, de forma que se consiga la más elevada optimización del tiempo de trabajo en función de las distancias que se han de recorrer y el tiempo de duración de cada visita o franja horaria en que puede realizarse cada una de ellas.

Cabe destacar las siguientes:

- RouteXL.
- Actiruta.
- Routingreparto.
- Lanroute.

Figura 7.4. El desempeño profesional de los vendedores será analizado tanto de forma individual como en su conjunto, verificando los resultados alcanzados por el equipo.

Sabías que

Entre los principales grupos en los que se puede clasificar el **personal dedicado a las labores comerciales**, cabe destacar los siguientes:

- Dependientes o vendedores incluidos en el Régimen General de la Seguridad Social.
- Representantes de comercio.
- Agentes comerciales.

Entre los documentos a confeccionar por el vendedor se encuentran la ficha de cliente y los informes de ventas.

Ficha de cliente

N.º cliente:	Empresa:
1.er contacto:	Dirección:
	Contacto:
Teléfono:	E-mail:
Móvil:	Particular:
Fax:	

Facturación		Servicio / Producto
Enero	- €	
Febrero	- €	
Marzo	- €	
Abril	- €	
Mayo	- €	
Junio	- €	
Julio	- €	
Agosto	- €	
Septiembre	- €	
Octubre	- €	
Noviembre	- €	
Diciembre	- €	
SUMA	- €	

Proyecto en curso

Contactos con el cliente

Fecha	Tel/Visita/Fax	Objeto

Ventajas comerciales

Descuentos	Periodo de pago	Gastos de envío

Figura 7.5. Ficha de cliente.

INFORME MENSUAL DE VENTAS. CLIENTE NIF 12345678T			
	UDS. VENDIDAS	PVP	TOTAL INGRESOS POR PROD/SERV
PROD / SERVICIO 1	0	0,00	0,00
PROD / SERVICIO 2	0	0,00	0,00
PROD / SERVICIO 3	0	0,00	0,00
PROD / SERVICIO 4	0	0,00	0,00
PROD / SERVICIO 5	0	0,00	0,00
PROD / SERVICIO 6	0	0,00	0,00
PROD / SERVICIO 7	0	0,00	0,00
PROD / SERVICIO 8	0	0,00	0,00
PROD / SERVICIO 9	0	0,00	0,00
PROD / SERVICIO 10	0	0,00	0,00
TOTAL INGRESOS/MES			0,00

Figura 7.6. Informe mensual de ventas.

7.3. Análisis de resultados

Es preciso que se realice un control periódico del nivel de cumplimiento de los objetivos por parte del equipo comercial, dado que se trata del medio más eficaz para conocer tanto la actividad realizada por el mismo, como los resultados obtenidos, así como información precisa y periódica sobre la evolución del mercado en el que se comercializan los diversos productos o servicios ofrecidos por la empresa.

Momentos de control posibles: diario, semanal, mensual o anual

En función de la materia de que se trate, los controles de la actividad del vendedor habrán de realizarse con una frecuencia diferente. Gracias a las aplicaciones informáticas con las que se cuenta en la actualidad, la empresa, puede conocer en tiempo real la actividad y los resultados obtenidos por cada uno de los vendedores o equipos con los que cuenta.

Evidentemente, para adoptar decisiones con base en la información introducida en las bases de datos de la empresa, es necesario que esta sea precisa y que los datos a introducir sean los necesarios para analizar las situaciones de una forma eficaz.

Del mismo modo que se puede realizar un seguimiento diario de los pedidos efectuados por los clientes a cada uno de los vendedores, no tendría sentido efectuar reuniones para realizar cambios en la estrategia comercial de un departamento cada semana.

Figura 7.7. Es fundamental realizar reuniones de control para verificar el cumplimiento de los objetivos establecidos.

Análisis de las desviaciones del desempeño respecto de los valores previstos

Tras haber analizado las causas que han provocado las desviaciones que se hayan producido en relación con los resultados previstos, será competencia del departamento comercial o de la gerencia de la empresa analizar sus razones.

No es suficiente con verificar que, por ejemplo, no se han alcanzado las cifras de ventas esperadas, sino que será necesario realizar un análisis que determine las posibles causas de dicha desviación. Por ejemplo, las medidas a adoptar no serían las mismas si el descenso en las ventas se debió a un aumento de las promociones desarrolladas por la competencia, a la aparición de nuevos productos en el mercado por parte de otras empresas o a la existencia de problemas con un distribuidor concreto.

Decisiones por adoptar

Las decisiones por adoptar habrán de ser diferentes en función de las causas que hayan generado la desviación respecto de los objetivos inicialmente previstos.

Las opciones pueden ser muy variadas, desde modificar las técnicas comerciales aplicadas, hasta modificar la cartera de productos o servicios de acuerdo a la demanda de los clientes.

Figura 7.8. Las desviaciones han de ser analizadas en detalle para analizar las causas que las han producido y adoptar las medidas precisas para reconducirlas

> **Ejemplo 7.2**
>
> Si al proceder al análisis de unas desviaciones en el volumen de ventas obtenidas se llega a la conclusión de que su origen radica en la apertura de un establecimiento de la competencia, se procederá a analizar su oferta y a determinar las formas más eficaces para contrarrestar ese nuevo rival en el mercado, aprovechando los recursos con los que se cuente en la empresa.

Otras opciones son modificar precios, mejorar la formación de los comerciales o realizar una búsqueda más adecuada de los nichos de clientes a los que dirigir los esfuerzos comerciales.

Evaluación general del plan de ventas llevado a cabo y de la satisfacción del cliente

Es preciso analizar el balance del plan de ventas que ha sido previamente realizado para adoptar las decisiones que sean precisas y, más allá de los datos numéricos, de la satisfacción obtenida por los clientes, elemento básico para conocer los aspectos a reforzar y a modificar.

Un punto clave del análisis de la actividad comercial de la empresa es el conocimiento preciso acerca de la satisfacción obtenida por el cliente y de la medida en la cual se satisfacen sus necesidades. La realización de encuestas u otro tipo de actuaciones similares permitirá determinar si los productos y servicios comercializados por la empresa consiguen satisfacer las necesidades de los clientes, o si, por el contrario, hay factores que corregir, como sería el caso de una atención al cliente deficiente.

Actividad propuesta 7.5

Te requieren que redactes un cuestionario acerca de la satisfacción del cliente para ser empleado en un restaurante entregándoselo a cada cliente cuando termine de comer. ¿Qué preguntas incluirías en el cuestionario?

Elaboración de informes de seguimiento de los objetivos del plan

Los informes son documentos en los que el autor o autores exponen su opinión acerca de un problema o cuestión determinado. El informe puede referirse a la situación de una determinada realidad, tal y como es, en este caso, el cumplimiento de los objetivos contenidos en el plan comercial.

Los informes técnicos pueden ofrecer una respuesta respecto a la forma más adecuada en la que una actuación debe llevarse a cabo para cumplir con las normas de aplicación. Las partes de un informe son las siguientes:

- **Encabezado:** datos identificativos de los destinatarios.
- **Objetivo:** razón por la que se elabora el informe.
- **Hechos:** la materia sobre la que se emite el informe.
- **Análisis:** muestra el modo en que interactúan los hechos.
- **Conclusiones:** resultados derivados del análisis.
- **Recomendaciones:** opiniones acerca del modo de actuar en la materia en cuestión.
- **Anexos:** documentación sobre la que se basan las conclusiones ofrecidas.

La gestión moderna de los recursos humanos, entre los que, obviamente, se hallan integrados los vendedores o comerciales de la empresa, se determina mediante la medición de una serie de variables previamente determinadas. En el momento en que a una variable se le señala un determinado objetivo se genera el denominado **indicador de gestión.**

Figura 7.9. Los informes oficiales de una empresa deben redactarse con la claridad suficiente para que su contenido aporte información relevante a sus destinatarios.

Vocabulario

Indicador: es aquel dato o conjunto de datos que ayudan a la gerencia de la empresa a medir de forma precisa cómo evolucionan los objetivos estratégicos marcados.

En el área de los recursos humanos, la gestión se evalúa en torno a indicadores como estos:

- **Nivel de capacitación:** es la formación con la que cuenta la plantilla de trabajadores. Entre los datos que hay que tener presentes, se incluyen los siguientes:

$$\textbf{Horas de formación por trabajador} = \frac{\text{Horas de formación totales}}{\text{Plantilla total}}$$

$$\textbf{Coste de la formación por trabajador} = \frac{\text{Coste total de la formación}}{\text{Plantilla total}}$$

- Índice de accidentabilidad: son los accidentes de trabajo y las enfermedades profesionales. Existen diversos parámetros que considerar:

$$\frac{\text{Número de accidentes o enfermedades profesionales con baja}}{\text{Plantilla total}}$$

$$\frac{\text{Días de baja laboral por accidente o enfermedad profesional}}{\text{Plantilla total}}$$

$$\text{Índice de frecuencia: } \frac{\text{número de accidentes con baja} \times 1\,000\,000}{\text{Horas efectivamente trabajadas}}$$

$$\text{Índice de gravedad: } \frac{\text{número de días perdidos} \times 1\,000\,000}{\text{Horas efectivamente trabajadas}}$$

- **Estabilidad de la plantilla:** se trata del tiempo de permanencia media de la plantilla o el movimiento de esta en un periodo determinado. Entre los valores más usados se incluyen los siguientes:

Tasa de rotación (a) =

$$= \frac{\dfrac{\text{Incorporaciones} + \text{salidas}}{2} \times 100}{\text{Plantilla total}}$$

$$\textbf{Tasa de rotación (b)} = \frac{\text{Salidas} \times 100}{\text{Plantilla total}}$$

Índice de salidas voluntarias =

$$= \frac{\text{Salidas voluntarias} \times 100}{\text{Plantilla total}}$$

- **Absentismo:** consiste en la falta de asistencia de la plantilla a su puesto de trabajo. Cabe destacar el siguiente valor:

Índice de absentismo =

$$= \frac{\text{Horas de inasistencia}}{\text{Horas totales trabajadas potencialmente por la totalidad de la plantilla}}$$

Actividad resuelta 7.1

Calcula las horas de absentismo de una empresa donde seis de sus empleados realizan al mes una jornada de 80 de horas y otros 4 trabajan jornadas de 160 horas mensuales. Entre todos se han ausentado 20 horas en dicho periodo.

Solución:

El índice de absentismo que arroja esta compañía aplicando la fórmula:

$$\text{Absentismo laboral} = \frac{\text{Horas perdidas} \times 100}{\text{Número total de horas laborables de la plantilla laboral}}$$

sería:

20 * 100 / ((80 * 6) + (160 * 4)) = 2,5 %

Actividad propuesta 7.6

Calcula el índice de rotación de la plantilla de una empresa que, contando con una plantilla total de 870 trabajadores, ha registrado a lo largo del año la salida de 95 empleados.

Actividad propuesta 7.7

En una empresa existe una muy elevada rotación de personal en su equipo comercial. ¿Crees que ese hecho puede tener consecuencias negativas para el rendimiento del equipo? ¿Por qué?

La serie de valores de referencia a que se ha hecho referencia pueden ser analizados en el horizonte temporal que se estime oportuno (evolución mensual, semestral, anual, etcétera), o incluso entre diferentes empresas o áreas geográficas. Es preciso que los criterios que se empleen en las estadísticas sean homogéneos, de forma que los indicadores se formen con idénticos criterios. Además de los indicadores citados, las empresas pueden establecer otros complementarios que se ajusten con más precisión a sus necesidades concretas.

Es preciso realizar acciones de medición, dado que lo que no es medible no es adecuadamente controlado, y en dicho caso no pueden llevarse a cabo medidas correctoras para mejorar la situación existente.

7.4. Aplicación de medidas correctoras

Una **medida correctora** es una acción tomada para eliminar las causas de una no conformidad detectada u otra situación indeseable. Puede que exista más de una causa que genere una no conformidad. Las acciones correctoras tienen por objeto evitar la repetición de la situación no deseada. Pueden materializarse en acciones tales como la organización de un curso para mejorar las técnicas de venta del personal comercial.

Debe redactarse un **plan de actuación** en el que se señale el responsable de llevar a cabo las medidas correctoras en el plazo establecido. En el supuesto de que las acciones correctoras propuestas no ofrezcan el resultado que se espera, deberán modificarse. Las acciones correctoras realmente son efectivas cuando desaparece la causa que provoca la no conformidad, de forma que reduce o elimina la posibilidad de que se repitan las no conformidades.

7.4.1. Incidencias

En el caso de las incidencias, estas han de ser documentadas como fase inicial de su solución. Es preciso que la empresa que desarrolla una actividad comercial establezca un procedimiento para la recepción de los sucesos que se puedan producir en el desarrollo de su actividad, toda vez que, si no se recogen de una forma previamente establecida, la dirección de la empresa desconocerá lo que ocurre, por lo que no podrá llevar a cabo las correspondientes acciones correctoras y preventivas.

La empresa ha de crear el ambiente preciso para que los trabajadores informen de las incidencias que se detecten, haciendo ver que no se trata de determinar culpables, sino de informar de puntos de mejora en la gestión empresarial. Del mismo modo, se impulsará la comunicación de las incidencias que sean detectadas por parte de clientes y proveedores.

Deben ser analizados los partes de incidencias que se han generado en relación a incumplimientos de los estándares de calidad. Además del número, debe tenerse en cuenta la importancia de cada una de las mismas.

El **coste de las incidencias** del servicio habrá de determinarse computando tanto los costes directos como los indirectos. Los directos serían, por ejemplo, los derivados de la contratación de una segunda empresa de *catering* porque la primera ha prestado un servicio deficiente. Entre los indirectos estaría el coste del tiempo de trabajo de los empleados que han de gestionar las incidencias.

Figura 7.10. Una incidencia no resuelta adecuadamente puede ser el comienzo de una serie de problemas en la relación entre el cliente y la empresa difíciles de resolver.

La determinación de los responsables de cada uno de los procesos a los trabajadores competentes no se trata de un mero formalismo, sino que va a implicar que cada uno de estos asuma la tarea de verificar que las etapas que cada fase de organización del evento implica se llevan a cabo con la precisión adecuada.

Ello supone que los responsables han de comprobar que las previsiones establecidas en el diseño de cada tarea se ejecutan en la realidad y que se cumplen todos los requisitos establecidos. Deben establecerse igualmente los mecanismos de corrección de incidencias y determinar el procedimiento que debe seguir cada uno de los responsables para comunicarla, así como el responsable de resolver cada una de ellas.

7.4.2. Quejas y reclamaciones

Las quejas deben entenderse adecuadamente para así poder afrontarlas correctamente. Cuando un cliente expone una queja, implica que existen unas expectativas con las cuales acudió a la empresa y que no se han visto satisfechas. El objetivo de la empresa es que la suma de las experiencias del conjunto de los clientes sea cada vez más positiva.

Figura 7.11. Las reclamaciones no pueden almacenarse sin ser analizadas si se desea realmente mejorar la atención prestada a los clientes.

Así, cada queja que un cliente expone es una posibilidad de mejorar el trato que recibe el cliente, bien porque se modifica una actuación que era incorrecta, bien porque se mejoran las prestaciones de un servicio que, si bien no planteaba deficiencias, era mejorable. No se trata de afirmar que el cliente tiene siempre la razón, como comúnmente se escucha, sino que el cliente tiene siempre el derecho de quejarse ante una situación que no cubre sus aspiraciones. La idea clave no es afirmar que resulte agradable recibir las quejas por parte del cliente, pero las posibilidades de que esas quejas ayuden a mejorar la calidad del servicio es lo que ha de hacer entender la queja como algo positivo.

Recuerda que

Las **hojas de reclamaciones** son documentos oficiales que los establecimientos deben tener a disposición de sus clientes. El modelo exacto de cada hoja, así como los tipos de establecimientos que deben contar con la misma se establece por la correspondiente normativa en materia de consumo de cada Comunidad Autónoma.

CONSEJERÍA DE ECONOMÍA Y HACIENDA
DIRECCIÓN GENERAL DE CONSUMO
C/ General Díaz Porlier, 35
28001 MADRID

Comunidad de Madrid

EXISTEN
THERE ARE
HOJAS DE RECLAMACIONES
OFFICIAL COMPLAINT FORMS
A DISPOSICIÓN DEL CONSUMIDOR
AT THE CONSUMER REQUEST

(DECRETO 1/2010 DE 14 de enero)

Figura 7.12. Ejemplo de cartel informativo acerca de la existencia de hojas de reclamación en un establecimiento. *Fuente:* www.madrid.org.

El hecho de que un cliente emplee parte de su tiempo en plantear una queja a la empresa, en vez de optar por el silencio y por irse a otra empresa, es un hecho que debe valorarse muy positivamente, pues la mayoría de los clientes que se encuentran con un punto de mejora en el servicio recibido prefieren no comunicarlo y, llegado un determinado nivel de insatisfacción, dejar de operar con la empresa sin ofrecer explicaciones ni posibilidades de solución al problema.

No obstante, aparentemente, muchas empresas prefieren contar con clientes que no expresen ninguna queja respecto de los bienes o servicios que la misma les entrega o presta. Y, en muchas ocasiones, estas quejas pueden avisar de problemas que se estén produciendo entre el personal de atención al cliente debido a la prestación de una atención de baja calidad a los clientes.

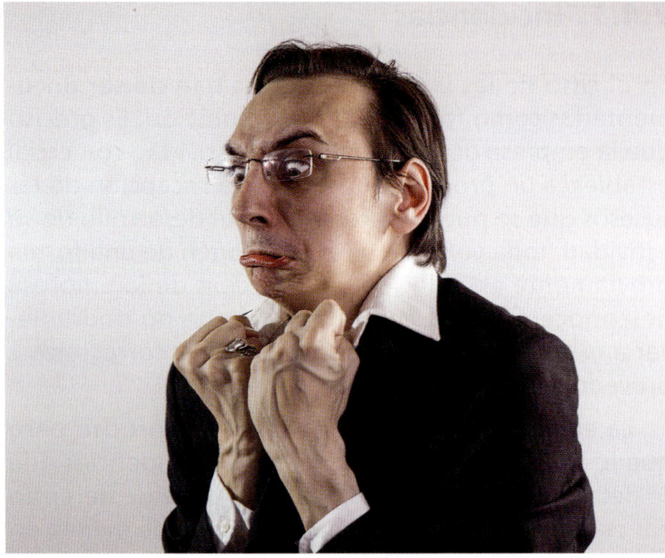

Figura 7.13. Un cliente que presenta una queja y no recibe una atención adecuada se siente doblemente defraudado y puede llegar a sentirse ofendido.

Además, existe un valor en la queja que suele pasar desapercibido, y es el ahorro de costes que representa para la empresa al actuar como una especie de encuesta u otro tipo de estudio de mercado para conocer las deficiencias o áreas de mejora de esta. Además, ese tipo de estudios suponen un coste muy elevado a la hora de implementarlos, de forma que suelen quedar reservados a las grandes empresas. Esa información, por cuya obtención se pagaría dinero, es ofrecida gratuitamente por parte de los clientes, esperando a cambio de esta un compromiso de mejora y de solución por parte de la entidad. Es una forma muy efectiva de dar a conocer las necesidades de la clientela.

A la hora de valorar si merece o no la pena atender las quejas de un cliente, una forma de pensar, incorrecta por lo demás, es que no tiene importancia el hecho de que se pierda una compra determinada. Hay empresas que consideran que por una venta más o menos, el año va a finalizar igual; por tanto, no se pierde casi nada si un cliente queda insatisfecho con el servicio recibido.

Sin embargo, el cálculo correcto no es considerar la pérdida concreta, sino el impacto, en términos de volumen de negocio, que supondría para la entidad la pérdida de un cliente dado el importe que podría movilizar a lo largo de su vida comercial. Un ejemplo es el de un problema en el *catering* servido en un evento, que no incluía uno de los platos inicialmente previstos y la empresa no decide devolver el importe correspondiente a la organización del evento, a pesar del error cometido.

Recuerda que

El **valor de vida del cliente** hace referencia a la totalidad del dinero que se estima que un consumidor va a gastar en una empresa, o en sus productos o servicios, a lo largo de toda su vida. Se trata de una métrica importante porque ayuda en la toma de decisiones sobre cuánto invertir en la captación de nuevos clientes y en la retención de los existentes.

Por ejemplo, el valor de vida de un cliente para una marca de automóviles sería el importe total destinado a la adquisición de vehículos de esa marca por parte de un consumidor en concreto a lo largo de su vida.

Sabías que

La **tasa de retención** permite conocer el porcentaje de clientes que repiten en un establecimiento año tras año. Para evaluarla hay que calcular previamente la tasa de deserción (número de clientes que desertan cada año por cada 100 clientes).

Todo ello sin considerar que el coste en términos de políticas de *marketing* de mantener a un cliente es muy inferior al derivado de conseguir captar a un nuevo cliente, por lo que el coste real de haber perdido a ese cliente previamente fiel a la empresa será muy superior al inicialmente esperado.

Ejemplo 7.3

Respecto al coste de captación de nuevos clientes, puede señalarse la política comercial de numerosas operadoras de telefonía móvil que ofrecen tarifas reducidas o terminales a precio reducido a los nuevos clientes, pero no a los que llevan años siendo clientes.

Lo mismo ocurre con algunas entidades bancarias que ofrecen regalos por la apertura de una cuenta nómina, pero que no ofrecen dichos regalos a quienes han acumulado mucho tiempo como clientes suyos.

Es frecuentemente señalado en las estadísticas sobre este tema que solo se formaliza una queja por cada 25 clientes que sufren una insatisfacción en una entidad, lo cual ha de obligar a la dirección de la entidad a realizar la correspondiente multiplicación para determinar el nivel real de insatisfacción de la clientela. Muchos clientes no se quejarán de la tardanza en ser atendidos, de la escasa amabilidad de alguno de los trabajadores, de los trámites que requieren determinadas gestiones, de la escasa información que reciben acerca de la evolución de sus productos financieros o de la escasa variedad de los mismos, pero los pocos que lo hacen deben ser muy tenidos en cuenta y no minusvalorarlos en función a que, porcentualmente, el número de quejas sea muy limitado con relación al número total de clientes.

Figura 7.14. En numerosos comercios y oficinas de atención al público se encuentran dispositivos a la salida que permiten a los clientes opinar sobre la calidad del servicio recibido solo con pulsar un botón.

De hecho, un grave error es pensar que el objetivo, aisladamente considerado, de reducir el número de quejas es la prioridad del servicio de atención al cliente. La realidad es que reducir esa cifra es factible mediante acciones como dificultar su tramitación por parte de los clientes o bloqueándolas a lo largo de la estructura de la empresa, de forma que no lleguen al departamento de atención al cliente. No serían prácticas inteligentes desde el punto de vista de la gestión empresarial y la búsqueda de la mejora, pero se produce con cierta frecuencia como modo de mejorar las estadísticas del departamento de atención al cliente.

Actividad propuesta 7.8

Eres el responsable de atención al cliente de una empresa que vende muebles de cocina. Igualmente, lleva a cabo la instalación integral de cocinas en el domicilio del cliente. La instalación y el transporte son desarrollados por empresas externas. El volumen de ventas se está reduciendo y deseas conocer si existe una insatisfacción entre los clientes que justifique ese descenso del volumen de negocios. ¿Qué medidas adoptarías para conocer el nivel de satisfacción de tus clientes?

No obstante, algunas empresas optan por todo lo contrario, es decir, por conocer la realidad de la calidad de sus servicios y productos. Una forma es realizar paneles de clientes en los cuales se les ruega que expongan todo lo que consideran mejorable en la entidad, información que se recibe en primera persona y que se puede analizar con más intensidad; todo ello, teniendo en cuenta que al estar presentes los interesados, es muy sencillo profundizar acerca de los datos que presentan los clientes mediante las adecuadas preguntas y repreguntas a los usuarios.

Figura 7.15. La satisfacción del cliente es un elemento fundamental del éxito de una empresa. Para ello es preciso escuchar las opiniones de los clientes.

7.4.3. Opinión del cliente. Redes sociales

Con respecto a las recomendaciones de los clientes actuales, a las referencias que pueden realizar de la empresa, debe tenerse presente que, generalmente, las personas tienen la tendencia a confiar más en las opiniones de personas a las cuales conoce antes que a los argumentos expuestos en las campañas publicitarias. En este sentido debe hacerse referencia a que, actualmente, incluso las opiniones de terceras personas a quienes no se conoce personalmente son igualmente tenidas en cuenta por los futuros clientes. Basta con ver las numerosas páginas web existentes en internet en las cuales se recogen las opiniones de los usuarios de diversas empresas en torno a las mismas.

Se trata de páginas web especializadas en las que se plantean dudas en materia de consumo y se describen productos. Los usuarios de esas páginas, registrados o no, exponen sus experiencias personales o sus opiniones. Es una muestra más de las consecuencias que una actuación negativa puede tener para una empresa, dado que la información acerca de la mala experiencia con una empresa determinada no se limitará al círculo personal del afectado, sino que aparecerá en foros y plataformas al alcance de todos los ciudadanos.

Y, si bien es cierto que no puede comprobarse por parte del lector la veracidad o no de la opinión expresada, el hecho de que haya varias opiniones en sentido negativo hará que el posible cliente pueda plantearse la conveniencia o no de realizar operaciones con la correspondiente empresa organizadora de eventos. En el mismo sentido, las quejas adecuadamente solucionadas, especialmente cuando su solución ha sido rápida y efectiva, supone una fuente de críticas positivas que no puede minusvalorarse. Conseguir la imagen de una empresa que atiende las quejas con la máxima efectividad convierte a los clientes en «agentes comerciales» de la empresa, con el plus de credibilidad que los comentarios personales incluyen. Incluso esa imagen de absoluta dedicación al cliente permite a la entidad cobrar tarifas más elevadas por sus productos y servicios, y existe un importante nicho de clientes que están dispuestos a abonar esos precios superiores a cambio de esa excelencia en el servicio.

En la actualidad, ha de tenerse presente que la capacidad de difusión de las opiniones por parte de los clientes se ha multiplicado de forma exponencial debido a la existencia de las redes sociales. Previamente a su existencia, los clientes solo podían compartir sus experiencias con su círculo familiar, laboral o de amistades.

Sin embargo, en el momento presente, se puede compartir en las redes sociales la experiencia vivida como cliente en una determinada empresa tras haber adquirido un producto o servicio. No solo en redes generalistas como Facebook o Twitter, sino también en otras dedicadas específicamente a un determinado segmento, como es el supuesto de TripAdvisor en el ámbito de la hostelería.

Actividad resuelta 7.2

En una página web de valoración de restaurantes, el tuyo aparece muy bien considerado por los clientes, que ofrecen en general una opinión muy positiva tanto del local como de la comida y de la atención recibida por parte del personal.

Al ser comentarios positivos, ¿debes evitar dejar un comentario de respuesta a estos? ¿Es una posición correcta por tu parte?

Solución:

Es una posición incorrecta, dado que debe agradecerse el esfuerzo dedicado por los clientes a compartir sus impresiones favorables en una página web. Ello reforzará la imagen positiva del establecimiento tanto en los clientes que han escrito comentarios como en el conjunto de los lectores de la citada página web.

Adicionalmente, cada vez un mayor porcentaje de clientes consultan opiniones de otros internautas antes de adquirir un producto o contratar un servicio, lo que incrementa la influencia de las redes sociales en la creación de una opinión favorable de una empresa.

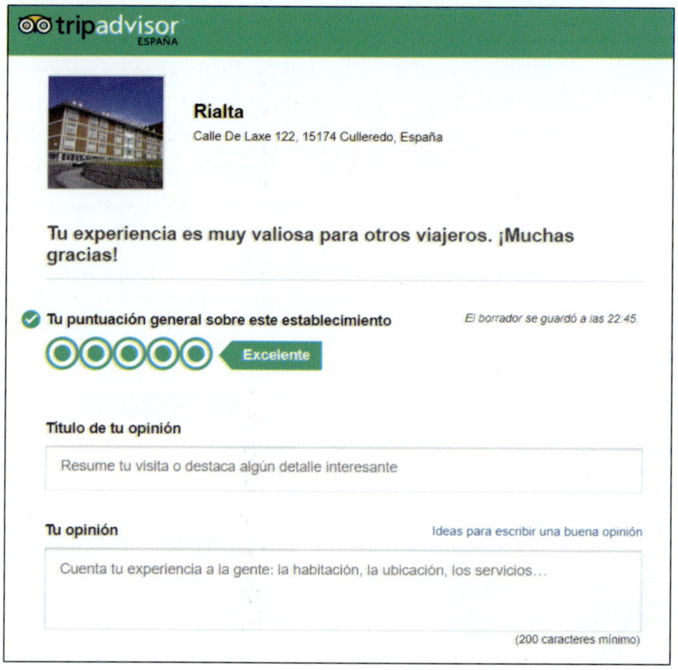

Figura 7.16. Formulario de TripAdvisor para opinar sobre un hotel. *Fuente:* www.tripadvisor.es.

¿Sabías que

La idea de la web **TripAdvisor** apareció cuando Stephen Kaufer y su esposa acudieron a una agencia de viajes y, tras verificar en internet las opiniones acerca de cada lugar al que tenían previsto acudir, exclusivamente hallaron descripciones asépticas tanto de los propios hoteles como de restaurantes y otros establecimientos.

Con la colaboración de su equipo se fundó en ese momento una empresa que, inicialmente, incluía críticas propias de los establecimientos. Si bien, la clave del éxito empresarial, el negocio de verdad, como se verificó posteriormente, se encontraba en las críticas escritas por los propios usuarios.

7.5. Hojas de cálculo

La hoja de cálculo es una herramienta imprescindible en la actualidad para llevar a cabo las tareas de control y planificación financiera. El empleo de aplicaciones informáticas evita la necesidad de manejar datos en formato papel, con los problemas que ello supone, tanto en materia de almacenamiento como, fundamentalmente, de rapidez en el acceso a los datos y realización de operaciones de cálculo, en muchos casos de gran complejidad.

La hoja de cálculo es una aplicación informática que estructura los datos en tablas, compuestas por columnas y filas, que dan lugar a la existencia de celdas, en cada una de las cuales se incluye un dato concreto que puede emplearse en una larga serie de cálculos. Es decir, un único dato situado en una determinada celda de una hoja de cálculo, mediante las correspondientes fórmulas y funciones, puede combinarse con otros datos para hallar diferentes resultados en función de los cálculos que se considere necesario efectuar.

Los gráficos se emplean para presentar una serie de datos, inicialmente numéricos, en modo gráfico, de forma que sean más sencillos de interpretar por parte de las personas interesadas. Tras seleccionar los datos que se desean transformar en gráfico, se seleccionará en la opción correspondiente el tipo de gráfico que se considera más apropiado para el conjunto de datos de que se trate.

7.5.1. Microsoft Excel

Excel es la hoja de cálculo integrada en Microsoft Office, la aplicación ofimática más empleada, desarrollada por Microsoft Corporation. Se comercializa en una diversidad de configuraciones, cada una de ellas compuesta por una serie de programas diferente, por lo que corresponde al emprendedor decidir la que más se ajusta a sus necesidades y adquirirla, de forma que no se empleen recursos monetarios en aplicaciones que no vayan a ser posteriormente utilizadas.

En la ventana que se muestra en la Figura 7.17 se puede elegir el tipo de gráfico a emplear, de forma que el usuario observará el resultado y podrá optar por el que considere más acertado.

El empleo de hojas de cálculo para realizar facturas, pedidos, albaranes u otro tipo de documentación comercial supone un importante ahorro de tiempo para las personas que han de redactarlas. Así, pueden emplearse las funciones que las principales aplicaciones

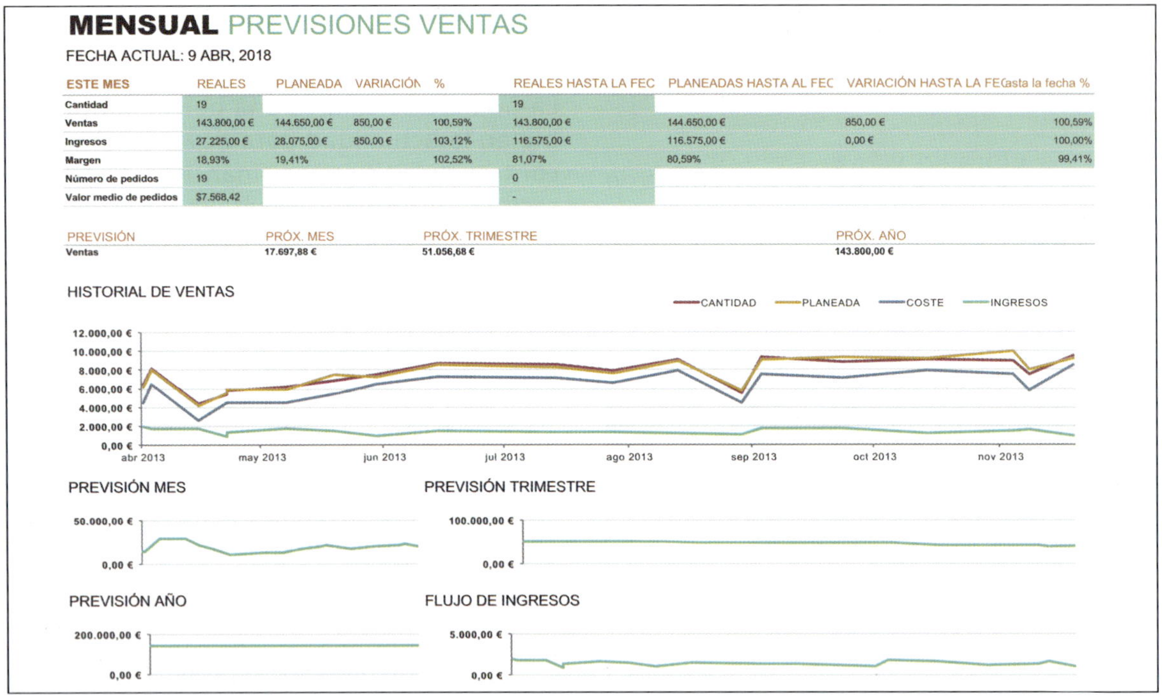

MENSUAL PREVISIONES VENTAS

FECHA ACTUAL: 9 ABR, 2018

ESTE MES	REALES	PLANEADA	VARIACIÓN	%	REALES HASTA LA FEC	PLANEADAS HASTA AL FEC	VARIACIÓN HASTA LA FE	asta la fecha %
Cantidad	19				19			
Ventas	143.800,00 €	144.650,00 €	850,00 €	100,59%	143.800,00 €	144.650,00 €	850,00 €	100,59%
Ingresos	27.225,00 €	28.075,00 €	850,00 €	103,12%	116.575,00 €	116.575,00 €	0,00 €	100,00%
Margen	18,93%	19,41%		102,52%	81,07%	80,59%		99,41%
Número de pedidos	19				0			
Valor medio de pedidos	$7.568,42				-			

PREVISIÓN	PRÓX. MES	PRÓX. TRIMESTRE	PRÓX. AÑO
Ventas	17.697,88 €	51.056,68 €	143.800,00 €

Figura 7.17. Tipos de gráficas de ventas en Excel.

(Microsoft Excel y OpenOffice Calc) incluyen y que automatizan los procesos, tales como el importe de la suma total de las partidas de una factura, las cuotas correspondientes al impuesto sobre el valor añadido o la cuantía de un determinado descuento concedido al cliente.

La utilización de una hoja de cálculo supone una serie de ventajas a favor de la empresa:

- Rapidez en la realización de los cálculos, con el consiguiente ahorro de tiempo.
- Precisión en la redacción de documentos relacionados con la clientela, evitando errores y los correspondientes problemas con los clientes, así como el coste en términos de imagen y tiempo dedicado que supone la resolución, por ejemplo, de errores en la redacción de una factura.
- Estandarización del formato, de forma que el programa es conocido por la generalidad de los trabajadores y puede utilizarse sin necesidad, en muchas ocasiones, de recibir formación específica.
- Infinidad de plantillas disponibles para realizar cualquier documento comercial. Basta con descargarse el modelo elegido, rellenarlo y dejarlo listo para su entrega.

Las hojas de cálculo son aplicaciones informáticas que permiten realizar un número de cálculos muy relevante. El aprendizaje correcto de su uso puede suponer un esfuerzo grande, pero la mejora en la productividad que generará justifica plenamente esta dedicación.

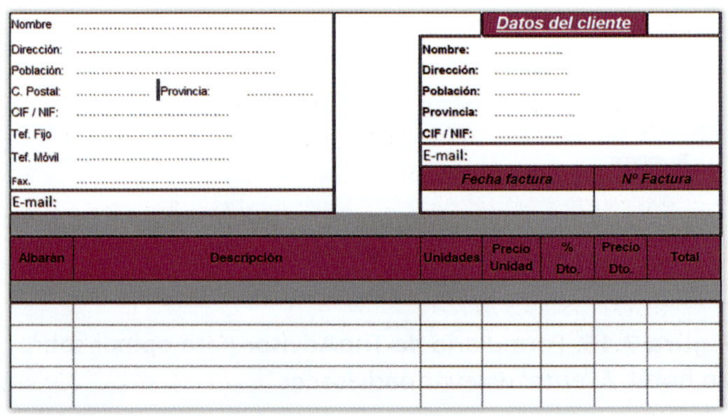

Figura 7.18. Modelo de albarán cargado en la batería de plantillas de la hoja de cálculo Excel, a disposición del usuario.

Figura 7.19. Modelo de pedido cargado en la batería de plantillas de la hoja de cálculo Excel, a disposición del usuario.

7.5.2. Apache OpenOffice Calc

Apache OpenOffice es una *suite* de oficina basada en el sistema de código abierto (*open source*), en la que se incluyen aplicaciones para el proceso de textos, hoja de cálculo, realización de presentaciones, elaboración de dibujos y fórmulas. Se puede emplear con diversos sistemas operativos, siendo además compatible con los archivos creados con otras *suites* ofimáticas como es el caso de Microsoft Office. Puede descargarse y utilizarse gratuitamente, tanto para uso personal como empresarial, e instalarse en un número ilimitado de equipos informáticos sin necesidad de abonar ningún tipo de licencia. Al tratarse de un programa realizado en código abierto, existe una importante comunidad detrás de él que colabora en su desarrollo.

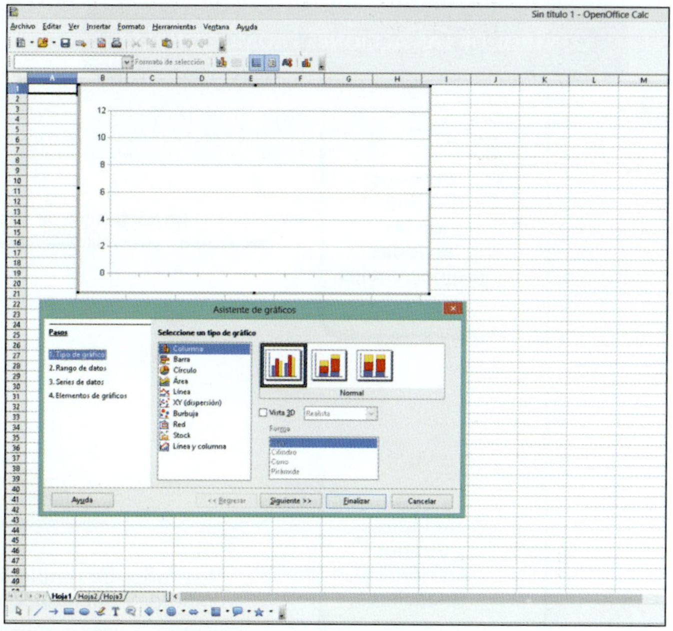

Figura 7.20. Selección de gráficos en Apache OpenOffice Calc.

Recuerda que

Apache OpenOffice es compatible con otros paquetes ofimáticos. Es un paquete ofimático gratuito que el usuario puede descargar, usar y distribuir libremente. Está compuesto, además de por Calc, por:

- **Writer:** un procesador de textos que se puede utilizar tanto para escribir desde una breve carta hasta archivos más extensos.
- **Impress:** es un medio muy rápido para crear presentaciones multimedia.
- **Draw.** Sirve para generar desde sencillos diagramas hasta ilustraciones 3D dinámicas.
- **Base:** permite manipular bases de datos, además de crear y modificar tablas, formularios, consultas e informes.
- **Math:** permite crear ecuaciones matemáticas con una interfaz de usuario o escribiendo las fórmulas directamente en el editor de ecuaciones.

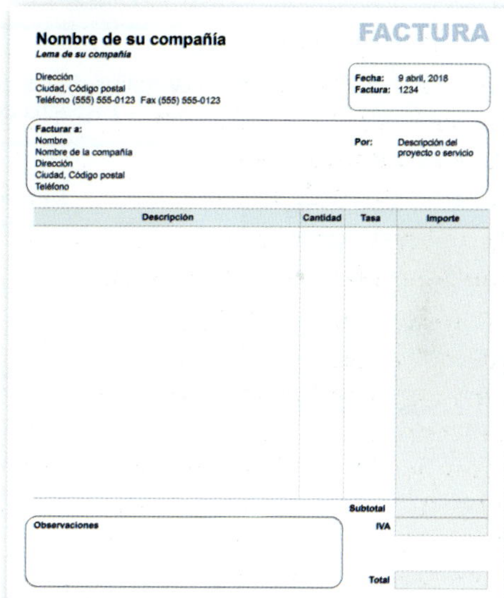

Figura 7.21. Modelo de factura cargado en la batería de plantillas que ofrece el paquete Apache OpenOffice, concretamente en la aplicación Writer, a disposición del usuario.

Se trata de una *suite* que incluye todos los programas en una única versión, sin ser preciso tener que optar por instalar una u otra versión.

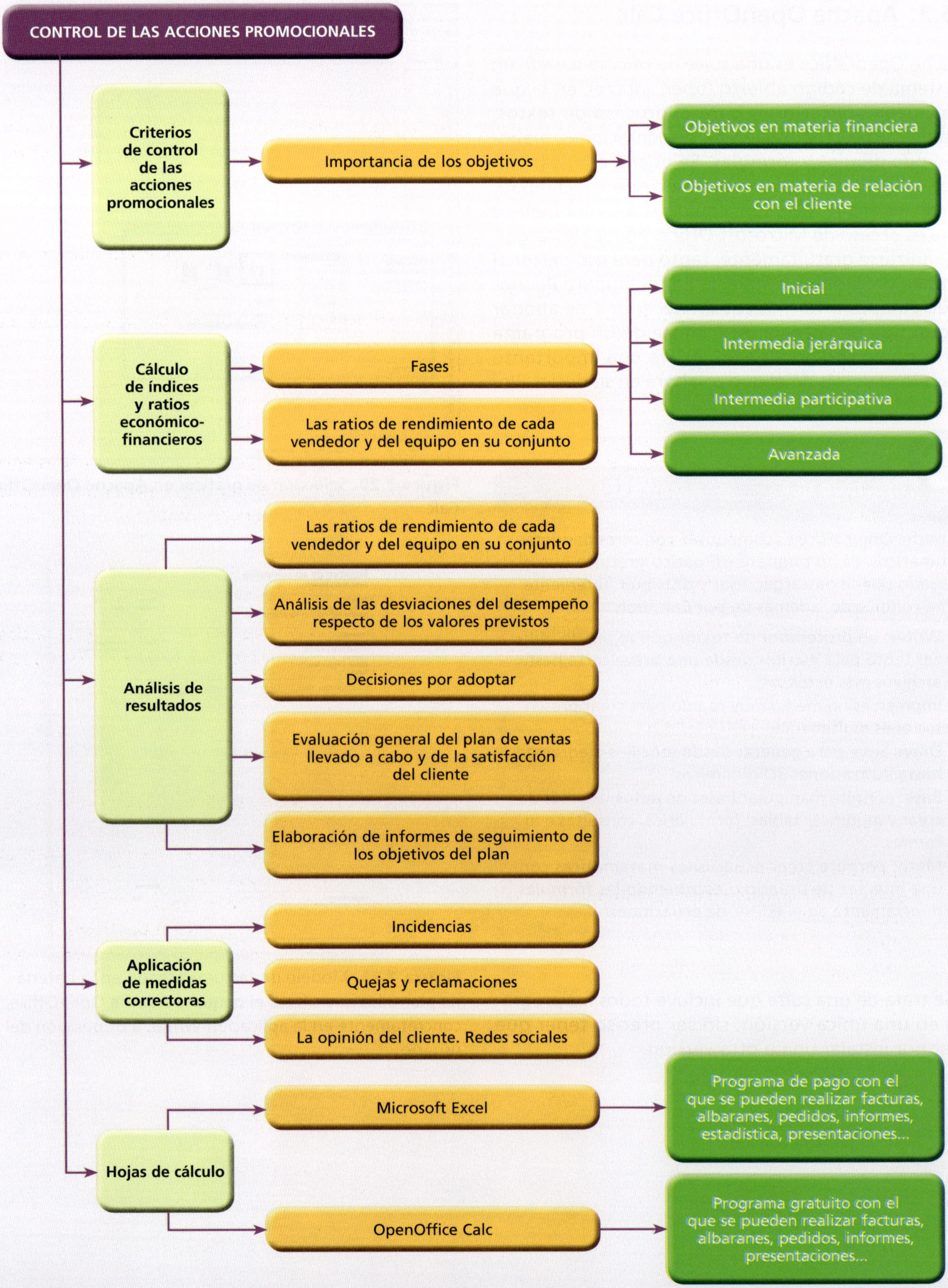
CONTROL DE LAS ACCIONES PROMOCIONALES
Criterios de control de las acciones promocionales
Importancia de los objetivos
Objetivos en materia financiera
Objetivos en materia de relación con el cliente
Cálculo de índices y ratios económico-financieros
Fases
Inicial
Intermedia jerárquica
Intermedia participativa
Avanzada
Las ratios de rendimiento de cada vendedor y del equipo en su conjunto
Análisis de resultados
Las ratios de rendimiento de cada vendedor y del equipo en su conjunto
Análisis de las desviaciones del desempeño respecto de los valores previstos
Decisiones por adoptar
Evaluación general del plan de ventas llevado a cabo y de la satisfacción del cliente
Elaboración de informes de seguimiento de los objetivos del plan
Aplicación de medidas correctoras
Incidencias
Quejas y reclamaciones
La opinión del cliente. Redes sociales
Hojas de cálculo
Microsoft Excel
Programa de pago con el que se pueden realizar facturas, albaranes, pedidos, informes, estadística, presentaciones...
OpenOffice Calc
Programa gratuito con el que se pueden realizar facturas, albaranes, pedidos, informes, presentaciones...

Actividades de comprobación

7.1. La ratio que responde a la siguiente fórmula, tiempo dedicado a ventas / tiempo total de trabajo, recibe el nombre de…

a) … venta relativa.
b) … tiempo efectivo de venta.
c) … tiempo relativo.

7.2. En general, ¿por qué tres fases o niveles diferentes pasan los sistemas de control en las empresas?

a) Básica, media y superior.
b) Primaria, secundaria y terciaria.
c) Inicial, intermedia y avanzada.

7.3. ¿Qué ratio mide el nivel de satisfacción del cliente?

a) Número de quejas / número de pedidos.
b) Venta del vendedor o equipo / venta total de la empresa.
c) Número de quejas / número de reclamaciones.

7.4. Mejorar los niveles de retención de clientes es un objetivo de la empresa en materia de…

a) … desarrollo y aprendizaje.
b) … procesos internos de negocio.
c) … relación con el cliente.

7.5. La hoja de cálculo incluida en la aplicación OpenOffice se denomina…

a) … Calc.
b) … Excel.
c) … Excel Calc.

7.6. ¿Qué objetivo ha de tener el impulsar a que los trabajadores informen de las incidencias que detecten en la empresa?

a) Buscar culpables.
b) Informar de puntos de mejora en la gestión empresarial.
c) Crear conflictos entre los distintos departamentos.

7.7. ¿Qué representa para una empresa la presentación de una queja por parte de un cliente que ha recibido una atención inadecuada?

a) Una molestia.
b) Una pérdida de tiempo.
c) Una posibilidad de mejorar la atención prestada a los clientes.

7.8. Como media, puede afirmarse que se formaliza una queja por cada…

a) … 10 clientes insatisfechos.
b) … 25 clientes insatisfechos.
c) … 50 clientes insatisfechos.

7.9. Los documentos en los que el autor o autores exponen su opinión acerca de un problema o cuestión determinado se conocen como…

a) … referencias.
b) … incidencias.
c) ... informes.

7.10. El sistema mediante el que los productos se clasifican en ventas grandes, medias y bajas se denomina…

a) … global.
b) … ABC.
c) … múltiple.

7.11. ¿Qué permite conocer la tasa de retención respecto de un hotel?

a) El porcentaje de clientes que repiten en el establecimiento año tras año.
b) El número de clientes que se encuentran satisfechos con el servicio recibido en el hotel.
c) El porcentaje del importe de reservas que han de confirmarse de forma obligatoria.

Actividades de aplicación

7.12. Señala cinco posibles objetivos a alcanzar por una empresa en materia de relación con el cliente.

7.13. Enumera cinco posibles objetivos en materia de procesos internos de negocio.

7.14. Indica la fórmula correspondiente a las siguientes ratios:

- Periodo medio de entrega de los pedidos.
- Venta relativa.
- Eficiencia (versión 1).
- Eficiencia (versión 2).
- Tiempo efectivo de venta.

7.15. ¿En qué sentido crees que una gestión adecuada de las quejas puede suponer un ahorro de costes para la empresa? Argumenta tu respuesta.

7.16. Explica en qué partes se divide un informe.

7.17. Di cuáles son las principales ventajas que una empresa tiene para la presentación de una queja por parte de un cliente insatisfecho ante la atención recibida.

7.18. Con respecto a los clientes, ¿qué representa la tasa de retención?

7.19. Busca en internet hojas de sugerencias de diversas empresas y anota las preguntas que se realizan en estas a los clientes. ¿Hay alguna que te llame especialmente la atención?

7.20. OpenOffice es una *suite* de programas de ofimática libre, de código abierto. ¿Qué otras aplicaciones ofimáticas de código abierto conoces?

7.21. Unos grandes almacenes desarrollan un plan para mejorar su nivel de atención al cliente y considera que con esa medida podrán incrementar los precios que cobran a su clientela sin que se resienta su volumen de ventas. ¿Crees que la empresa tiene razón con su planteamiento? ¿Por qué? ¿Conoces alguna empresa que se caracterice por tener precios superiores a la media combinados con una atención al cliente excelente? ¿Por qué?

8

El personal y las promociones comerciales

CONTENIDOS

OBJETIVOS

- Analizar el proceso de selección del personal dedicado a labores comerciales en una empresa.
- Exponer la importancia y los objetivos de la formación del personal comercial.
- Mostrar las características básicas del liderazgo aplicado a la gestión de personal en la empresa.
- Indicar las distintas clases de motivaciones existentes.
- Señalar los aspectos básicos de los procedimientos de control del personal.
- Detallar los principales tipos de clientes, así como el modo de actuar ante ellos.
- Conocer los riesgos laborales propios del punto de venta.

INTRODUCCIÓN

La adecuada gestión del personal destinado a desarrollar labores comerciales en una empresa requiere, tras su selección, de una formación continua, así como de la aplicación de los principios del liderazgo empresarial.

Los clientes forman un conjunto muy heterogéneo que exigen ser atendidos de acuerdo con sus características propias.

El conocimiento y la prevención de los riesgos laborales presentes en el punto de venta es un elemento fundamental de la seguridad y salud en el trabajo de los empleados de este sector productivo.

8.1. Perfil y selección del personal de promociones comerciales

La **selección de personal** se define como el proceso que tiene por objeto determinar quiénes, de entre los candidatos a ejercer un puesto de trabajo, son los más aptos para desempeñarlo exitosamente. Supone realizar una comparación entre las características personales y profesionales de cada uno de los candidatos a ocupar un empleo con los requisitos que se exigen en el trabajo concreto de que se trate. Se diferencia la selección de personal del reclutamiento en que el segundo se limita a la búsqueda y provisión de candidatos para que, posteriormente, sea el proceso de selección el que determine el candidato más adecuado para cada puesto de trabajo.

Previamente al inicio del proceso selectivo en sentido estricto existen dos fases, una de planificación de las necesidades de recursos humanos que tiene la empresa, así como de la definición de los perfiles que se pretenden atraer a la empresa. Posteriormente se desarrolla la fase de reclutamiento.

8.1.1. Proceso de selección

El proceso de selección, propiamente hablando, se inicia con una fase preliminar que tiene un aspecto negativo, ya que consiste en el descarte de aquellas personas que no reúnan las características mínimas para ocupar el puesto de trabajo ofrecido. Debe actuarse con un cierto grado de flexibilidad, de modo que una persona que no se acerque a los requisitos mínimos no sea automáticamente eliminable, dado que las carencias que el candidato pueda tener en determinado aspecto pueden verse compensadas por otras cualidades personales.

La selección de personal no se trata de un procedimiento finalista, sino que es un medio para lograr que la empresa alcance sus objetivos. El proceso puede llevarse a cabo de forma directa por parte de las personas que integran la gerencia de la empresa o la dirección de recursos humanos o, por el contrario, subcontratarla en empresas especializadas en gestión de personal, empresas de trabajo temporal, consultorías o entidades similares.

La selección de personal se lleva a cabo en una doble dirección; de un lado, la empresa selecciona el personal que considera más adecuado para ocupar los puestos de trabajo que tiene vacantes, y, complementariamente, los candidatos deciden si las condiciones ofrecidas por la empresa se ajustan a sus expectativas laborales y personales. Evidentemente, la relación entre una y otra parte no es equitativa, ya que, en momentos de alto nivel de desempleo, la empresa tendrá mayor margen de actuación y, sin embargo, en etapas de desempleo reducido o en el supuesto de puestos de trabajo de difícil cobertura, el candidato tendrá una mayor capacidad de negociación.

Figura 8.1. Una adecuada selección de personal es un factor clave para crear un equipo de trabajo eficiente.

Dentro de las características que se deben tener presentes a la hora de desarrollar el proceso de selección de personal, deben destacarse las siguientes:

- Formación académica del aspirante, tanto la que es de aplicación directa al empleo al que se aspira, como la considerada transversal (idiomas, informática, atención al cliente, etcétera).
- Experiencia profesional en puestos similares al ofrecido o en otros que puedan aportar valor al candidato; por ejemplo, experiencia en ventas en un sector diferente al que la empresa se dedica.

- Capacidad intelectual, medida a través de test psicotécnicos que han de ser llevados a cabo por parte de profesionales cualificados para su diseño y posterior valoración.

¿Sabías que

Howard Gardner desarrolló en su libro *Estructuras de la mente: la teoría de las inteligencias múltiples* (1993) la **Teoría de las Inteligencias Múltiples**, de acuerdo a la cual no cabe hablar de una única inteligencia en el ser humano, sino de las siguientes:

- Inteligencia lógico-matemática.
- Inteligencia lingüística.
- Inteligencia corporal-kinestésica.
- Inteligencia espacial.
- Inteligencia musical.
- Inteligencia naturalista.
- Inteligencia intrapersonal.
- Inteligencia interpersonal.

- Interés que el candidato tenga por desempeñar el trabajo, que deberá determinarse en función de las perspectivas laborales que el candidato tenga y las posibilidades de desarrollo de una cadena profesional que la empresa pueda ofrecerle, toda vez que es posible que un trabajador acepte desempeñar inicialmente un puesto muy por debajo de sus expectativas si considera que puede existir la posibilidad de obtener ascensos en la empresa.
- Carácter y personalidad del candidato, que puede tener una relevancia importante en trabajos, por ejemplo, que se desarrollan de cara al público.
- Condiciones físicas y de salud del candidato, especialmente en trabajos que tengan una carga física relevante que requieran características particulares en el candidato.
- Paralelismo con los valores de la empresa, de forma que la forma de actuar del candidato se encuentre en línea con la «cultura organizacional» de la empresa.
- Disponibilidad del trabajador respecto a materias tales como el cambio de domicilio o la realización de jornadas de trabajo especiales o la realización de viajes en el caso de que esos factores sean relevantes en el puesto de trabajo que se desea cubrir.

Actividad resuelta 8.1

Redacta un anuncio en el que indiques los requisitos profesionales y académicos que solicitarías para un puesto de trabajo de personal comercial para una empresa que fabrica herramientas eléctricas de uso profesional.

Solución:

Entre otras opciones, cabe citar las siguientes:

- Estudios mínimos: ciclo formativo de grado medio o bachillerato.
- Se valorará formación en técnicas de venta y atención al cliente.
- Se valorará formación en electricidad o mecánica.
- Persona constante, con capacidad de iniciativa, prospección, autonomía, comunicación, negociación y gestión.
- Acostumbrado a trabajar por objetivos y ofrecer resultados.
- Se valorará conocimientos y experiencia en el sector de las herramientas eléctricas.
- Conocimientos básicos de ofimática.

Actividad propuesta 8.1

Redacta un anuncio en el que señales los requisitos profesionales y académicos que solicitarías para un puesto de trabajo de vendedor de telefonía móvil en una tienda de una de las grandes operadoras de comunicaciones.

8.1.2. Técnicas de selección de personal

Las técnicas de selección de personal son variadas y pueden realizarse unas u otras, o bien una combinación de varias, en función de cada supuesto concreto de que se trate o de otras variables como son el presupuesto que se esté manejando o el número de candidatos que se hayan presentado al proceso selectivo. Han de destacarse las siguientes:

- **Test psicológico:** mediante el cual pueden medirse los rasgos fundamentales de la personalidad de los candidatos. A través de los test pueden determinarse las características de una persona y predecir el comportamiento que la misma puede tener ante una determinada situación real a la que el trabajador pueda enfrentarse en el ejercicio de sus actividades, como pueden ser, por ejemplo, la capacidad de actuar en situaciones de alta intensidad de trabajo, la actitud para atender al público o la capacidad de cálculo. Al analizar la personalidad de los aspirantes se pueden estudiar tanto aspectos generales de su carácter, como otros más concretos, como su timidez, ambición, estabilidad o nivel de resistencia a las contrariedades.

Se trata de una herramienta de gran interés y aplicación práctica en el caso de que se realice de forma profesional, tanto en la fase de diseño de las pruebas como en la de su interpretación; por ello, si no se cuenta con presupuesto para contratar los servicios de un especialista en la materia, es más adecuado no llevar a cabo este tipo de pruebas.

Un test ha de reunir tres requisitos para que pueda ser calificado como apropiado:

- **Fiabilidad:** determinada por la relación existente entre la aparición de un cierto resultado en los test y la existencia de una determinada característica en el candidato.
- **Validez:** los test realizados han de estar relacionados con las actividades laborales que se encuentran en proceso de selección y con las características que se estima que hayan de reunir las personas que ocupen las correspondientes vacantes.
- **Tipificación:** el valor que se haya obtenido ha de ser puesto en referencia con la del resto de los candidatos presentados, debiendo ser ordenados los resultados del total de los candidatos que han realizado las pruebas.

Figura 8.2. El test psicotécnico es una de las pruebas más habituales en los procesos de selección de personal.

Como regla general, se considera que la realización de un único test no aporta la suficiente información, por lo que corresponderá realizar una variedad de test, con el objetivo de obtener una información mucho más completa sobre el candidato. Al efectuarse diferentes test psicológicos, habrá que valorar el resultado conjunto de los mismos mediante una ponderación relativa que se llevará a cabo con el objeto de tener la visión más adecuada sobre el candidato.

- **Prueba de conocimiento:** mediante estas pruebas se busca determinar el nivel de los conocimientos que el candidato tiene acerca de las materias involucradas con el puesto de trabajo que va a llevar a cabo. Dichas pruebas pueden realizarse de diferentes modos:
  - **Prueba escrita:** puede suponer la resolución de test de conocimientos o la resolución de supuestos prácticos planteados.
  - **Prueba oral:** respondiendo a las preguntas o cuestiones planteadas por una o varias personas.
  - **Pruebas en el centro de trabajo:** el aspirante ha de demostrar su capacidad en el centro de trabajo o en una simulación del mismo, como puede ser la realización de una actividad manual, la solución a problemas reales, el manejo de una aplicación informática o la atención a las quejas de un supuesto cliente.
- **Simulaciones:** en las que cabe destacar dos modalidades.
  - **Dinámica de grupo:** se trata de técnicas de discusión oral en las que se debate acerca de un determinado tema planteado por los seleccionadores con el objetivo de intercambiar opiniones o resolver un determinado supuesto. El objetivo de esta es determinar la actitud de los candidatos ante aspectos tales como el trabajo en equipo, la negociación o la argumentación de una determinada propuesta. Debe destacarse que en las dinámicas de grupo no existe una solución correcta o incorrecta desde un punto de vista técnico, sino que será la personalidad del candidato la que será tenida en cuenta. Así, aspectos tales como la empatía, el comportamiento asertivo, la persuasión o la escucha activa serán las variables que considerar por parte del equipo de selección. En las dinámicas de grupo caben diversas alternativas; en algunas se debe solucionar en conjunto un problema planteado, en otras le corresponderá a cada uno de los candidatos defender una determinada postura frente a los demás participantes.
  - ***Role playing*:** se desarrolla una simulación de una situación que puede desarrollarse en el trabajo. Es preciso que el candidato considere que está realizando un caso real, no representando un papel ficticio. Incluso puede ocurrir que a lo largo del *role playing* el candidato desarrolle más de un papel. El objetivo de este tipo de prueba es determinar el modo en que una persona desempeñaría su trabajo y se enfrentaría a situaciones reales.

Figura 8.3. Las dinámicas de grupo son técnicas de selección de personal cada vez más empleadas por las empresas

Ejemplo 8.1

Como ejemplo de dinámica de grupo para trabajar en un comercio, durante el proceso de selección de un vendedor, un candidato puede actuar inicialmente como vendedor frente a otro candidato que desarrolla el papel de cliente conflictivo y, posteriormente, interpretar el rol de cliente frente a otra persona que desempeña el papel de vendedor.

Actividad propuesta 8.2

Teniendo presentes los consejos sobre las dinámicas de grupo señalados y los aportados por el docente, realiza la siguiente dinámica dentro del aula.

«Realizas un viaje en un avión que ha aterrizado de manera forzosa en el Desierto del Sahara. Solo seis personas habéis sobrevivido. El piloto y el copiloto han perdido la vida. El avión ha ardido y ha quedado destruido.

Os halláis en una llanura que no cuenta con vegetación, a 110 km al norte de un pueblo que es el lugar habitado más cercano. El lugar en que aterrizó el avión se encuentra alejado unos 90 km de la ruta de viaje. La temperatura alcanza durante el día los 40 grados.

Estáis vestidos con ropas ligeras y tenéis pañuelos. Además, juntáis entre todos los siguientes objetos:

- 200 euros.
- Un rotulador.
- Una linterna.
- Un espejo.
- Una brújula.
- 6 abrigos.
- 6 pares de gafas de sol.
- Un paquete de gasas.
- Un tarro de tabletas de sal.
- 30 litros de agua.
- Una navaja.
- Un mapa aéreo de la zona.
- Un impermeable.
- Una pistola del calibre 45.
- Un paracaídas de colores vivos.
- Un libro titulado «Flora y fauna comestible del desierto».

Todos los objetos se encuentran en perfecto estado y habéis decidido permanecer juntos.»

Debes ordenar estos objetos de acuerdo con su orden de importancia.

Actividad propuesta 8.3

Siguiendo las instrucciones del profesorado, realiza con un compañero el siguiente ejercicio en el que uno de vosotros desempeñará el papel de dependiente de un gran almacén y otro el de cliente.

Cada uno de los participantes ha de actuar teniendo presente la información que se aporta.

- Dependiente.
  Trabajas en el departamento de electrodomésticos de un gran almacén cuyo lema es «Si no queda satisfecho, le devolvemos su dinero» y uno de los principios básicos de su cultura empresarial es «Atención al cliente de la máxima calidad».
  Un cliente pretende devolver un televisor que ha adquirido. Su estado de ánimo es ligeramente enfadado. Existen una serie de condiciones que debes conocer:
  - El plazo de devolución es de 15 días, pero lo pretende devolver a los 20 días.
  - La calidad de la imagen es la más elevada del mercado.
  - El cliente cree que deberías haberle advertido que no tiene resolución 4K, pero no te había preguntado por esa característica.
  - El cliente pretende que se le recoja en casa, cuando las normas de la empresa es que en las devoluciones sea el cliente el que lleve el producto al gran almacén.
  - Es un buen cliente de la empresa, lo que puedes comprobar en el saldo de compras de su tarjeta.
  - Tiene un elevado porcentaje de devoluciones en sus compras.

  Intenta que el cliente se encuentre satisfecho con la solución ofrecida por la empresa, defendiendo los derechos de esta.
- Cliente.
  Eres cliente del departamento de electrodomésticos de un gran almacén cuyo lema es «Si no queda satisfecho,

le devolvemos su dinero» y uno de los principios básicos de su cultura empresarial es «Atención al cliente de la máxima calidad».

Pretendes devolver un televisor que has adquirido. Tu estado de ánimo es ligeramente enfadado. Existen una serie de condiciones que debes conocer:

- El plazo de devolución es de 15 días, pero lo pretendes devolver a los 20 días.
- Consideras que la calidad de la imagen es mediocre, debido a la mala calidad de la televisión que te recomendaron.
- Crees que el vendedor debería haberte advertido de que no tiene resolución 4K, lo que para ti es importante.
- Pretendes que recojan tu televisor en casa.
- Eres un buen cliente de la empresa, lo que pueden comprobar en el saldo de compras de tu tarjeta.
- Tienes un elevado porcentaje de devoluciones en tus compras.
- Advierte que si no acceden a tus peticiones pedirás la hoja de reclamaciones y no volverás a comprar en esa empresa.

Intenta que la empresa acceda a tus peticiones.

8.2. Formación del personal

Se considera actualmente que la formación es un elemento fundamental para alcanzar el éxito en la actividad empresarial, especialmente cuando esta se considera un proceso que la empresa realiza de forma continua y que le permite potenciar las competencias profesionales del conjunto de los trabajadores, ayudándoles a alcanzar el objetivo de mantener actualizadas sus competencias profesionales.

Las empresas requieren que los trabajadores dominen las técnicas más actualizadas para desarrollar su trabajo, bien sea una actividad tecnológica, de gestión o de administración, y esa actualización requerirá que los empleados y la gerencia adquieran esos conocimientos, bien en actividades formativas desarrolladas por la propia empresa, bien en cursos a los que haya acudido el trabajador por propia iniciativa.

La empresa que es consciente de esta realidad asumirá la formación como un medio para mejorar su actividad económica, toda vez que, si se considera el factor humano como el activo más valioso con el que una organización cuenta, la mejora de las capacidades de ese factor será el elemento clave para potenciar la empresa e incrementar su presencia en el mercado.

Ejemplo 8.2

En una empresa que se dedica a la actividad comercial, la realización periódica de cursos de ventas y atención al cliente permitirá incrementar las habilidades de sus vendedores y formarles en las técnicas más novedosas en esas áreas. Aunque se trate de trabajadores con amplia experiencia, siempre podrán obtener gran rendimiento de esas acciones formativas.

Recuerda que

La **formación de los empleados** de una empresa, además de una herramienta para su desarrollo profesional, es un derecho que les concede el Estatuto de los Trabajadores, que señala como derechos del trabajador, entre otros, los siguientes:

- El disfrute de los permisos necesarios para concurrir a exámenes.
- La adaptación de la jornada ordinaria de trabajo para la asistencia a cursos de formación profesional.
- La concesión de los permisos oportunos de formación o perfeccionamiento profesional con reserva del puesto de trabajo.
- La formación necesaria para su adaptación a las modificaciones operadas en el puesto de trabajo.

Figura 8.4. La formación es necesaria para mantener actualizados los conocimientos y las habilidades del personal comercial.

En esta área existen diferentes conceptos que deben diferenciarse:

- **Adiestramiento:** es el proceso a través del que la empresa motiva a sus trabajadores para que se impliquen en acciones formativas con la finalidad de incrementar su capacidad productiva y su nivel de capacitación profesional, de modo que, además de mejorar su cualificación técnica, puedan contribuir con más intensidad a la mejora de la evolución de la empresa. Las finalidades del adiestramiento son:
  - Mejorar la productividad.
  - Disminuir el coste de desarrollo de las actividades.
  - Reducir los accidentes de trabajo y las enfermedades profesionales.
  - Incrementar la satisfacción de los trabajadores, lo que repercutirá en la mejora del clima laboral en la empresa.
  - Aumentar la estabilidad en el empleo.
  - Potenciar la carrera profesional de los trabajadores y su potencial de ocupar puestos de mayor responsabilidad en base a su capacitación profesional.
  - Incrementar la eficiencia de los procedimientos productivos.
- **Capacitación:** es la actividad formativa desarrollada de forma programada desde la empresa, con finalidades a corto plazo, mediante la que los trabajadores aprenden materias y atesoran habilidades de acuerdo con una serie de objetivos previamente determinados. Implica transmitir una serie de conocimientos concretos referidos a materias laborales, estructura organizativa de la empresa, su cultura empresarial, así como conocimientos transversales. Mediante estas actividades, se incrementa de un modo muy directo la productividad de la empresa y la habilidad del empleado para desarrollar sus funciones. Sus finalidades son similares a las establecidas para el adiestramiento, si bien se diferencia en que la capacitación tiene un diseño que busca conseguir efectos directos a corto plazo en los trabajadores.

Vocabulario

Cultura empresarial: se define como el conjunto de elementos relativos al funcionamiento de la empresa como tal, desde la forma en que se desarrolla el trabajo, hasta las relaciones existentes entre los trabajadores, pasando por los códigos sobre forma de vestir o de comportarse en las reuniones.

Cuando se ha de observar la cultura de una empresa resultará muy interesante observar lo que sucede cuando llegue un nuevo trabajador, tanto por parte de este como por parte de las personas que ya trabajaban en la empresa. Inicialmente, un empleado recién incorporado no sabrá nada de la cultura empresarial implantada en esa empresa, y de forma progresiva deberá ir conociéndola y adaptándose a la misma, dado que, en caso contrario, es muy posible que surjan conflictos en la empresa o que pueda llevar a perder su empleo.

Evidentemente, lo más recomendable sería que cuando se contrate a un nuevo empleado se le informe desde el primer instante y con sinceridad de la cultura empresarial existente en la compañía. La realidad es que esto no sucede en muchas empresas de un modo explícito, ni siquiera para los empleados que ya desarrollan sus funciones en ellas.

- **Desarrollo:** tiene una visión a largo plazo, buscando que los trabajadores y gerentes de la empresa adquieran conocimientos, habilidades y actitudes que requieren por parte de los receptores de las acciones de desarrollo personal una mayor vinculación con la empresa y con las finalidades propias de este tipo de actuaciones, entre las que cabe destacar las siguientes:
  - **Otorgar a los trabajadores y directivos los conocimientos y las formas de actuar** que contribuyan a que se alcancen las metas estratégicas que la empresa tenga señaladas.
  - **Reducir el periodo que se precisa para desarrollar las acciones formativas concretas,** mediante el incremento de la vinculación de los receptores con la formación ofrecida.
  - **Contribuir a que el trabajador obtenga el máximo rendimiento de las potencialidades** con las que cuenta de forma intrínseca.
  - **Alcanzar unos más elevados niveles de eficacia y eficiencia** en el desarrollo de las capacidades productivas de la empresa.

  Un objetivo básico de la formación de este tipo de personal ha de ser el de entrenarlo en las técnicas básicas de comunicación que son directamente aplicables a la red de ventas.

Actividad propuesta 8.4

Eres el responsable de recursos humanos de una cadena de tiendas de artículos de bricolaje. La empresa se está expandiendo por diversas ciudades, por lo que es preciso contratar nuevos dependientes. Parte de los candidatos seleccionados tienen excelentes actitudes, pero nunca han trabajado en una tienda de este tipo y algunos no tienen ninguna experiencia laboral como dependientes. Señala el tipo de cursos que propondrías a la dirección de la empresa para formar adecuadamente a esos dos grupos de nuevos trabajadores.

8.2.1. Técnicas de comunicación con el usuario

Se trata de aquellas que crean una atmósfera de confianza para lograr ser capaces de construir una relación. Estas son:

- **Empatía:** la empatía puede definirse como la capacidad de percibir lo que el interlocutor está comunicando y compartir los sentimientos que está expresando. También se describe como la capacidad para entender los pensamientos y las emociones de las demás personas, de situarse en el lugar de los demás compartiendo los sentimientos de estos. Cuando se habla de empatía en el campo de la empresa, suele definirse como «ponerse en el lugar del cliente» o, igualmente, como «identificar los deseos del cliente». Ambos conceptos son válidos.

Figura 8.5. La empatía ayuda al vendedor a situarse en la posición del cliente y a comprender mejor sus necesidades.

En el área de atención al cliente, el proceso de empatía tiene dos fases:

- La primera consiste en reconocer el estado de ánimo del cliente. Esto implica llegar a determinar cuál es la emoción principal que existe en él. Puede ser frustración, preocupación, miedo, enfado, felicidad, satisfacción, orgullo, etcétera.

Para conseguir este objetivo, el empleado de la entidad deberá plantearse a sí mismo: «qué estará ocurriendo en la mente de este cliente» o «por qué razón se comporta así». Reconociendo este estado de ánimo, se está en camino para la segunda parte del proceso de la empatía.

- La segunda fase de la empatía se refiere a los modos concretos en que se muestra la empatía a los clientes, las formas en las que la misma se hace visible. Son muy variadas, pero cabe destacar las siguientes;
  - ✓ Conexión visual.
  - ✓ Adaptación al nivel del cliente.
  - ✓ Empleo de frases de conexión.
  - ✓ Uso adecuado del lenguaje corporal.

Actividad resuelta 8.2

Eres camarera en un restaurante. Una familia que tenía hecha su reserva para las 13:00 h llega a las 15:00 h, quejándose de que su coche se les ha estropeado en una carretera secundaria en un día especialmente caluroso. Por ello, llegan con mal carácter y quejándose por todo. ¿Cómo podrías afrontar esta situación desde el punto de vista de la empatía?

Solución:

Analizando el problema desde un punto de vista objetivo, te das cuenta de que el motivo de su mal humor no se debe a un mal servicio en el restaurante o a que el servicio sea deficiente. La verdadera causa de su enfado es la avería de su automóvil, además de estar ya con hambre.

De esa forma, una vez puesta en su lugar, les atenderás con mucha amabilidad para «compensarles» por sus problemas, además de indicarles que harás lo posible por acelerar su pedido para que la comida salga de cocina en el más breve periodo de tiempo.

Actividad propuesta 8.5

Trabajas en el departamento de atención de una compañía de electricidad. En tu jornada laboral recibes diariamente a numerosos clientes de la empresa. ¿Cómo crees que puede serte útil el uso de la empatía para atender de forma más eficaz a los clientes y sus diferentes exigencias?

- **Asertividad:** se puede definir el concepto de asertividad como la capacidad para expresar las opiniones, las emociones y los sentimientos de una forma sin complejos, de un modo tranquilo, sin que esté presente la agresividad, el temor o la ansiedad, dando lugar a que la persona pueda afirmar sus derechos como tal, sin que se produzca una manipulación de las demás personas ni manipulando a nadie a su vez.

No debe confundirse la asertividad con la búsqueda de la aprobación por parte de las demás personas. Esa búsqueda de la aprobación por parte de terceras personas podría dar lugar a aceptar manipulaciones externas a cambio de obtener esa aprobación; por el contrario, cuando se actúa de una forma asertiva, no se busca lograr el aplauso de otras personas, por lo que, por ejemplo, se expresarían las opiniones propias, aunque ello suponga desacuerdos con los demás.

Ejemplo 8.3

En una reunión con otras personas, la persona asertiva se sentirá segura de expresar sus opiniones, aunque estas no coincidan con las del resto, pero lo hará de modo que resulte respetuoso con la manera de pensar de las demás personas, sin criticarlas por opinar de forma diferente.

Cuando una persona manifiesta lo que siente de una forma clara y tranquila, se siente bien consigo misma y se reduce la tensión y los posibles nervios que se encuentren presentes. La asertividad y la ansiedad son valores contrarios; de ese modo, obrar de forma asertiva reduce la ansiedad, ya que se gestionarán las diferentes interacciones con las demás personas de un modo mucho más equilibrado y efectivo. La vía hacia la asertividad es un camino de aprendizaje que, al igual que sucede con la empatía, es más sencillo y rápido de recorrer si se ha sido educado en la potenciación de la misma desde la infancia.

Figura 8.6. La asertividad es una de las claves de una comunicación exitosa en el ámbito empresarial.

Actuar de una forma asertiva es un reto en numerosas ocasiones, especialmente cuando la persona que va a hacer algo tiene el temor de que ello pueda resultar incómodo para quien va a recibir los efectos de dicho modo de actuar. Evidentemente, si pensamos que la otra persona va a recibir muy positivamente nuestro comportamiento, la situación de tensión previa o esa sensación de reto no estarían presentes en modo alguno.

Aprender a comportarse de modo asertivo implica desarrollar las habilidades sociales precisas para ser expresivos, directos y honestos en la forma de expresarse y actuar, de forma que se incrementará la seguridad en uno mismo y la autoestima, del mismo modo que se incrementa la capacidad de hacer sentir a las demás personas que son valiosas.

Actividad propuesta 8.6

La asertividad es una forma de relacionarse con nuestros semejantes que no siempre es tenida en cuenta. Con frecuencia se prefiere optar por respuestas agresivas (buscando imponerse sobre los demás) o pasivas (evitando el conflicto, aun a costa de renunciar a los propios derechos). ¿A qué crees que se debe que no se emplee con mucha más frecuencia la asertividad en las relaciones sociales?

- **Escucha activa:** la capacidad de escucha, en el ámbito de la atención al cliente, hace referencia al grado en que los clientes perciben que el empleado es capaz de comprender lo que se le está exponiendo y de saber cómo se sienten. Resulta muy eficaz tener una actitud denominada de «escucha activa», que da a entender al cliente que su mensaje es entendido y que se comprende claramente lo que quiere transmitir, además de mostrarle que se está atento a lo que quiere comunicar a quien comunica. Especialmente, ha de mantenerse esta actitud cuando debe negarse la petición del cliente, ya que habrá podido comprobar que dicha negativa no está basada en una falta de comprensión por parte del empleado de la empresa de las razones que le están siendo expuestas.

  La escucha activa significa no solo percibir con el sentido del oído, sino escuchar y entender la comunicación desde el punto de vista del que habla. Claro que la calidad de la atención telefónica que se preste a los clientes (actuales o los que podrían llegar a serlo en un futuro) va a repercutir de una forma directa en la imagen que estos se formen de la empresa.

Actividad resuelta 8.3

En la empresa en que trabajas se necesita contratar nuevos empleados. Tú propones que se realice una dinámica de grupo como parte del proceso de selección. Tu superior considera que no es una prueba precisa, dado que entiende que no resulta útil. Expón tus argumentos a favor de llevar a cabo la dinámica de grupo.

Solución:

Entre las utilidades de una dinámica de grupo en un proceso de selección de personal cabe destacar las siguientes:

- Facilita el análisis de diversos candidatos al mismo tiempo.
- Muestra el modo en que los candidatos interactúan entre sí.
- Indica el grado de asertividad de los aspirantes.
- Mide, entre otras, las siguientes capacidades de los aspirantes:
  - Persuasión.
  - Autonomía.
  - Liderazgo.
  - Iniciativa.
  - Negociación.
  - Seguridad personal.
  - Toma de decisiones.
  - Escucha.
  - Fluidez verbal.

8.3. Técnicas de liderazgo

Existen diversas definiciones del liderazgo de un equipo, entre las que cabe destacar la que señala la capacidad con la que cuenta el responsable de un grupo para influir en el conjunto de las personas vinculadas al mismo para alcanzar los objetivos y cubrir las necesidades del equipo. Su objetivo principal es conseguir que las personas que lo integran alcancen su máximo potencial personal y profesional.

Recuerda que

Un **líder** no es nombrado por parte de la jerarquía empresarial, sino que es elegido por el conjunto de los trabajadores de la empresa o por una parte mayoritaria de estos con base en factores como su carisma o la capacidad para solucionar situaciones comprometidas o especialmente complejas.

No se trata de buscar en la empresa personas cuya influencia surge de la posición que ocupan en el organigrama (influencia derivada de la jerarquía que ocupan en la estructura formal de la empresa), sino de aquellas cuya influencia deriva de su capacidad para influir en las demás personas (autoridad otorgada por quienes escuchan a la persona en cuestión).

Ser líder supone no conformarse con la situación integral en la que se encuentre el equipo, guiando al conjunto de sus integrantes para alcanzar un objetivo que se considera positivo por parte del conjunto de las personas con las que se relaciona el líder, el cual ha de sentirse implicado tanto con el equipo como con los miembros de este. El líder ha de implicarse con el conjunto de sus compañeros en la consecución de un objetivo común que beneficiará al conjunto de los implicados; por el contrario, la persona que ocupa un puesto de elevada jerarquía, pero que no ejerce un liderazgo en el equipo, se limitará a emitir una serie de órdenes, sin implicarse en su desarrollo y en desarrollar las acciones precisas para conseguir los objetivos marcados, ya que todo ello lo considera como tarea de sus «subordinados».

Figura 8.7. Liderar supone impulsar al conjunto de integrantes del equipo en la consecución de un objetivo común, implicándose con todos ellos

En determinadas ocasiones, el liderazgo supone guiar al resto de los miembros del equipo por un estilo nuevo de dirección o de gestión que rompa con los anteriormente empleados en el grupo, bien por tradición, bien por la influencia de un líder anterior. En ningún caso un líder debería ser entendido como alguien que no asume críticas y que considera que sus criterios son los únicos válidos, sin tener presente las opiniones que otras personas vinculadas con el equipo puedan exponer.

Recuerda que

En el libro *Las 21 Leyes Irrefutables del Liderazgo* (1998) de John Maxwell, el autor recoge las **normas que,** en su opinión, **rigen el liderazgo.** Son las siguientes:

1. La Ley del Límite: la capacidad de liderazgo determina el límite del crecimiento de una persona.
2. La Ley de la Influencia: la verdadera medida de tu liderazgo es la influencia. Nada más y nada menos.
3. La Ley del Proceso: el liderazgo se desarrolla día a día, no de un solo golpe.
4. La Ley de la Navegación: cualquier persona puede dirigir un barco, pero es necesario un líder para determinar el rumbo.
5. La Ley de E. F. Hutton: cuando el verdadero líder habla, las personas escuchan.
6. La Ley del Terreno Firme: la confianza es la base del liderazgo.
7. La Ley del Respeto: las personas siguen naturalmente a líderes más fuertes que ellos mismos.
8. La Ley de la Intuición: los líderes evalúan todo con un sesgo hacia el liderazgo.
9. La Ley del Magnetismo: tú eres lo que atraes.
10. La Ley de la Conexión: los líderes tocan el corazón antes de pedir ayuda.
11. La Ley del Círculo Interno: las personas cercanas al líder determinan el potencial de este.
12. La Ley de la Entrega del Poder: solo los líderes seguros de sí mismos dan poder a los demás.
13. La Ley de la Reproducción: se requiere ser un líder para desarrollar a otro líder.
14. La Ley del Convencimiento: las personas se convencen del líder y luego de la visión.
15. La Ley de la Victoria: los líderes encuentran la forma de que el equipo gane.
16. La Ley del Momento de Inercia: el momento de inercia es el mejor amigo de un líder.
17. La Ley de las Prioridades: los líderes entienden que actividad no necesariamente significa logro.
18. La Ley del Sacrificio: un líder debe sacrificarse para progresar.
19. La Ley de la Oportunidad: cuando conducir es tan importante como qué hacer y adónde ir.
20. La Ley del Crecimiento Explosivo: para sumar al crecimiento, hay que conducir a seguidores. Para multiplicarlo, hay que conducir líderes.
21. La Ley del Legado: el valor perdurable de un líder se mide por su sucesión.

Sabías que

Entre los libros más conocidos sobre el concepto y las **características del liderazgo** se encuentran *Los siete hábitos de la gente altamente efectiva*, de Stephen Covey (1989), y *Liderazgo,* de Daniel Goleman (2013), también autor de *Inteligencia emocional* (1995).

8.3.1. Características del líder empresarial

Los atributos con los que cuenta un líder empresarial son los siguientes:

- **Carismático:** guiando al equipo del que forma parte, de modo que cada uno de sus miembros alcance su máximo nivel de desarrollo personal.
- **Organizador:** capacidad de emplear adecuadamente la serie de factores con los que cuenta el líder para desempeñar sus funciones en el equipo
- **Visionario:** capacidad de observar la evolución futura tanto de la empresa en sentido particular como del sector en el que la misma se desarrolla. De ese modo, puede entender la evolución económica o social en que se desarrolla la empresa con mucha más claridad que el conjunto de las demás personas implicadas.
- **Comunicador:** no basta con que el líder tenga una visión a largo plazo muy relevante, sino que esa visión y la forma de alcanzar esas metas debe ser transmitida a la totalidad de las personas vinculadas a la misma de forma clara y comprensible.
- **Motivador:** la comunicación no solo ha de ser clara, sino que debe realizarse de una forma que los trabajadores implicados se sientan motivados a realizar las actuaciones propuestas por el líder.
- **Operativo:** las propuestas que realiza no han de ser meras exposiciones de motivos o de buenas intenciones, sino que han de transformarse en cambios concretos que supongan la superación de los obstáculos que puedan aparecer en el desarrollo de las actividades precisas para la consecución de los objetivos.
- **Constante:** de modo que, con las dificultades que surjan, se centre en alcanzar las metas que se ha marcado, sin realizar rectificaciones que puedan suponer una modificación de los objetivos o una disminución de la intensidad de los cambios precisos, salvo que sea necesario de forma indiscutible.
- **Creativo:** capaz de idear soluciones frente a los avatares que se presenten, sin verse constreñido

por parte de las etapas inicialmente previstas, pudiendo generar ideas nuevas para alcanzar objetivos sin verse bloqueado por la aparición de un escenario inicialmente no previsto.

- **Negociador:** con la capacidad de llegar a acuerdos con las personas con las cuales se relaciona, consiguiendo que las diferencias que naturalmente se pueden producir, den lugar al nacimiento de procesos de negociación y no de enfrentamiento entre las partes implicadas.
- **Honesto:** se trata de un valor que el líder debe poseer para conseguir el liderazgo del equipo y mantenerlo en el largo plazo.

Figura 8.8. El liderazgo empresarial requiere contar con una serie de atributos clave.

Recuerda que

La **autoridad,** a diferencia de lo que sucede con el liderazgo, se relaciona con el concepto de jerarquía en la empresa o la institución. En el caso de la autoridad, aparece una relación jerárquica entre superior y subordinados y no supone un ejercicio de liderazgo.

El liderazgo empresarial puede tener dos manifestaciones:

- **Liderazgo que mantiene el *statu quo* existente** y que se limita a mejorar las condiciones en las cuales se desarrollan los diferentes procesos de la empresa, pero que no llega a implementar cambios relevantes en la misma.
- **Liderazgo que transforma la empresa,** ya que busca el cumplimiento de sus objetivos aun a costa de modificar formas de realizar las cosas que tradicionalmente han sido observadas como inmutables y no cuestionadas por parte de la empresa.

Tabla 8.1. Diferencias entre un líder y un jefe

Líder	Jefe
Investiga nuevas opciones.	Acepta la realidad existente.
Hace lo que es correcto.	Aplica las normas de forma rígida.
Tiene una visión a largo plazo.	Su visión es cortoplacista.
Genera confianza.	Se apoya en el control.
Impulsa la innovación.	Se limita a administrar.
Es original.	Copia lo hecho previamente.
Se cuestiona el qué y el porqué.	Se cuestiona el cómo y el cuándo.
Se fija en el horizonte.	Se fija en la línea de fondo.
Desarrolla nuevas alternativas.	Mantiene las soluciones ya probadas.
Se basa en las personas.	Se basa en las estructuras y los sistemas.

Actividad resuelta 8.4

El nuevo director de una empresa redacta un plan estratégico en el que se centra en alcanzar unos elevados beneficios en el siguiente ejercicio económico, sin tener presente el futuro a largo plazo de la empresa.

A pesar de que sus asesores le indican que deben modificarse ciertos aspectos de la gestión empresarial desarrollada previamente, el nuevo director prefiere mantener la misma línea con el objetivo de que nadie le acuse de cometer errores de gestión.

En línea con lo anteriormente citado, se ciñe a los criterios de gestión establecidos por la anterior dirección sin tener presente si los mismos son o no correctos para el nuevo momento económico que vive la empresa.

A pesar de que le han expuesto los méritos profesionales de varios empleados, no los tiene presente para nombrarlos para que desempeñen puestos directivos, dado que considera que la estructura de trabajo de la empresa, su burocracia, seguirá siendo útil a la empresa sin detenerse a analizar o no la valía profesional de las personas que hasta ahora habían ocupado dichos puestos.

¿Consideras que el nuevo director de la empresa es un líder o un jefe? ¿Qué características de uno o de otro has detectado en su comportamiento?

Solución:

Se trata claramente de un jefe, sus características son las siguientes:

- Acepta la realidad existente.
- Aplica las normas de forma rígida.
- Su visión es cortoplacista.
- Copia lo hecho previamente.
- Mantiene las soluciones ya probadas.
- Se basa en las estructuras y los sistemas.

Actividad propuesta 8.7

Una empresa cuenta con 200 empleados. Nombran gerente de esta a un hijo del dueño carente de experiencia laboral y cuyo principal mérito es el parentesco directo con el fundador de la empresa. Como consecuencia de su inseguridad, actúa basándose en su autoridad, generando numerosos conflictos personales en la empresa y siguiendo de forma precisa la forma de gestionar de su padre, a pesar de haberse modificado el mercado radicalmente desde que se fundó la empresa. Responde a las siguientes cuestiones: ¿Qué crees que lleva a que se produzcan estos conflictos? ¿Cómo crees que puede mejorarse la relación entre el gerente y los trabajadores y conseguir una mejora de la gestión de la empresa?

8.4. Motivación y control del personal

La **motivación** se define como el deseo de alcanzar la satisfacción de las necesidades de una persona, reduciéndose la tensión generada por la misma. Las motivaciones vienen vinculadas a las necesidades, si bien, una motivación puede relacionarse con varias necesidades, y viceversas. Por ejemplo, la necesidad de vivir en un domicilio puede generar una motivación de seguridad (tener una vivienda) o una de estima (tener una vivienda de lujo en una zona muy exclusiva).

8.4.1. Clasificación de las motivaciones

Las motivaciones pueden clasificarse siguiendo a Abraham Maslow, de este modo:

- **Motivaciones fisiológicas:** básicas en la persona, tienen un carácter biológico y hacen referencia a la supervivencia de la persona (comer, beber, respirar, evitar el dolor, descansar). Entre las motivaciones que aquí se engloban están las de alimentarse, mantener una temperatura correcta (ropa) o descansar.
- **Seguridad:** hacen referencia a la satisfacción en tiempos futuros, como es la de tener una vivienda, educación, salud, cierta estabilidad económica o seguros que cubran determinadas eventualidades.
- **Sociales:** pertenencia a un grupo social, afecto, evitar la soledad, y sentirse integrado en la sociedad y aceptado tal y como es personalmente.
- **Estima:** referida a la tendencia de la persona a destacar por encima del conjunto de los demás o de ser tenida en cuenta con un estatus determinado, reconociéndosele sus méritos, y sintiéndose segura de sí misma y con un valor en la sociedad. Existe la necesidad superior que hace referencia al respeto propio (capacidad, estima o independencia) y una inferior que se refiere al respeto y la estima por parte de los demás.
- **Autorrealización:** hace referencia al crecimiento personal, maximizando su potencial mediante el ejercicio de una actividad concreta en la cual se destaque de un modo especial.

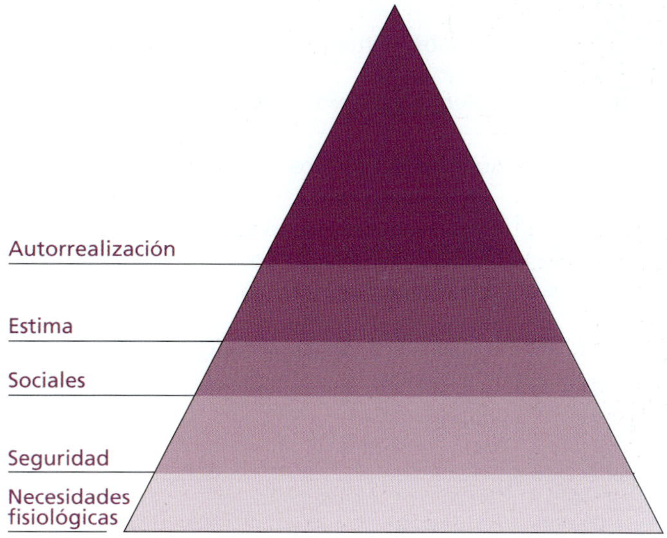

Figura 8.9. Pirámide de Maslow.

De acuerdo con Herzberg, la motivación para desempeñar las actividades laborales se encuentra relacionada con dos factores:

- **Higiénicos:** la insatisfacción en el trabajo se encuentra relacionada con el ambiente existente en el mismo, con los compañeros de trabajo, con los superiores jerárquicamente y con el ambiente que existe en la empresa.
- **Motivacionales:** la satisfacción en el trabajo se vincula de acuerdo con los desafíos que el puesto supone para el trabajador y las posibilidades de desarrollo laboral y personal que suponga.

Ejemplo 8.4

Una empresa en la que se abonen sueldos algo por encima de la media del sector, pero en la que el ascenso de categoría es fruto de la decisión arbitraria de la dirección sin atender a los méritos profesionales de los trabajadores, puede ser muy poco motivadora para los trabajadores a la hora de mejorar su rendimiento laboral.

Tabla 8.2. Factores de higiene-motivación de Herzberg

Factores	Motivacionales	El trabajo en sí. Responsabilidad. Progreso. Crecimiento.
		Realización. Reconocimiento. Estatus.
	Higiénicos	Relaciones interpersonales. Supervisión. Colegas y subordinados.
		Supervisión técnica.
		Políticas administrativas y empresariales.
		Seguridad en el trabajo.
		Condiciones físicas de trabajo.
		Salario. Vida personal.

Sabías que

Abraham Maslow (1908-1970) fue un psicólogo estadounidense que desarrolló en su obra *Una teoría sobre la motivación humana*, publicada en 1943, la llamada **Pirámide de Maslow** o jerarquía de las necesidades humanas.

Esta es una teoría psicológica en la que hace referencia a una jerarquía de necesidades humanas que indica que, a medida que son satisfechas las necesidades más básicas (parte inferior de la pirámide), las personas desarrollan tanto necesidades como deseos más elevados (parte superior de la pirámide).

Actividad resuelta 8.5

Eres trabajador del departamento de recursos humanos de una empresa. Has detectado que entre el personal existe un reducido nivel de motivación. No comprendes lo que sucede, dado que la empresa paga unos sueldos correctos, por encima de la media del sector, y tú creías que esa era la clave de la motivación de los empleados de cualquier empresa. ¿Qué elementos motivadores pueden establecerse en la empresa además del sueldo?

Solución:

Entre las posibles motivaciones cabe mencionar las siguientes:

- Flexibilidad de horarios.
- Posibilidad de desarrollo profesional.
- Impartición de cursos formativos.
- Comunicación fluida entre dirección y personal.
- Empleo de la asertividad por parte del personal directivo.
- Medidas diversas de conciliación entre vida laboral y personal.

8.4.2. Control del personal

Gestionar los recursos humanos en una empresa supone dirigir y coordinar a sus trabajadores con la finalidad de que alcancen las metas que hayan sido establecidas. Es importante que la empresa, como criterio inicial, tenga presente que el principal valor que tiene es su capital humano.

Vocabulario

Capital humano: desde un punto de vista socioeconómico, el capital humano hace referencia a la riqueza de que se dispone en una organización en lo referente a la cualificación de sus trabajadores. En otras palabras, es el grado de formación con el que cuentan, la experiencia que cada uno de ellos atesora, el número de trabajadores y la productividad que desarrollan.

Vocabulario

Gestión de recursos humanos: es el conjunto de procedimientos relativos al incremento y el mantenimiento del esfuerzo, el desempeño, la salud, los conocimientos y el saber hacer (entre otros elementos) de los integrantes de la estructura en beneficio del propio trabajador y de la organización en general.

Las empresas deben motivar a sus trabajadores para que en su actividad laboral ofrezcan la mejor de sus capacidades y se desarrollen profesionalmente cada día dirigiéndose hacia la excelencia y, adicionalmente, se impliquen con la empresa hacia la consecución de los objetivos de esta.

Una gestión de los recursos humanos correcta incluye diversos aspectos:

- Selección y contratación de las personas con las actitudes personales y las aptitudes profesionales adecuadas al puesto que vayan a ser ocupados, además de con el potencial profesional adecuado para crecer laboralmente en la empresa.
- Cuidado de la prevención de riesgos laborales de un modo activo, cumpliendo de forma rigurosa con la legislación aplicable.
- Establecimiento de una política de remuneración adecuada en función del mercado existente en el sector económico en cuestión y en la zona geográfica en que se encuentre la empresa.
- Conciliación de la vida laboral y personal mediante el establecimiento de horarios laborales flexibles y adaptados a las necesidades de ambas partes, además de incluir acciones sociales en beneficio de los trabajadores con obligaciones familiares.
- Establecimiento de planes de desarrollo profesional, de forma que los trabajadores puedan sentir que sus potencialidades son tenidas en cuenta por la empresa y que esta adopta medidas para mejorar las capacidades del conjunto de los trabajadores, tanto para beneficio de estos como, indirectamente, para el de la propia empresa.
- Gestión ágil y profesional de los conflictos que se produzcan en el lugar de trabajo, con una actitud proactiva que enfrente las dificultades que puedan aparecer desde el primer momento con el objetivo de mantener un clima de trabajo gratificante.

8.4.3. Departamento de recursos humanos. Actividades que desarrolla

Entre las actividades que debe desempeñar el departamento de recursos humanos de una empresa, cabe citar las siguientes:

- **Establecimiento de vías de comunicación** directa con la plantilla, comprometiéndose la empresa a responder en un breve plazo de tiempo determinado de antemano.
- **Realización de reuniones periódicas** entre la gerencia de la empresa y los representantes del personal.
- **Determinación de objetivos a alcanzar** en el ámbito de los recursos humanos en el corto o medio plazo.
- **Creación de planes de promoción** de los trabajadores que permitan un mayor desarrollo de sus capacidades profesionales.
- **Creación de un canal para que los trabajadores formulen propuestas de mejora** sobre el desempeño de la empresa, comprometiéndose esta a responder a dichas necesidades en un determinado plazo y de forma razonada.
- **Realización de evaluaciones periódicas del rendimiento de cada trabajador,** vinculándose su rendimiento a una adecuada evolución de su carrera profesional.
- **Realización de encuestas periódicas en las que se determine el clima laboral** existente entre los trabajadores.
- **Reconocimiento público de los trabajadores** que hayan llevado a cabo actividades de especial mérito.
- Me**jora de la comunicación en la empresa,** tanto en sentido vertical (entre los distintos niveles jerárquicos que la integran) como en sentido horizontal (entre los integrantes de una misma categoría profesional).

Figura 8.10. Entre las funciones del departamento de recursos humanos de una empresa se encuentra la de destacar a los trabajadores que realicen un trabajo especialmente valioso.

8.5. Tipología de clientes

De forma esquemática, en la Tabla 8.3 se muestran los principales tipos de clientes con sus características especiales y la forma recomendada de actuar ante los mismos.

Una misma persona puede actuar un día como un determinado tipo de cliente y, sin embargo, otro día actuar como otra clase de cliente. No siempre el carácter de un individuo en un comercio u oficina es idéntico, dado que puede verse influido por razones personales o laborales concretas.

Tabla 8.3. Forma de actuar ante los distintos tipos de clientes

1. Enfadado		
Características	**¿Qué se debe hacer?**	**¿Qué no se debe hacer?**
• Carácter irritable, mal humor, impaciencia, mala educación, lenguaje incorrecto. • Este carácter puede deberse a razones personales o a problemas que hayan ocurrido en anteriores experiencias con la empresa que (al menos en su opinión) no hayan sido resueltas de forma correcta.	• Permitirle hablar el tiempo que necesite, expresando que se entiende su argumentación y manteniendo la calma con independencia de su actitud. • Mantener una posición de escucha activa ante el cliente. • En caso de que la entidad haya cometido un error, deberá reconocerse y ofrecer la solución adecuada en el menor tiempo posible. • No se deben minimizar las razones que exponga para estar enfadado, se sentiría incomprendido y minusvalorado.	• Llevarle la contraria. • Considerar que sus críticas a la empresa son algo personal contra el empleado. • Efectuar comentarios irónicos o que demuestren superioridad frente al cliente. • Ofrecer una solución burocratizada que le dé a entender que no existe una implicación personal en resolver el problema planteado. • Disculpar a la entidad con argumentos no válidos, intentando justificar errores de forma improcedente o negando hechos que son indiscutibles. El cliente se sentiría menospreciado. • Estar a la defensiva, porque indica que no nos hemos involucrado en el problema.

2. Distante		
Características	**¿Qué se debe hacer?**	**¿Qué no se debe hacer?**
• Su actitud es de constante frialdad hacia cada persona o dependencia de la empresa, lo que no implica que haya habido necesariamente una mala práctica por parte de la entidad. • Es poco comunicativo, no exterioriza lo que opina o siente, lo que dificulta la comunicación con el cliente.	• Solicitar al cliente que exprese lo que desea o necesita mediante el planteamiento de preguntas abiertas. El problema planteado será más difícil de solucionar si el cliente no se expresa con claridad. • Mostrar solidaridad con el cliente y sus circunstancias. • Exponer las soluciones que se pueden aportar más allá de las dificultades que puedan existir.	• Pretender que se puede cambiar el carácter del cliente; simplemente debe hacerse lo posible para que se sienta cómodo y aporte información. De ese modo se podrá obtener el máximo conocimiento sobre el tema en cuestión. • No presionar al cliente de forma demasiado directa para que exprese sus opiniones, sino que será la calidez y confianza la que consiga incrementar el nivel de confianza.

3. Discutidor		
Características	**¿Qué se debe hacer?**	**¿Qué no se debe hacer?**
• Busca defectos en cada uno de los aspectos de la relación que mantiene con la empresa; tanto el aspecto físico de las oficinas, los trabajadores, su profesionalidad y trato personal, la calidad y variedad de sus productos. • Los enfrentamientos verbales son muy frecuentes, en muchas ocasiones sin que exista la más mínima razón para los mismos. Puede llegar a ser realmente desagradable en el trato con los trabajadores de la empresa, exponiendo sus agravios a todas las personas que les sea posible.	• Emplear la amabilidad como principal elemento de la atención, permaneciendo atentos a lo que esté exponiendo, hablándole con total tranquilidad y dejándole que termine de mostrar sus argumentos. • Destacar los aspectos en los que no exista discrepancia entre empresa y cliente. • Cuidar las formas de modo muy estricto de modo que el cliente no tenga otra «razón» para mantener su agresividad.	• Considerar que el cliente tiene una actitud personalmente agresiva contra el empleado de forma particular, olvidando que es una actitud permanente del carácter del cliente. No debe tomarse como algo personal la actitud o conducta de este tipo de clientes. • Tratarle del mismo modo que el cliente trata al empleado, dado que se incrementará el conflicto. • Renunciar a ayudarle en base a su carácter conflictivo.

4. Conversador		
Características	**¿Qué se debe hacer?**	**¿Qué no se debe hacer?**
• Acude a las empresas con el ánimo no solo, y en muchos casos ni siquiera principalmente, para adquirir un producto o servicio, sino que la mayoría del tiempo lo dedica a charlar de materias ajenas a la venta. • Puede causar problemas de organización a los trabajadores y al resto de los clientes, dada la tendencia a acaparar el tiempo de trabajo del empleado. Puede provocar momentos de cierta tensión en situaciones de gran afluencia de público.	• Dejarle hablar de forma activa de modo que se sienta comprendido, pero, llegado el momento, se le debe expresar de forma directa y cordial que el trabajador tiene otras tareas que abordar o clientes que atender. La forma en la cual se le indique la falta de tiempo ha de ser especialmente cordial y previo agradecimiento de su comunicación y confianza.	• Permitirle que permanezca hablando sin limitarle el tiempo cuando aborda materias no estrictamente profesionales; el hecho de que este tipo de clientes necesiten compartir experiencias personales, tal vez por estar solos en su vida personal, no es razón para su actitud. Debe hacérsele saber que el tiempo que existe para atenderle es limitado por naturaleza y que otros clientes podrían sentirse insatisfechos si siguiese hablando. • No interrumpirle ante el temor de que pueda sentirse molesto por hacerle presente la necesidad de limitar tiempo y temas de conversación.

5. Retraído		
Características	**¿Qué se debe hacer?**	**¿Qué no se debe hacer?**
• Le cuesta mucho expresar cuáles son sus necesidades o qué informaciones necesita. Es habitual que ni siquiera lo tenga claro, o que le suponga un gran esfuerzo verbalizarlo. • Puede dar lugar a la duda acerca de si tiene algún problema personal o con la empresa o si simplemente no le es grato expresar sus inquietudes.	• Tener paciencia especialmente cuando las pausas en la conversación sean más amplias de lo socialmente admitido como normal. • Se le plantearán preguntas de forma que la respuesta sea básicamente abierta y se vea en la necesidad de exponer lo que quiere o desea. Preguntas de respuesta cerrada supondrían mayor dificultad aún para la comunicación con el cliente.	• Crear un clima en que el cliente se sienta incómodo, bien porque se le presenten excesivas alternativas o porque se le haga sentir que no se puede comunicar con él de forma adecuada porque no aporta información a la empresa. Eso haría que se retrajese aún más.

6. Permanentemente en queja		
Características	**¿Qué se debe hacer?**	**¿Qué no se debe hacer?**
• Siempre busca las razones, existentes o no, relevantes o no, para exponer sus quejas acerca de la baja calidad del servicio o del producto. Los datos objetivos del buen servicio o producto ofrecido no son suficientes para evitar esa actitud. • Puede llegar a crear situaciones de tensión ante su permanente crítica y falta de reconocimiento de los esfuerzos hechos por la empresa para mejorar su relación con los clientes.	• Hay que escucharle de forma que se sienta respetado y evitando así una nueva excusa para quejarse de la falta de atención del personal. • Las quejas han de ser atendidas en función de su objetividad, diferenciando las que son reales y ofrecen a la empresa una oportunidad de mejorar la calidad de la prestación de servicios, de las que no representan más que una opinión parcial e injustificada de un cliente. • Considerar las quejas objetivas como interesantes, con independencia de que procedan de personas que resultan conflictivas para la empresa.	• Contestarle en su mismo nivel de voz o con su misma actitud, ya que se podría sentir «agredido» o menospreciado. • Ignorar sus opiniones y dejarle ver que la empresa no aprecia sus opiniones. • Mantener la conversación más allá de la cortesía, implicaría incrementar la posibilidad de que aparezcan más conflictos.

7. Ofensivo		
Características	**¿Qué se debe hacer?**	**¿Qué no se debe hacer?**
• Este cliente actúa desde una posición de arrogancia en relación a los trabajadores de la empresa, a los que intenta hacer sentir «inferiores» respecto a sí mismo. • Derivado de este planteamiento inicial, el trato hacia los trabajadores de la empresa puede llegar a ser realmente ofensivo, entrando directamente en el nivel de la grosería.	• Se le debe solicitar respeto hacia la persona del trabajador, en un tono muy amable, pero a la vez con claridad. • La amabilidad es el argumento más eficaz para tratar con este tipo de cliente, ya que le mostrará el contraste entre su actitud y la que es ofrecida por parte del empleado de la empresa.	• Actuar con el cliente del mismo modo que él lo hace con los trabajadores de la empresa, toda vez que significaría situarse a su mismo nivel, y de ello no podría surgir ningún aspecto positivo para la imagen de la entidad ni para mejorar la relación comercial con dicho cliente.

8. Exigente		
Características	**¿Qué se debe hacer?**	**¿Qué no se debe hacer?**
• Si bien la exigencia no debería ser motivo de conflicto, este cliente la entiende como un concepto que debe aplicársele solo para él, requiriendo un trato preferencial respecto del resto de los clientes, que deben ser atendidos con posterioridad. • Las ideas que tiene sobre un tema han de ser tomadas en cuenta como las más acertadas en dicha materia. Por ello, debe actuarse de acuerdo a sus opiniones y parámetros, los únicos válidos según su punto de vista.	• Hay que escucharle de forma que se sienta respetado y evitando así una nueva excusa para quejarse de la falta de atención del personal. • Usar argumentos de tipo objetivo al dirigirnos a él, evitando entrar en polémicas o enfrentamientos personales. • Mantener la calma y tratarle con el mismo respeto o la misma amabilidad que a los demás clientes, de forma que no perciba que esa exigencia fuera de lugar le aporta réditos.	• Ceder ante sus peticiones que se encuentren fuera de lugar, sentando precedentes para futuras relaciones comerciales. No hay que mostrarse sumiso o asustado. • Actuar con la misma actitud que el cliente para «demostrarle que podemos situarnos a su altura». • Permitir que su forma de comportarse altere el carácter del trabajador, generando estrés en el mismo.

9. Indeciso		
Características	**¿Qué se debe hacer?**	**¿Qué no se debe hacer?**
• Persona con poca confianza en sí misma y a la que cuesta mucho esfuerzo el tomar una decisión ante la duda de si están obrando o no de forma correcta. Desconfía igualmente del criterio de la persona a la cual está consultando. • Esta indecisión va a suponer que su atención implique mucho tiempo, del que no se dispone. De hecho, por mucho tiempo que se le dedique, por su parte nunca desaparecerá ese temor a la equivocación.	• Hay que escucharle de forma que se sienta comprendido, evitando presionarle para que se decida en el menor plazo de tiempo posible, lo que implicará actuar con una gran dosis de paciencia. • Ofrecerle el mínimo número de alternativas posibles para que no surjan en él nuevas dudas acerca de qué elegir.	• Plantear muchas opciones al cliente, ya que cada una puede dar lugar a una mayor demora en su atención. • Ejercer presión sobre el cliente para que se decida en un tiempo razonable. • Empatizar en exceso con los problemas para tomar decisiones por parte del cliente.

10. Abusivo		
Características	**¿Qué se debe hacer?**	**¿Qué no se debe hacer?**
• Se trata de un cliente que no se limita a criticar de forma destructiva, sino que recurre igualmente a palabras improcedentes y hasta incluso amenazas o insultos. Su intención es humillar al trabajador. • Puede llegar a las amenazas por represalias de daños físicos o consecuencias laborales.	• Se deberá hablar al cliente en un tono más bajo del habitual, toda vez que así se logrará que el cliente abusivo reduzca su nivel de voz. La velocidad con la que se habla al cliente debe ser la habitual, sin que el cliente pueda pensar que el empleado desea terminar de forma rápida la conversación.	• Contestarle en su mismo nivel de voz o con su misma actitud, ya que se podría sentir «agredido» o menospreciado. • Entrar en su juego de faltar al respeto debido a su interlocutor de forma que se establezca un enfrentamiento verbal.

Figura 8.11. El cliente ofensivo es una de las clases que más problemas plantean al personal de atención al cliente.

Actividad propuesta 8.8

Una persona ha ingresado en un centro comercial como vendedor de la sección de informática. Un cliente con ciertos conocimientos sobre la materia desea adquirir un ordenador de sobremesa y le hace una serie de preguntas al vendedor para tomar la decisión sobre la compra del equipo. Si bien ha realizado dos cursos sobre técnicas de venta, el nuevo vendedor no cuenta con el mismo nivel de dominio acerca de los equipos informáticos. Como consecuencia de esta ignorancia, el cliente le critica, indicándole que no está suficientemente capacitado para atender al público en esa sección.

El vendedor responde airadamente ante esa crítica, generándose un conflicto que es observado por el resto del público y vendedores presentes en la sección de informática del centro comercial. Ante esa situación, el cliente decide acudir al mostrador de atención al cliente y presentar una reclamación por escrito.

Ante el caso propuesto, responde a las siguientes preguntas:

- ¿Qué errores cometió el vendedor al atender al cliente?
- ¿Qué responsabilidad tiene el centro comercial en los fallos cometidos por el vendedor?
- ¿Qué habilidades crees que necesita adquirir el trabajador?
- ¿Qué consecuencias puede traer para el centro comercial contar con un trabajador con estas carencias en el área de atención al cliente?
- ¿Cómo puede el centro comercial evitar que se vuelvan a producir este tipo de incidentes?

Actividad resuelta 8.6

Formas parte de una empresa de telefonía móvil y tu puesto de trabajo está en una tienda en tu localidad. A la tienda llega un cliente muy exigente que intenta aparentar desde el primer momento que sabe más que tú de terminales móviles y que «no se va a dejar engañar». ¿Cómo le atenderías?

Solución:

Deberás escuchar sus argumentos de modo que se sienta respetado como persona y como «experto». Evitarás enfrentarte con el cliente o llevarle la contraria, dado que se sentiría desautorizado. Le informarás con datos objetivos sobre las características de los terminales que sean de su interés, evitando juicios de valor personales.

Si bien deberás tratarle con respeto, no actuarás de forma servil o con mayor cortesía que al resto de los clientes, evitando así que el cliente exigente sienta que le resulta «rentable» esa forma de actuar.

Actividad resuelta 8.7

Eres vendedor en la sección de zapatería de unos grandes almacenes. A la sección ha llegado un cliente retraído que no transmite con claridad el producto que desea, por lo que es complicado poder satisfacer sus necesidades. ¿De qué forma le atenderías?

Solución:

Evitarás apresurar al cliente para que adopte una decisión de forma rápida. Le irás formulando preguntas para que señale el tipo de zapato que desea, empezando por preguntas generales, antes de concretar el modelo exacto.

Emplearás la amabilidad para que se sienta cómodo y relajado, lo que facilitará su toma de decisión. Finalmente, deberás evitar mostrarle excesivos modelos para que elija uno, con lo que dificultarías su elección.

8.6. Normativa sobre prevención de riesgos laborales en el punto de venta

El mandato constitucional conlleva la necesidad de desarrollar una política de protección de la salud de los trabajadores mediante la prevención de los riesgos derivados de su trabajo y encuentra en la presente Ley 31/1995 de Prevención de Riesgos Laborales (en adelante LPRL) su pilar fundamental.

Se entenderá por **prevención** el conjunto de actividades o medidas adoptadas o previstas en todas las fases de actividad de la empresa con el fin de evitar o disminuir los riesgos derivados del trabajo. Por otra parte, se entenderá como **riesgo laboral** la posibilidad de que un trabajador sufra un determinado daño derivado del trabajo. Para calificar un riesgo desde el punto de vista de su gravedad, se valorarán conjuntamente la probabilidad de que se produzca el daño y la severidad del mismo.

¿Sabías que

A fin de cumplir con el deber de protección establecido por la Ley 31/1995, el empresario adoptará las medidas adecuadas para que los trabajadores reciban toda la información necesaria en relación con:

- **Los riesgos para la seguridad y la salud** de los trabajadores en el trabajo, tanto aquellos que afecten a la empresa en su conjunto como a cada tipo de puesto de trabajo o función.
- **Las medidas y actividades de protección y prevención** aplicables a los riesgos señalados en el apartado anterior.
- **Las medidas adoptadas en** relación con **situaciones de emergencia.**

Figura 8.12. El cumplimiento de la normativa sobre prevención de riesgos laborales es una de las obligaciones clave no solo del departamento de recursos humanos, sino de la empresa en su conjunto.

A continuación, se exponen los riesgos laborales más relevantes que existen en el punto de venta.

8.6.1. Caídas al mismo nivel

Los consejos que seguir para su prevención son los siguientes:

- Se evitará que los cables eléctricos de los distintos elementos presentes en el comercio se encuentren situados en áreas de paso.
- Ante la presencia de derrames, se actuará de forma rápida para evitar accidentes.
- Las zonas de paso deben encontrarse libres de obstáculos.
- Se señalizará la presencia de elementos resbaladizos en el suelo, por ejemplo, la existencia de suelos mojados tras haber realizado tareas de limpieza.
- Se evitará la existencia de irregularidades en el suelo que puedan generar caídas, tales como elementos del pavimento levantados.

8.6.2. Caídas a distinto nivel

Los consejos que hay que seguir para su prevención son los siguientes:

- **Escaleras fijas:**
  - Se solucionará cualquier elemento peligroso que pueda estar presente, por ejemplo, irregularidades en el suelo de uno de los peldaños.
  - Circular sin prisas por la escalera y, en caso de llevar cargas en la mano, cuidar que no impidan la correcta visión de la escalera.
  - Eliminar obstáculos que puedan hacer peligrosa la circulación, como pueden ser productos caídos sobre el suelo.
- **Escaleras manuales:**
  - Emplear en todo caso escaleras de mano o medios pensados para tal fin, y utilizarlos de modo seguro, evitando el empleo de elementos tales como cajas o mesas para elevarse. No se trepará por las estanterías para llegar a las áreas elevadas.
  - Salvo que la puerta esté bloqueada o una persona actúe como controlador, no se situará la escalera delante de una puerta.
  - Las escaleras de tijera deberán contar con elementos tales como una cadena para evitar que se abra de forma involuntaria.
  - No se realizarán desplazamientos laterales subido a la escalera; en caso necesario, se moverá la misma.
  - Las escaleras contarán con tacos de goma u otros elementos antideslizantes.

Figura 8.13. La caída desde una escalera de mano es un riesgo que debe prevenirse al trabajar en el punto de venta.

8.6.3. Carencia de orden o limpieza

Los consejos que deben seguirse para su prevención son los siguientes:

- Se mantendrán los pasillos libres de obstáculos para facilitar la circulación de las personas.
- Los desperdicios o productos que no resulten útiles serán depositados en los recipientes establecidos para tal fin.
- En caso de derrame de líquidos o de objetos que puedan provocar caídas, serán limpiados a la mayor brevedad posible y se señalizará su existencia.
- Se guardarán los objetos de trabajo y las herramientas en los sitios establecidos a tal fin.
- Teniendo en cuenta sus necesidades operativas y en función de sus necesidades de seguridad y prevención, hay que colocar todos los utensilios y productos (tijeras, alfileres, cuchillos, etcétera) en armarios, estantes y cajones adecuados; todo debe resultar fácilmente accesible. Hay que guardar los objetos punzantes de forma que no puedan provocar ningún tipo de accidente.
- Dejar los pasillos despejados, libres de obstáculos, facilitando el paso de las personas y evitando las caídas por tropiezos.
- No sobrecargar las estanterías y delimitar correctamente las zonas de almacenamiento. Los materiales más pesados se colocarán en las zonas más accesibles.
- Colocar el material en desuso, roto, basuras, desperdicios, etcétera, en recipientes adecuados.
- Utilizar la papelera para depositar papeles. Nunca tirar cristales rotos o elementos cortantes en la papelera.
- Los productos químicos deben guardarse en sus recipientes originales, claramente señalizados, y nunca en otros recipientes que puedan inducir a confusión.
- Evitar que se produzcan derrames. Si se han producido, hay que retirarlos y limpiar la zona de forma rápida y adecuada.

8.6.4. Contactos eléctricos

Los consejos que seguir para su prevención son los siguientes:

- Se comprobará el estado de los equipos o instalaciones eléctricas antes de ser usados.
- Emplear los dispositivos de seguridad de que dispongan los diversos equipamientos.
- Desconectar los equipos tirando de la clavija de conexión y no del cable.
- En caso de averías, serán avisadas las personas de mantenimiento, sin proceder a repararlas por parte de personal no especializado.
- Si se produce un accidente, el primer paso a seguir es la desconexión del equipo de la red eléctrica.
- Se evitará la manipulación de equipos eléctricos cuando se encuentren mojados.

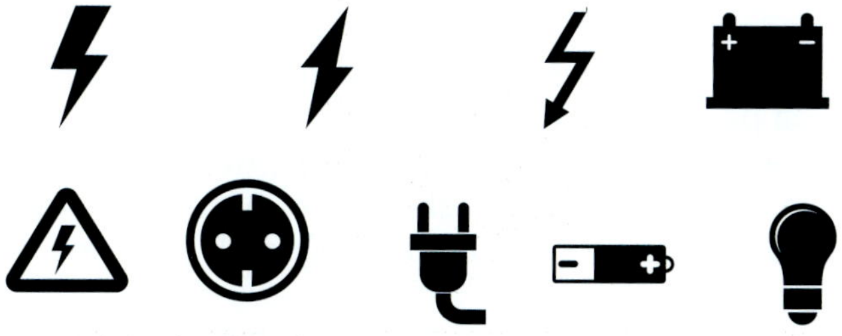

Figura 8.14. Las instalaciones eléctricas requieren un mantenimiento periódico para verificar su correcto estado de funcionamiento.

8.6.5. Golpes contra objetos

Los consejos que deben seguirse para su prevención son los siguientes:

- Se asegurarán correctamente las estanterías y los armarios a la pared o a otros elementos estables para evitar que basculen sobre los trabajadores.
- Las estanterías contarán con elementos que impidan que los productos allí almacenados se vayan al suelo.
- Se deberán respetar los límites señalados por el fabricante respecto del peso máximo que puede soportar la estantería.
- En caso de que existan elementos móviles, existirán topes que impidan la caída de estos.
- Se tendrá cuidado con las puertas de vaivén, abriéndolas con cuidado para no golpear a otras personas.
- Las puertas de emergencia deberán encontrarse despejadas de objetos que impidan su empleo como parte de las vías de evacuación.
- Las puertas de cristal habrán de encontrarse señalizadas con elementos tales como adhesivos que adviertan de su presencia.
- Las puertas giratorias serán empleadas de acuerdo a la velocidad prevista por el fabricante, sin ser forzadas.

8.6.6. Manipulación manual de cargas

Los consejos que seguir para una manipulación correcta de las cargas son los siguientes:

- Cuando deban manipularse cargas y resulte factible, se emplearán los medios mecánicos con los que se cuente en la tienda, como un carrito de transporte.
- Se verificará la carga antes de su uso con el objetivo de manipularla de la forma más segura posible.
- En caso necesario se emplearán elementos auxiliares, tales como carretillas.
- Se situarán los pies separados, permaneciendo uno adelantado en relación con el otro.
- Se sujetará firmemente la carga empleando tanto la palma de la mano como los dedos.
- La espalda se mantendrá recta, de forma que la presión ejercida por el peso del producto recaiga sobre todos los discos que integran la columna vertebral.
- Cuando haya de levantarse la carga, se flexionarán las piernas por las rodillas, aprovechando la musculatura de las piernas para impulsarse y levantar la carga.
- Se evitará el giro de columna cuando se esté levantando una carga.

Figura 8.15. Las carretillas son elementos auxiliares muy útiles para el traslado de productos dentro del establecimiento comercial.

8.6.7. Posturas incorrectas

La adopción de posturas incorrectas durante la jornada de trabajo puede generar las siguientes consecuencias:

- Tensión permanente sobre los músculos para mantener una posición de equilibrio.
- Problemas circulatorios.

Los consejos que deben seguirse para su prevención son los siguientes:

- Se evitarán movimientos forzados del tronco, siendo recomendable el giro del cuerpo a la torsión de la espalda.
- Para asir o depositar objetos a una altura elevada, se empleará una escalera.
- El mostrador del comercio será diseñado de forma que se encuentre, aproximadamente, a la altura de los codos del trabajador. En el supuesto de que se desarrollen tareas de precisión, se situará el plano de trabajo en un nivel superior a los codos. Por el contrario, si ha de realizarse un esfuerzo muscular empleando los brazos, el plano de trabajo se hallará a un nivel inferior al de los codos.
- Se alternará la postura de forma que se reduzca la posibilidad de sufrir fatiga muscular.
- Se realizarán movimientos de estiramiento de los músculos.

En el supuesto específico de desarrollar el trabajo en una caja registradora, serán de aplicación los siguientes consejos:

- Proceder al ajuste de la altura de la silla antes de empezar la jornada laboral.
- Verificar que, sentados en la silla, los pies alcanzan el suelo o pueden apoyarse en un elemento de la misma o en un reposapiés.
- Comprobar que la posición de la silla permite alcanzar sin dificultad los distintos elementos empleados en el trabajo.
- Contar con un puesto de trabajo diseñado de forma que el trabajador pueda realizar sus funciones con los brazos situados lo más cerca posible del cuerpo.

Igualmente, el desarrollo de movimientos rápidos de manera repetida es un hecho habitual en los puestos de caja, más intensamente desde la generalización del empleo del escáner en las cajas registradoras.

Los problemas que pueden derivarse de este factor de riesgo pueden agravarse cuando la organización del trabajo imposibilita o limita la rotación de los puestos de trabajo o la realización de pausas adecuadas para lograr la recuperación de los grupos musculares vinculados con la actividad laboral, pudiendo llegar a presentarse trastornos en hombros, brazos, muñecas y manos directamente vinculados con esta clase de movimientos.

Figura 8.16. El trabajo en la caja registradora requiere la adopción de posturas de trabajo cómodas que prevengan la aparición de trastornos musculoesqueléticos.

Actividad propuesta 8.9

Tras haber terminado tus estudios, decides abrir un pequeño comercio en el que contratas a un trabajador. Decides encargarte de forma personal de la gestión de la prevención de riesgos laborales (lo que se denomina técnicamente asunción personal por el empresario).

Busca los requisitos que la normativa requiere para que puedas encargarte de forma personal de la actividad preventiva.

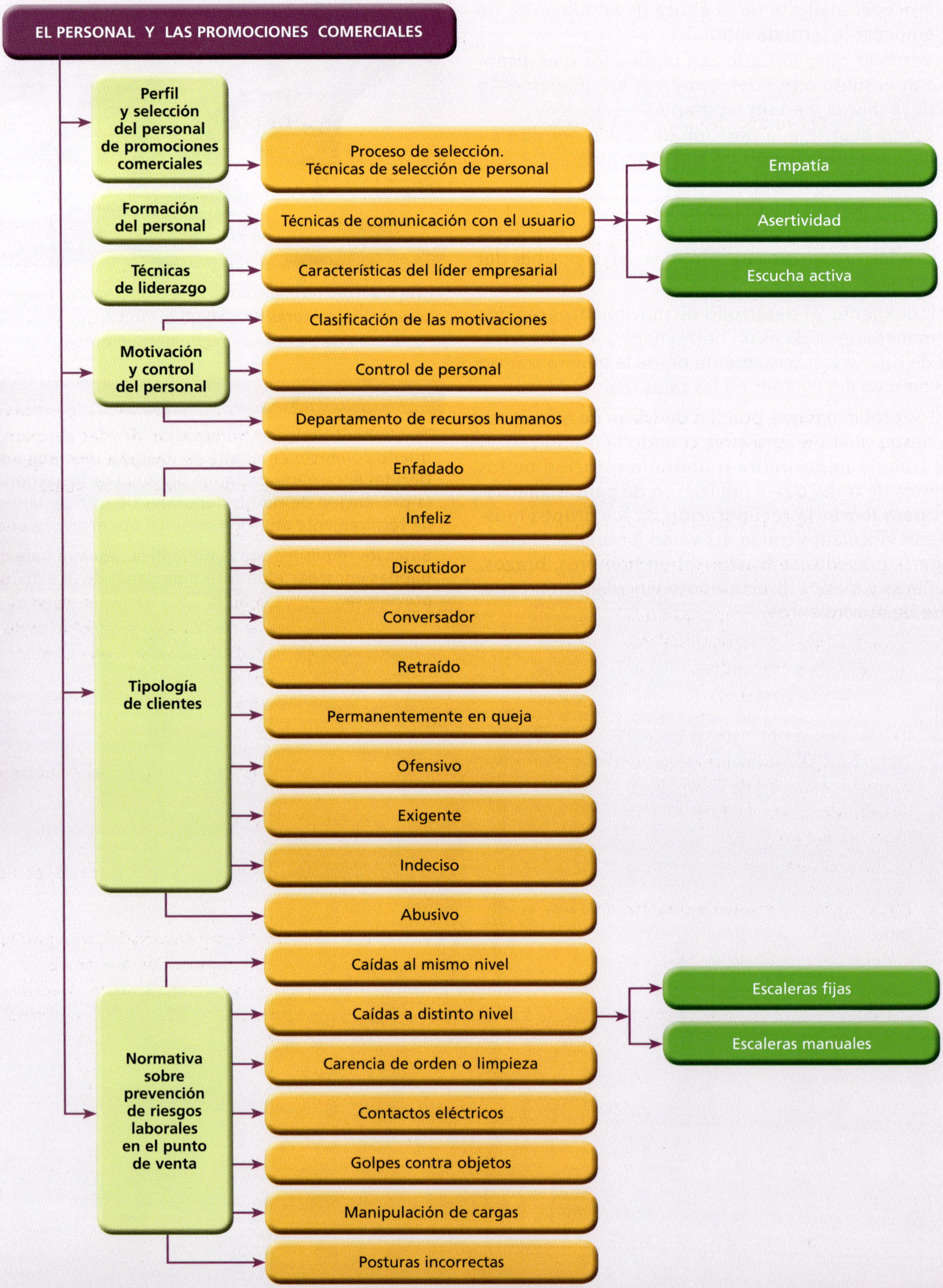
EL PERSONAL Y LAS PROMOCIONES COMERCIALES
Perfil y selección del personal de promociones comerciales
Proceso de selección. Técnicas de selección de personal
Formación del personal
Técnicas de comunicación con el usuario
Empatía
Asertividad
Escucha activa
Técnicas de liderazgo
Características del líder empresarial
Motivación y control del personal
Clasificación de las motivaciones
Control de personal
Departamento de recursos humanos
Tipología de clientes
Enfadado
Infeliz
Discutidor
Conversador
Retraído
Permanentemente en queja
Ofensivo
Exigente
Indeciso
Abusivo
Normativa sobre prevención de riesgos laborales en el punto de venta
Caídas al mismo nivel
Caídas a distinto nivel
Escaleras fijas
Escaleras manuales
Carencia de orden o limpieza
Contactos eléctricos
Golpes contra objetos
Manipulación de cargas
Posturas incorrectas

Actividades de comprobación

8.1. La Ley de Prevención de Riesgos Laborales es la...

a) ... 31/1985.
b) ... 31/1995.
c) ... 21/1995.

8.2. ¿Cómo definirías la capacidad de percibir lo que el interlocutor está comunicando y compartir los sentimientos que está expresando?

a) Simpatía.
b) Asertividad.
c) Empatía.

8.3. Entre los atributos con los que debe contar un líder empresarial se encuentra el ser...

a) ... motivador.
b) ... negociador.
c) Las respuestas anteriores son correctas.

8.4. De acuerdo con Herzberg, la motivación para desempeñar las actividades laborales se encuentra relacionada con dos factores, que son...

a) ... higiénicos y motivacionales.
b) ... básicos y avanzados.
c) ... internos y externos.

8.5. Desde el punto de vista de la prevención de riesgos laborales, ¿se estima más recomendable el giro del cuerpo o la torsión de la espalda?

a) La torsión de la espalda.
b) El giro del cuerpo.
c) Son equivalentes.

8.6. ¿Qué debes hacer en el momento de levantar una carga?

a) Flexionar las piernas por las rodillas.
b) Doblar la espalda.
c) Doblar la espalda siempre que la carga supere los 20 kg.

8.7. ¿Qué actitud debes mantener ante un cliente indeciso?

a) Presionarle de forma intensa.
b) Forzarle para que se decida rápidamente.
c) Escucharle de forma que se sienta comprendido.

8.8. ¿Cómo denomina Maslow a las necesidades más básicas de una persona?

a) Sociales.
b) Estima.
c) Fisiológicas.

8.9. En el ámbito de la atención al cliente, ¿qué hace referencia al grado con que los clientes perciben que el empleado es capaz de comprender lo que se le está exponiendo y de saber cómo se siente?

a) La escucha activa.
b) La interactividad.
c) La comunicación bilateral.

8.10. ¿Cómo se denomina la prueba de selección de personal en la que se desarrolla una simulación de una situación que puede desarrollarse en el trabajo?

a) Dinámica de grupo.
b) Test psicotécnico.
c) *Role playing*.

8.11. Los equipos eléctricos deberán desconectarse tirando...

a) ... de la clavija de conexión.
b) ... del cable.
c) ... de la clavija de conexión o del cable, es indiferente.

8.12. Al atender a un cliente conversador, será preciso...

a) ... darle toda la conversación que desee.
b) ... cortar la charla no profesional de forma amable.
c) ... preguntarle por sus circunstancias personales o profesionales.

Actividades de aplicación

8.13. Un cliente conversador acude a tu puesto de trabajo y mantiene contigo una charla de temas personales. En ese momento llegan a la tienda varios clientes, por lo que debes atenderlos. Escribe las frases que le dirías al cliente conversador para poner fin de manera educada a la charla.

8.14. En la siguiente imagen se ve un puesto de trabajo de cajera de supermercado bien diseñado. Indica los elementos que hacen de esta imagen un ejemplo a seguir y propón las ideas que se te ocurran para desarrollar este puesto de trabajo de la forma más adecuada desde el punto de vista de la prevención de riesgos laborales.

8.15. En la actualidad, las dinámicas de grupo son una de las técnicas más empleadas en los procesos de selección de personal. Busca en internet tres ejemplos de dinámicas de grupo empleadas con esta finalidad.

8.16. Algunas empresas comerciales no dedican esfuerzo alguno a la formación de sus empleados. Indica las consecuencias que para estas empresas puede tener esta forma de actuar.

8.17. ¿Prefieres que tu superior en el trabajo sea un líder o un jefe? Justifica tu respuesta.

8.18. Imagina que en el trabajo tienes que atender a un cliente que critica todos los aspectos clave de la tienda, tales como el precio, la calidad de los productos o la atención al cliente. ¿Cómo usarías la asertividad para responderle y rebajar la tensión existente? Redacta una posible conversación en la que se recojan sus comentarios y tus respuestas.

8.19. Localiza en internet varias ofertas de empleo de personal comercial y anota las características que las empresas requieren a los candidatos.

8.20. La Ley de Prevención de Riesgos Laborales es la principal norma en materia preventiva. Esta está complementada por una serie de reglamentos; sin embargo, su contenido está desarrollado de forma muy detallada en una diversidad de reglamentos. Busca en internet cuatro ejemplos de reglamentos dictados en desarrollo de la Ley de Prevención de Riesgos Laborales.

8.21. ¿Crees que los test psicotécnicos son útiles como medio para seleccionar personal por parte de una empresa? Justifica tu respuesta.

8.22. Indica cuáles son los atributos que ha de reunir un líder empresarial.